• 本书是国家社科青年基金项目“知识产权与技术转移中的限制竞争行为研究”（项目编号：19CFX052）的阶段性成果

徐骁枫——著

欧盟目的限制竞争协议认定研究

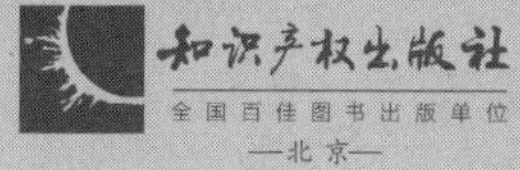

图书在版编目（CIP）数据

欧盟目的限制竞争协议认定研究/徐骁枫著. —北京：知识产权出版社，2020. 4

ISBN 978 - 7 - 5130 - 6818 - 5

Ⅰ. ①欧… Ⅱ. ①徐… Ⅲ. ①欧洲联盟—反不正当竞争—协议—研究 Ⅳ. ①D950. 229

中国版本图书馆 CIP 数据核字（2020）第 039758 号

内容提要

本书采用判例分析法、比较分析法等研究方法对欧盟目的限制竞争协议的认定进行分析，针对我国《反垄断法》等提出相关修改意见，并进而对完善我国限制竞争协议认定法律规定及分析体系提出建议。本书不仅可以对目的限制竞争协议的相关研究者提供参考，而且对相关企业具有较强的指导意义。

责任编辑：王祝兰　　**责任校对**：谷　洋

封面设计：博华创意 · 张冀　　**责任印制**：刘译文

欧盟目的限制竞争协议认定研究

徐骁枫　著

出版发行：	知识产权出版社有限责任公司	网　　址：	https：//www. ipph. cn
社　　址：	北京市海淀区气象路 50 号院	邮　　编：	100081
责编电话：	010 - 82000860 转 8555	责编邮箱：	525041347@ qq. com
发行电话：	010 - 82000860 转 8101/8102	发行传真：	010 - 82000893/82005070/82000270
印　　刷：	北京嘉恒彩色印刷有限责任公司	经　　销：	各大网上书店、新华书店及相关专业书店
开　　本：	720mm × 1000mm　1/16	印　　张：	11. 5
版　　次：	2020 年 4 月第 1 版	印　　次：	2020 年 4 月第 1 次印刷
字　　数：	220 千字	定　　价：	58. 00 元

ISBN 978 - 7 - 5130 - 6818 - 5

出版权专有　侵权必究

如有印装质量问题，本社负责调换。

序

在技术转让活动中，技术转让合同中限制竞争条款的认定问题，一直以来都是实务界和学术界的热点之一。徐骁枫副研究员所著的《欧盟目的限制竞争协议认定研究》一书的出版，对于丰富该领域的研究成果，具有积极的意义。

时至今日，众所周知，中美贸易摩擦的实质是科技之争，是知识产权之争，但在这次的知识产权之争中，技术转让问题显得尤为不同于以往地引人关注。徐博士在本书的“导言”中说到，美国、欧盟等皆通过 WTO 争端解决机构向中国提出了某些有关知识产权保护措施的磋商请求，其中都涉及了对于技术转让合同中回授条款的合法性认定问题，并指责我国现有关于回授条款的规定是排他性的、限制竞争的。然而，事实上我国法律的修订都是符合国际准则的，并无不妥之处。西方国家不断指责中方的根本原因，是我国创新能力和创新水平的显著提升，在一定程度上威胁到它们的传统强势地位。为此，本书通过调查研究，对技术转让合同中限制竞争条款的认定进行了深入分析和探讨，这对我们认识和消除中美贸易战中在技术转让问题上的一些分歧富有参考价值。

给我印象最深的是，首先，作者借鉴欧盟目的效果二分模式，探讨分析了欧盟三种目的限制竞争协议认定方法的特点缺陷，对“经济和法律背景”的考量要素进行体系化、多层次的理解，在深刻理解混合分析方法本身存在自相矛盾问题的原因的基础上，结合我国国情提出相关建议。其次，本书就回授条款的垄断认定问题，提出了以下观点：在结合协议处所经济、法律背景的情况下，根据回授条款所处的环境（行业环境、产业阶段等）来具体分析，并将专利许可协议的签订看作企业合资，从而依据协议（合资企业）处于市场上游阶段还是市场下游阶段，来认定协议中的回授条款是否具有限制竞争的目的。重点突出，针对性强。

至于著作的其他特点，在这里就不一一点评，相信读者有自己的眼光和评价。希望这只是作者学术研究的开端，更期盼他继续努力，为国际科技合作中良性竞争环境的构建贡献智慧。

是为序。

同济大学上海国际知识产权学院院长

2020 年 2 月 10 日

本书概览

随着中欧科技创新合作对话的不断深入，争议焦点逐渐集中到如何更好地保护并实施知识产权以推动创新。其中最具争议的问题，是双方技术合作协议及其条款的限制竞争认定问题，这主要体现在对合作协议中回授条款的限制竞争认定上。本书依托国家社科青年基金研究项目“知识产权与技术转移中的限制竞争行为研究”(19CFX052)，对知识产权保护中的垄断协议认定问题进行深入研究。如何确保我国在国际合作中的知识产权安全，避免科技发展和经济安全的“命门”受人控制，也是建设科技强国和知识产权强国过程中一项必不可少的重要课题。

垄断协议或称限制竞争协议，是最普遍的和对市场竞争危害最为严重的限制竞争行为，已经引起世界各国的广泛关注。国内学者以及司法实务界专家已经对限制竞争协议的认定方法进行了初步研究，并提出应当借鉴欧盟反垄断法中相关规定的建议。2020 年 1 月 2 日，国家市场监督管理总局发布了《〈反垄断法〉修订草案（公开征求意见稿）》。相比于现行《反垄断法》，草案将垄断协议的定义从现行《反垄断法》第 13 条第 2 款提前单独列为一条，并明文规定禁止经营者之间达成垄断协议。尽管修订草案尚未对应如何采用“禁止 + 豁免”的规制原则予以明确，但本书作者认为这一谋篇布局上的调整为未来的统一留下了空间。因此，本书采用“欧盟认定模式研究必要性分析—欧盟目的限制竞争协议认定模式研究—欧盟模式的优劣分析—我国法律的修改建议”的研究路径，深入研究欧盟限制竞争协议的认定模式，并针对《反垄断法》等提出相关修改意见，进而提出完善我国限制竞争协议认定法律规定及分析体系是当下的最佳路径选择。

首先，欧盟在认定协议是否限制竞争时，主要采用二分法模式，即通过判断协议是否具有限制竞争的目的或效果来认定协议是否限制竞争，并且优先考量协议是否具有限制竞争目的。因此，对欧盟认定模式的研究，应当从欧盟目的限制竞争协议的认定研究开始。此外，中欧科技创新合作中限制竞争协议的认定，尤其是专利许可协议中回授条款的限制竞争认定，始终充满争议。在中欧科技合作长期存续的环境下，为应对欧盟各种恶意磋商请求，应首先对欧盟限制竞争协议认定模式进行研究，进而更好地在中欧科技合作中维护好自身权益。同时，欧盟和我国在规制垄断协议的立法结构上基本一致，内容类似，因而中国向欧盟学习和借鉴相关法律制度也是可行的。因此，欧盟目的限制竞争协议的认定研究是十分有必要的。

本书采用判例分析法、比较分析法等研究方法，对不同认定方法下欧盟目的限制竞争协议的认定分别进行了阐述，即分别基于传统分析方法、更具分析性的方法和混合分析方法来对欧盟目的限制竞争协议的认定进行分析。基于传统分析方法对欧盟目的限制竞争协议进行认定时，特定类型的协议被推定必然具有限制竞争的目的，这也被认为是《欧盟运行条约》第 101 条第 1 款下无可反驳的推定，此时“目的”的解释也立足于一系列必然具有限制竞争效果的协议。但是，这一理论也存在着至关重要的问题，即特定类型的协议涵盖的范围界限应当如何认定。基于更具分析性的方法认定目的限制竞争协议时，因为没有固定的先决条件，分析是动态的，重点在于对协议所处经济、法律背景的分析判断。在适用更具分析性的方法时，协议是否具有限制竞争的目的，从开始就没有绝对的推定，任何协议都可能是潜在的目的限制竞争协议。即使是属于“显著的”限制竞争的类型的协议，也可能会被豁免或得出协议整体上不违反《欧盟运行条约》第 101 条第 1 款的结论。通过对协议背景的客观分析，更具分析性的方法的适用几乎可以涵盖所有的情形，更为全面。也正因如此，遵循更具分析性的方法来分析“目的”是最合适的。在这种情况下，“目的”的解释侧重于对协议所处经济和法律背景的分析。具体而言，分析法律和经济背景时，需要进一步对如何认定合法目标、正当理由以及附带限制性条件等影响判断协议目的的相关因素以及如何解释法律和经济背景下效果的作用等进行分析。混合分析方法综合了前述两种分析方法，是当下欧盟法院及欧盟委员会最为推崇的分析方法。同时，混合分析方法依据传统分析方法的特征认可了目的标准类型化，但也赞成更具分析性的方法下需要结合“法律和经济背景”的原则。因此，它的适用在具有传统分析特征的情况下不失灵活性，但同时也给其自身带来了一定的问题，即混合分析方法看似是一种自相矛盾的分析方法。在混合分析方法下，“目的”解释也融合了传统分析方法和更具分析性的方法下“目的”解释的特点。此外，混合分析方法是欧盟现行专利许可协议中回授条款限制竞争分析所采用的主要分析方法，因此本书对此进行了相关分析，并以高新技术产业为例，揭示了既有分析方法的缺陷。在结合协议处所经济、法律背景的情况下，本书提出应当根据回授条款所处的环境（行业环境、产业阶段等）来具体分析，并将专利许可协议的签订看作企业合资，从而依据协议（合资企业）处于市场上游阶段还是市场下游阶段，来认定协议中的回授条款是否具有限制竞争的目的。

最后，我国应当借鉴欧盟目的效果二分模式，探讨分析欧盟三种目的限制竞争协议认定方法的特点、缺陷，对“经济和法律背景”的考量要素进行体系化、多层次的理解，在深刻理解混合分析方法本身存在自相矛盾问题的原因的基础上，结合我国国情，提出相关建议。此外，我国应当首先明确解释如何看待排除、限制竞争在认定限制竞争协议时的作用和应如何认定是否具有排除、限制竞争这两个问题。就我国《反垄断法》的进一步完善来说，有以下几点建议：（1）将现有《反垄断法》第 13 条第 2 款与第 1 款更换位置，并修改为：“本法所称垄断协议，是指具有限制竞争目的或效果的协议、决定或者其他协同行为。判断限制竞争目的或效果时，需结合协议所处背景情境进行相关考量”；（2）严格审查《反垄断法》第 13 条第 1 款中被禁止的垄断协议范围，尽量保证范围的精准性和可预测性，并遵循宁可缩小范围也不盲目扩大的原则；（3）增加《反垄断法》相关的实施细则来辅助实践中的运用实施；（4）在立法层面出台相关指南规定，统一执法机构和司法审判机关对于认定排除、限制竞争分析的思路和方式方法，继而避免同一问题不同裁决结果的情形。此外，在认定回授条款是否限制竞争时，应结合回授条款所处行业发展环境，作出判断。

目　录

第1章　导　言

1.1　研究背景和意义

1.1.1　选题来源

随着中欧创新合作对话的不断深入，双方的争议焦点逐渐集中到如何更好地保护并实施知识产权以推动创新。其中最有争议的是双方技术合作协议及其条款的限制竞争认定问题，这主要体现在对合作协议中回授条款的限制竞争认定上。此外，随着《中国制造 2025》等战略规划的实施，美国和欧盟通过 WTO 争端解决机构向中国提出某些有关知识产权保护措施的磋商请求，其中均涉及对于回授条款的限制竞争认定问题，其认为我国现有关于回授条款的规定是排他性的、限制竞争的。因此，本书基于笔者主持的国家社科青年基金项目“知识产权与技术转移中的限制竞争行为研究”（项目编号：19CFX052），重点对欧盟目的限制竞争协议的认定进行研究，以期为我国限制竞争协议认定法律规范的完善建言献策。

1.1.2　研究背景

协议垄断或称卡特尔，作为对市场竞争危害最严重和最普遍的限制竞争行为，不但会导致消费者利益和社会公共利益受损，而且在较为严重的情况下甚至会损害一国市场经济的自由，因此其历来是世界各国反垄断法查处和打击的对象。同时，经营者为躲避执法机构的查处，垄断协议（或称限制竞争协议）的形态通常相当隐秘。规避监管方式的多元化导致执法机构很难判断违法行为是否存在，在调查中收集有力的或者决定性的证据则更为困难。此外，伴随着世界经济的一体化和国际科技合作的不断增多，现今的协议垄断行为大多属于跨国行为，这无疑更增加了查处与打击协议垄断的难度。因此，如何有效地查处并打击协议垄断行为，已经成为各国反垄断法执法机构面对的重要课题。其中，对于限制竞争协议的分析认定模式更是成为近年来各国探讨的热点问题，即通过何种方式来确定该协议是否应当被认定为限制竞争协议。美国主要通过"本身违法原则"和"合理原则"的二元分析模式来判断，欧盟则主要采用"目的限制竞争"和"效果限制竞争"的二元分析模式。

中国在2007年8月通过并于2008年8月实施的《中华人民共和国反垄断法》（以下简称《反垄断法》）也将协议垄断确定为应被禁止的垄断行为之一。该法也采用类似欧盟反垄断法中规定的"一般禁止性规定+豁免条款"的模式。但是，相比于《欧盟运行条约》（*Treaty on the Functioning of the European Union*，TFEU）第101条中的具体规定，中国并未在《反垄断法》第13条或第15条中对如何认定限制竞争协议作出详细的规定。就现有法院案例来说，无论是锐邦公司诉强生公司纵向垄断协议纠纷案，还是惠尔讯科技有限公司诉深圳有害生物防治协会横向垄断协议纠纷案，法院都强调判断构成限制竞争协议的关键要素是协议是否具有排除、限制竞争的目的和效果；但是具体应当如何认定协议的目的和效果，法院没有作出进一步解释。学界对此也充满争议。

此外，如何合理认定技术引进协议中诸多涉及技术所有权及技术改进的条款是否存在限制竞争的作用，已经成为当下中欧科技创新合作中亟待解决的关键问题。其中，最需要注意的便是科技合作协议中的回授条款。2018年3月和6月，美国和欧盟通过WTO争端解决机构向中国提出某些有关知识产权保护措施的磋商请求，其中都涉及对于回授条款的合法性认定问题，其认为中国现有关于回授条款的规定是排他性的、限制竞争的。由此可以看出，回授条款的限制竞争认定已经成为中欧科技创新合作乃至国际科技创新合作中不容忽视的问题。笔者还通过对中国海洋石油公司及中国石油化工股份有限公司（以下简称"中石化"）进行调研，发现中欧科技合作协议中回授条款（技术改进条款）的反垄断认定问题也存在于实务当中。以中石化为例，笔者通过对中石化相关部门的法律合规部及相关海外建设公司的调研发现，作为"一带一路"倡议实施的核心企业，中石化在沙特建立了国际技术发展研究中心，专门服务于中欧科技合作。但是，现有科技合作中，大多数技术合作协议或技术转让协议都是经过双方磋商后签订的，其中的条款会根据情况而有所不同，并没有确定的相关准则或原则。此外，中国在技术方面往往处于弱势，需要从欧盟等发达国家或地区引进技术。因而诸多协议中欧盟提出的条款都存在不公平、不合理的情况，但因为没有相关国际规则或相关法律规定如何认定协议条款是否存在垄断情形，同时中国正处于高速发展时期，对一些关键的科技技术有急切的需求，所以中国企业往往被迫接受不平等的条款。值得注意的是，因为“一带一路”倡议的实施，中国也开始与沿线的诸多相对不发达的欧盟国家进行科技合作或对其技术输出。进而实践中就发现这样一个问题的存在，即如何使中国企业在与相关国家的技术合作或对其技术输出中保护好自身知识产权，防止技术泄露或其他权益受到损害。综上，在中欧科技创新合作的大环境下，为应对欧盟的各种恶意磋商请求，中国企业应首先对欧盟现有回授条款的限制竞争认定模式进行研究，进而更好地在中欧科技合作中维护自身权益，消除恶意磋商或其他限制中国发展的战略措施。

1.1.3 研究意义

从理论角度来看，对欧盟反垄断法中协议限制竞争模式的研究和思考，有助于丰富中国反垄断法的理论知识，促进中国反垄断法研究向纵深方向发展，为反垄断法的立法和完善提供指引。从实践层面来看，近几年中国在市场经济发展过程中，经营者为获得高额利润，固定价格、分割市场、限制数量等限制竞争的行为频频发生，同时由于经济全球化和贸易自由化，越来越多的企业有能力在彼此间结成国际卡特尔，这使得中国市场经济所要求的自由竞争秩序受到严重破坏，同时国际卡特尔也对世界市场的健康发展和有效运行产生巨大的危害。对欧盟反垄断法中协议限制竞争模式的研究，可以促使中国反垄断法及其指南中的相关条款在未来的修订中更加精细化和科学化，并使之具备可操作性，从而使经营者愿意提供信息与执法机构合作，促进反垄断法的有效实施，最终有效打击协议垄断。具体而言，本书的研究意义在于以下几个方面。

(1) 有助于填补中国对欧盟目的限制竞争协议认定研究的历史文献空白

本书将详细、系统地阐述欧盟法院的相关判例，并分析欧盟相关法律的发展沿革。在《欧盟运行条约》第101条第1款的范畴内，对限制竞争目的的法律解释进行探讨，并分析该解释对《欧盟运行条约》第101条整体的影响，从而填补中国相关领域中文献的空白，也对中国限制竞争协议认定研究具有一定的积极影响。

(2) 有助于运用更为系统和科学的方法来分析限制竞争行为是否合理、必要通过对欧盟目的限制竞争协议认定方法的研究，尤其是对于协议目的的分析解释，本书主张中国在适用《反垄断法》时，进行协议竞争效果的动态平衡测试。结合案件的经济、法律等背景情境要素，判断限制竞争行为是否必要、合理，而不是简单地将判断规则限定为静态规则。

（3）有助于中国相关法律制度的完善

为完善《反垄断法》，在借鉴欧盟经验的基础上，本书从原则到具体分析方法都提出了对策与建议，以期为《反垄断法》及相关知识产权适用指南等提供一些有益的参考。

（4）有助于完善中国国际科技合作相关的法规体系

通过对相关问题的探讨，本书对中国在国际科技合作中涉及的科技成果改进及限制使用问题提出相关建议，供有关立法部门参考。

1.2 提出问题及研究思路

鉴于中欧科技创新合作中限制竞争协议认定规则的缺失，以及中国法院在限制竞争协议认定过程中遇到的困境及相关立法的缺失，构建限制竞争协议的认定规则体系已经成为现阶段完善《反垄断法》的重要任务，即中国应当研究如何修改《反垄断法》以明确限制竞争协议的认定规则。在中欧科技创新合作的环境下，为应对欧盟的各种恶意磋商请求，中国应首先对欧盟现有限制竞争协议认定模式进行研究，进而更好地在中欧科技合作中维护自身权益，消除恶意磋商或其他限制中国发展的战略措施。此外，相比美国的“本身违法原则”和“合理原则”的二元分析模式，欧盟的“目的限制竞争”和“效果限制竞争”的二元分析模式更加适合中国借鉴。而就欧盟限制竞争协议的认定研究来说，限制竞争协议的目的认定往往优先于效果认定，因此对于欧盟目的限制竞争协议的认定研究就变得尤为重要。本书将深入探讨欧盟目的限制竞争协议的分析框架，重点从传统分析方法、更具分析性的方法和混合分析方法三种协议认定方法的适用展开，最终尝试提出适合于中国认定目的限制竞争协议的分析框架，即为《反垄断法》的完善提出相关建议，以优化《反垄断法》中关于限制竞争协议认定的规则。

本书首先对欧盟目的限制竞争协议的认定模式进行阐述。欧盟对于限制竞争协议的认定，通常会从协议的目的认定开始，因为其认为应当优先考量协议的目的。因此，研究欧盟限制竞争协议认定的规则体系，必须从欧盟目的限制竞争协议的认定研究开始。本书还对在中欧科技合作的背景下研究欧盟目的限制竞争协议认定的必要性进行分析。此外，从全球限制竞争协议认定研究的发展来看，欧盟目的限制竞争协议的认定研究实属领先，例如新加坡、印度等国家都已借鉴模仿，因此也值得中国学习借鉴。

其次，本书采用判例分析法、比较分析法等研究方法，对不同认定方法下欧盟目的限制竞争协议的认定规则分别进行阐述。本书首先基于传统分析方法对欧盟目的限制竞争协议的认定进行分析，并对传统分析方法适用下的“目的”概念进行讨论。随后，本书基于更具分析性的方法对欧盟目的限制竞争协议的认定进行分析，并阐明更具分析性的分析方法是分析解释“目的”的最佳分析方法。此外，本书还对“经济和法律背景”的考量要素进行阐述，并结合法经济学等理论对相关概念进行了深入探讨。本书还基于混合分析方法对欧盟目的限制竞争协议的认定进行分析，并指出混合分析方法虽然是当下欧盟和欧盟委员会（以下简称“欧委会”）最为推崇的分析方法，但是该种方法本身及其适用依然存在固有缺陷，需要进一步改进。在此基础上，本书以专利许可协议中回授条款为例，对其进行目的限制竞争分析。具体而言，该部分首先介绍欧盟现有的分析方法（混合分析方法），继而以高新技术产业为例进行分析，揭示固有方法的缺陷。在结合协议所处经济、法律背景的情况下，本书提出一套分析专利许可协议中回授条款是否具有限制竞争目的的判断方法，从而论证认定回授条款是否限制竞争需要结合协议所处经济、法律背景综合分析的合理性。

最后，本书对欧盟目的限制竞争协议认定模式的特点及不足进行阐述，并基于对欧盟模式的借鉴，尝试提出适合于中国限制竞争协议认定的分析框架，即对《反垄断法》第13条等法律条款的相关修改意见。本书还针对专利许可协议中回授条款的限制竞争分析提出相关建议，以期在促使中国完善限制竞争协议认定体系的同时，也能够在国际科技创新合作中占据主导地位，进一步加快促进科技强国战略和“一带一路”倡议的实施。

本书基本研究思路如图1-1所示。

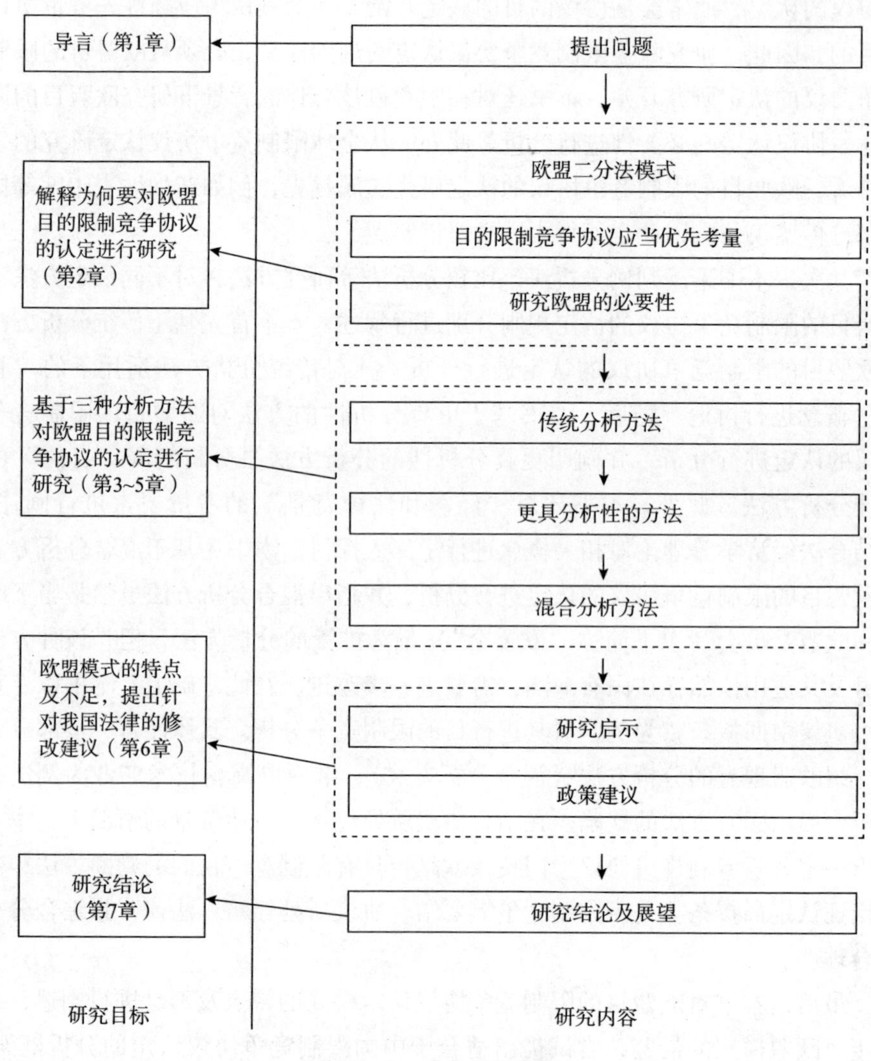

图1－1　基本研究思路

1.3　文献综述

1.3.1　国外研究状况

（1）关于欧盟目的限制竞争协议的分析方法的研究

研究欧盟目的限制竞争协议，首先要解决的问题是认定方法的选择。通过审查判例，可以发现欧盟法院主要采用三种认定方法，即传统分析方法、更具分析性的方法以及这两种方法综合而成的混合分析方法。过去，许多学者愿意接受 Whish 教授所提出的著名的“目的分析框架”（Object Box）理论。Whish 和 Bailey（2015）表明，“目的分析框架”包括特定种类的“特定有害”的协议，法律认为这些协议制定的目标就是限制竞争。换言之，目的限制竞争类似于美国1890 年《谢尔曼法》第1 条的“本身违法”。Bennett 和 Collins（2010）以及 Jones（2010）也都支持上述观点。他们认为凡是属于特定种类的协议，都可以被推定为目的限制竞争协议，但是对于特定种类协议的范围均未进行界定。著名欧盟反垄断法学者 Odudu（2009）则认为在“目的分析框架”方法下，必需的效果影响也要被考虑。他阐述了具有限制目的的协议不可避免地会产生限制竞争的效果。Odudu（2011）也强调，协议目的的类别会决定相应的效果。值得注意的是，对于这种必然推定的原因，他始终没有进行解释。从欧委会的角度来看，虽然欧委会选择接受“目的分析框架”理论，并将该理论作为其行为的指导原则，但正如 Goyder（2011）所言，欧委会仅将行为指导原则视为一种合理的法律预期，并不是具有强制约束力的法律条款或与任何人紧密相连的一种必要义务。对此，也存在相反的观点，Stefan（2008）、Cosma 和 Whishm（2003）就强调欧委会的指导原则必须被严格执行，但到底应该以何种标准来执行至今尚无定论。另外，伴随着“目的分析框架”范围的不断增大，证据标准也变得越来越低。Carlin（2013）在其著作中提到此观点，并提醒人们由此将会导致法律产生不确定性和不可预测性。无独有偶，Gerard（2012）也表明目的分析并不要求证明协议产生的实际效果影响，因此欧委会也没有任何责任证明侵权行为的发生，因为目的分析的本质是判断协议是否属于特定种类的“特定有害”的协议。但是，对于特定种类的“特定有害”的协议的范畴及其判断方法，Gerard 教授并未深入分析。综上，鉴于目的限制竞争协议的判断方法本质上是《欧盟运行条约》第 101 条第 1 款的实质性要素，其重要性不言而喻。但就现有情况来看，该问题依旧处于争议之中。

此外，尽管欧委会声称欧盟反垄断法“清晰确立了基本原则和明确的细节”，但 Marquis（2007）和 Whish（2009）等学者还是认为《欧盟运行条约》第 101 条第 1 款整体缺乏清晰性，最重要的是缺乏历史沿革的研究。欧盟法院在具体处理 GSK、BIDS 和 T－Mobile 案件中与目的标准❶相关的法律时，也强调需要进一步对目的标准进行详细研究。同时，这些判决在对目的标准进行讨论时，强调通过更具情境性的方法来确定协议的目的。这种新的判断方法的出

❶ “目的标准”指判断协议是否具有限制竞争目的的标准/方法。

现，也引起学界对不断变化的目的标准的争议。欧委会也证实了目的标准的这种变化。2013 年 9 月，欧盟竞争管理机构官员 Italianer（2014）就目的标准发表了一个很有见地的演讲，并主张采用更具情境性的方法来确定协议的目的。但他也认为这种评估方法相对复杂，主要取决于案件的情况。因此，他并未对更具情境性的方法进行深入解析。随着学界、司法实务界对目的标准研究兴趣的增加，近期许多文章中体现出人们对目的标准的认识不断改变。例如，相比之前的观点，Whish 和 Bailey（2015）对目的标准的解释变得更加全面。他们认识到目的标准实际上比之前认为的更加复杂。但是，他们依然坚持对目的标准的解释必须基于这样的前提：某些协议因其本质被分类定义为具有限制竞争目的的协议，在这种情况下，就没有必要证明这些协议的限制竞争效果。因此，通过将协议类型化（包括“目的分析框架”在内）的方法来判断协议是否具有限制竞争目的依旧是他们的核心观点。同时，他们还认为判断目的标准的关键要素在于任何限制竞争都必须是显著的。事实上，他们并没有详细阐述目的标准如何适用于协议。Bellamy 和 Child（2013）对于目的标准的看法转变最为明显。虽然与以往相同，主要依赖于大多数的判例实践来对目的标准进行分析，但 Bellamy 和 Child（2013）为目的标准提供了一个更为全面的文本描述。从其 *European Community Law of Competition*（第 6 版）一书中可以看出，以往的学说主要是引用目的分析框架理论，其类似于美国的“本身违法原则”。但 Bellamy 和 Child（2013）在其第 7 版 *European Community Law of Competition* 提出，要在协议所处的法律和经济背景下确定协议的确切目的。虽然此举不同于以往，但是他们的学说缺乏更为详细和具体的描述解释，也没有对影响判断目的标准的各种要素进行详细说明，例如合法目标和附带限制性影响等。除此以外，Colomo（2014a）也阐述了传统分析方法因为普通法院在两个案件中适用更具分析性的方法而受到挑战。这也不禁让人们思考为何传统分析法即“目的分析框架”理论虽然有诸多问题，却依旧占据主导地位。答案也许是因为欧委会没有意识到并承认更具分析性方法的存在。另外，随着 BIDS 案、Expedia 案等案的发生，综合“目的分析框架”理论和更具分析性的方法的混合分析方法也从判例分析中被归纳出来，但是因为其本身的无规则性，在学界和司法实务界还存在很大争议。

（2）关于“目的”的解释分析

1）目的和效果

学界对于目的和效果的争论异常激烈。Graham（2013）阐述了目的和效果的区别，并且对不同学说关于二者的界限讨论进行了梳理。Gerardin（2012）阐述了在 Allianz 案中法官采取效果分析法，但最终却认可目的分析法，其认为通过更具分析性的方法分析案件时，目的分析法更加便捷高效。此外，Howard（2009）则猛烈批判了效果分析，认为若要进行效果分析，就必然要对相关市场和当事人所处地位等进行完整的分析考察。但很多时候并不需要这种考察，因为它们太过于费时费力。反之，他认为在对目的概念全面理解的情况下，目的分析会比效果分析更加高效适用。持同样观点的还有 Colomo（2014b），他也认为目的限制的含义和适用条件并没有被真正认识到，相比效果分析，目的分析更加可取。同时，Colomo（2012）还认为市场支配力、影响力的提升并不必然代表限制市场竞争，效果分析有时也并非那么准确，还是需要通过分析相关经济背景情境等。King（2015）则深入分析了目的限制的发展历程，并通过案例研究法比较了目的限制与效果限制的差异，突出了目的分析法的优越性。除此以外，也有学者提出学习美国反垄断法的模式，不区分效果还是目的，而是将案件分为严重和一般：严重案件适用核心限制，类似于目的分析框架理论；一般案件则通过其情境背景分析目的（Andreangeli，2011）。

2）关于目的限制竞争协议中“目的”的解释分析

针对《欧盟运行条约》第 101 条，最早许多学者愿意接受 Whish 教授的“目的分析框架”理论。但随着现代化的推进，不断有不同的声音出现：目的限制竞争协议中“目的”应如何解释？就“目的”的解释分析，欧盟判例实践中主要还是通过更具分析性的方法来分析得出。Goyder（2011）在“Cet Obscur Object：Object Restriction in Vertical Agreements”一文中强调，在判断协议是否具有限制竞争目的时，必须对协议所处经济与法律的背景进行分析。但具体对于经济与法律的背景的分析，该文并未提及。Mahtani（2012）也阐述了对“目的”的判断需要衡量协议所处的经济和法律的背景情境。他认为，如果在限制当事人对市场作出独立判断决策的情况下，协议对市场相关竞争不产生影响，那么就不能认定为目的限制竞争。但具体对于经济与法律的背景的分析，他也没有提及。同时，Mahtani 教授认为目的限制要求“从本质上”（of Its Nature）限制，而经济和法律背景情境的组成要素又无从定义，所以他认为很难将统一的标准适用于每个案件中，不具有一致性和可预测性。也正是这样，Waelbroeck 和 Slater（2013）表示人们需要根据每个案子的个案情况来分析对应的背景情境，不能一概而论。除此以外，Colomo（2014）表示分析经济背景的原因并不是要证明协议是否对限制竞争产生实质影响，而是为了确定协议的目的是否限制竞争；并且在经济和法律背景情境下，还需要平衡协议的利弊影响。但是对于如何进行平衡分析、经济和法律背景下分析的方法并未深入探讨。Colomo（2014c）深入分析了经济因素对于反垄断法适用的影响程度，并且指出标准分析法的必要性。此外，还有一些最新的法经济学著作涉及欧盟反垄断法中目的分析方法的改革，如 Daniel、Thomas 和 Ioannis（2013）的合著。该书从法经济学的角度来看待反垄断法的问题，对反垄断法的经济学分析方法持肯定态度。此外，Andreangeli（2011）也提到过，由于我们需要平衡协议的利弊，不可避免地会和美国的“合理原则”进行比较。虽然合理原则不存在于欧盟反垄断法中，但其特质也可能会表现在效果分析的情境之中。所以，他认为，判断的关键点在于协议促进竞争的效果能否压过限制竞争的效果，但具体如何操作或详细实施方式却没有被提及。另外，Jebelli（2010）阐明了目的标准下附带性限制理论的重要性。他认为，这有助于保护合法的商业利益，使市场保持高效性和竞争性，同时也有助于更多交易的完成。但他对目的标准下附带性限制理论的探讨还不够深入。Kolstad（2009）则对此进行了深入分析，并且认为这种限制更加适用于新兴市场。

3）关于知识产权许可限制竞争行为的目的限制竞争的具体研究

目前，国外并没有关于知识产权许可限制竞争行为的目的限制竞争研究的专门文献，对其研究大多分散于分析知识产权许可限制竞争行为的文章中。Simonetta（2009）对欧委会在微软案中采用的动力平衡测试方法给予肯定，认为该方法虽然没有被法院采用，但对于运用目的分析方法来解决知识产权许可限制竞争行为问题具有比较重要的意义。Josef（2010）认为，可以采用更符合经济学原理的分析方法来分析知识产权许可限制竞争行为，但必须注意到美国和欧盟在责任标准上存在一定程度的分歧，尤其体现在与创新有关的反垄断案件中。他还认为，《欧共体条约》第 81 条[1]针对的不仅仅是直接损害消费者权益的行为，也针对那些通过影响有效市场结构从而损害消费者权益的行为；此外，由于消费者偏好存在不确定性，不应该采用消费者福利标准作为竞争法责任标准。同时，Josef（2008）还深入分析了效果分析在知识产权限制竞争行为中的运用，尤其指出要注重限制竞争行为的动态竞争过程。其著作 *Research Handbook on Intellectual Property Law and Competition Law* 综合了欧盟、美国、加拿大和日本的一些作者的论文，这些论文探讨的都是知识产权法与竞争法的交叉领域问题，其中涉及欧美竞争法的最新发展，如目的分析法和知识产权限制竞争、滥用等问题。Rubini（2010）的 *Microsoft on Trial: Legal and Economic Analysis of a Transatlantic Antitrust Case* 一书则以微软案为背景，全面比较美国和欧盟对处理知识产权单边行为的反垄断规制，还评估了该案对高新技术行业的竞争和知识产权的影响。该书总共 5 编，其中第 4、第 5 编论述涉及《欧盟运

[1] 《欧共体条约》已于 2007 年更名为《欧盟运行条约》，原《欧共体条约》第 81 条现为《欧盟运行条约》第 101 条。

行条约》第101条适用于知识产权的问题，还涉及了第101条的目的分析方法改革。Federico和Ioannis（2010）则在批判性地论述效果分析方法的改革的同时，也谈到知识产权许可限制竞争行为的分析方法问题，倡导目的分析方法的使用。

在回授条款研究方面，John（2012）提出应当通过分析回授条款所处的阶段来判断回授条款的合法性和限制竞争作用，极具创新意识。尤其是针对高新技术产业的特殊性，针对性地进行分阶段的分析，这种做法是以往从来没有过的。但是“Antitrust and Patent License Agreements: A New Look at the Grantback Clause in High Technology Markets”一文仍沿用传统的形式主义分析法，没有通过对协议目的的分析来考量回授条款适用的正当性。Kelvin（2011）回顾了欧盟法院如何通过传统分析法处理涉及回授条款的相关案件，并通过分析欧盟法院的判例，提出自己的相关看法，但是其没有结合回授条款的特殊性进行深入讨论。

1.3.2 国内研究状况

（1）关于欧盟目的限制竞争协议认定的研究

我国学界自20世纪90年代开始从反垄断法角度研究反不正当限制竞争问题，早期国内学者对欧盟竞争法的研究着重于对一些原则的介绍。例如，徐明贵、杨建阳和应骏（1994）在《技术转让国际惯例》一书中将限制性商业行为界定为滥用市场支配地位和协议限制竞争的行为，并简要介绍了美国反托拉斯法、日本反垄断法、欧共体竞争法以及墨西哥技术转让法的有关规定；其著作重在介绍各国处理有关滥用行为的基本原则和做法，对欧共体竞争法部分的介绍主要是1975年部长理事会决议确定的原则精神。阮方民（1998）的著作《欧盟竞争法》是国内详尽介绍欧盟竞争法规制协议竞争的首部专著，内容全面、具体；但其不足之处是忽略了欧委会于1996年1月31日制定的第240/96号条例，该条例是就《欧共体条约》第81条第3款适用于技术转让协议而制定的。许光耀（2002）的《欧共体竞争法研究》则专门对限制竞争的判断方法进行讨论，并对欧共体第240/96号条例进行分析；但仍存在一些问题，如没有具体区分限制竞争的种类。王晓晔（2001a）则更为清晰地阐述了欧共体竞争法的立法目的和适用规则，其主要贡献在于详细明确分析了《欧共体条约》第81条第1款和第3款的合法、合理性，但是并没有对其具体的适用规则、领域及分析方式进行全面的探讨。许光耀（2006）更为准确地分析了《欧共体条约》第81条第1款和第3款之间的关系，他强调第1款并非第3款适用的前提条件；同时，第1款并不是评判案件是非曲直的实体标准，而是用于明确第81条的适用范围。此外，王晓晔（2007）强调了豁免条件的必要性，引用了《欧盟运行条约》第101条（原《欧共体条约》第81条）第1款和第3款，阐述了在知识产权领域分析限制竞争的方法。时建中（2008）指出，《欧盟运行条约》第101条第1款和第3款并不是弥补我国“限制、排除”竞争标准空白最好的规则；相反，参照我国现有反垄断法，“本身违法原则”似乎是更好的选择。然而，其结论也值得进一步商榷。笔者支持使用《欧盟运行条约》第101条规定中的“目的或效果”作为客观判断要素，应当对此作进一步研究。王晓晔（2001b）提出了《反垄断法》中没有“本身违法”的规定，并提倡参照欧盟的目的或效果原则修订相关法律，但并未具体深入讨论。张江莉（2012）阐述了目的限制和效果限制的区别，并且着重探讨了《欧盟运行条约》第101条第3款的适用性，认为欧盟竞争法中绿色豁免终需满足“经济合理”的要求。但是，其论文中对于目的限制和效果限制及其区别的讨论太过浅显。洪莹莹（2015）的《我国限制转售价格制度的体系化解释及其完善》一文则揭示了目的分析和效果分析的发展进程，介绍了目的分析框架及豁免规则等，但该文主题是讨论转售价格体制，并未对目的分析和效果分析进行进一步深入的辨析讨论。因此，就现有讨论来看，也可以发现目的限制分析需要进一步探究，这绝非传统理解。另外，文中也对美国、欧盟两种限制竞争模式进行了对比。徐士英（2015）在其《反垄断法实施面临功能性挑战——兼论竞争政策与产业政策的协调》一文中主要通过政策层面的探讨，提到限制竞争的分析方法，但并未深入研究。刘廷涛（2015）则通过《欧盟卡特尔适用规则及豁免规定对我国之启示》一文深入分析了《欧盟运行条约》第101条第1款，对目的限制和效果限制竞争进行了详细深入的分析，解释了目的、效果限制的含义及认定方法，并对比《反垄断法》相关规定，十分具有借鉴意义。但是文中在探讨目的限制的含义时只讨论“本质损害”标准和“显著检验”标准，并未深入结合经济、法律背景情境等因素，同时在认定目的限制部分也没有参考欧盟法院的判例法，将其理解为合理原则。笔者认为这部分还需要进一步探究。王健（2014）在《垄断协议认定与排除、限制竞争的关系研究》一文中对限制竞争协议的认定进行了深入的探讨，尤其分析了排除、限制竞争的作用和垄断协议的关系，但是其未对目的限制竞争进行深入的分析。兰磊（2014）在《反垄断法唯效率论质疑》一文中阐述了唯效率论，认为唯效率论导致现代反垄断法充斥着各种悖论，影响了人们对反垄断法本质的把握，限制了反垄断法处理我国特殊国情问题的功能。唯效率论还存在大量论证手法上的错误，包括非此即彼的逻辑错误、混淆立法目的与个案判断标准等。他认为积极研究价值平衡理论是走出这一泥潭的重要途径，并对如何平衡协议益处和弊端作了深入分析。此外，兰磊（2015）也深入分析了《欧盟运行条约》第101条，通过《论欧盟垄断协议规制制度的困境及其对我国的启示》一文着重探讨了目的限制和效果限制，对《欧盟运行条约》第101条的结构及传统解读进行了分析，对第3款的豁免制度和第1款的筛选功能及综合考察都进行了讨论，并且通过欧盟判例法提出了附带限制法则和客观必要性例外的观点，实属佳作。但是对于《欧盟运行条约》第101条第1款的综合考察，即文中目的限制的分析方法等，笔者认为还有进一步探讨挖掘的空间。兰磊（2016）还在《转售价格维持违法推定之批判》一文中阐述了目的违法和效果违法是垄断协议二分法基本模式的一种，其认为目的限制竞争并不是指协议当事人存在违法的主观目的，而是描述一种关于行为性质的客观推定。一旦认定目的，即推定具有损害竞争的效果。效果限制竞争则要求个案中具体考察协议的实际反竞争效果，在此基础上才能认定协议违法。但是其文中并未具体探究目的限制竞争的分析方法和目的的含义。兰磊（2017）还在《论我国垄断协议规制的双层平衡模式》一文中将我国垄断协议的规制体系结合经济学的研究方法进行了讨论，但是笔者认为其研究结论缺乏实践性，应当结合欧美实践经验进而提出具有可操作性的平衡模式。此外，叶卫平（2017）通过《反垄断法模式的中国选择》分析了美欧的反垄断法模式，并且通过数据分析的方法，得出我国应当借鉴欧盟模式的结论。其文中还对目的和效果限制竞争进行了阐述，但是并未对限制竞争协议的分析模式进行深入研究，因此对于限制竞争协议的分析模式选择依旧值得研究。

就国内相关的博士论文来说，直接讨论目的限制及目的概念的内涵、外延的几乎没有，更多的只是在讨论限制竞争协议时附带讨论目的限制竞争的问题。白艳（2004）的《欧美竞争法比较研究》主要从两大法域的政治经济理论和市场进行分析，其认为欧盟竞争法的目标更注重的是内部市场的开放和自由、共同市场中竞争的有效性，以及竞争政策所体现出来的平衡和协调作用；美国反托拉斯法的产生以一个完整健全而同一的国内大市场为基础，注重自由流动。但是，该文对于目的限制竞争鲜有提及。王玉辉（2007）的《限制竞争协议法律规制研究》认为美国模式相比欧盟模式更可取，其通过对两大法系不同违法判定规则的评析，指出横向固定价格、限制产量、市场分割协议及纵向维持最低转售价格协议应适用“本身违法”的违法判定规则，其他类型的限制竞争协议则以“附带性限制”为基准，通过合理分析进行违法判定。该文对于研究欧盟目的限制竞争的研究有积极推动作用，但是依旧并未真正对欧盟目的限制竞争协议进行研究。徐明研（2013）的《纵向限制反垄断规制的发展及启示——以竞争政策为视角》主要从对竞争政策和全球经济发展的大环境的角度来讨论协议限制竞争问题，文中多次使用法经济学的分析方法，提出并讨论经济效益的重要性。这与欧盟卡特尔规则中的效果分析有异曲同工之处，但是并未真正深入分析经济要素的作用。惠从冰（2006）的《知识产权许可中的竞争法问题研究》虽然全面讨论了知识产权领域中的限制竞争问题，但文中并未具体区分目的和效果。毕金平（2010）的《反垄断法中的宽恕制度研究》虽然对欧盟卡特尔规则进行深入的分析，但主要集中在宽恕制度的实体和程序方面，并未对目的限制竞争和效果限制竞争作深入研究；相反，刘廷涛（2015）的《论出口卡特尔的竞争法规制》则深入探讨了区域竞争法解决卡特尔冲突的可能性，文中对目的限制竞争和效果限制竞争进行了初步的分析，但是并没有对目的的概念及分析方法的不同作进一步阐述。综上，对欧盟目的限制竞争协议分析方法的研究在我国还处于起步阶段，值得深入研究。

（2）关于知识产权许可限制竞争行为的目的限制竞争分析研究

国内文献资料显示，对欧盟知识产权许可限制竞争行为的研究还是以传统分析方法来对回授条款进行讨论为主。值得注意的是，有学者已经提出借助经济学分析方法来对知识产权许可限制竞争行为进行分析的建议。李霞（2014）的《论欧盟核心知识产权反竞争行为——运用更经济学分析方法》深入探讨了经济学方法对比传统分析法的优势，并提出了经济学方法适用于知识产权限制竞争案件中的可能性及发展前景，但并未具体分析。吕明瑜（2013）的《知识产权垄断的法律控制》一书则认为可以以已有的反垄断法为基础，结合知识产权许可中的特殊问题，构建知识产权许可反竞争审查的一般分析框架；该框架由损害标准、市场界定、“区别对待”的分析工具和基于“利弊权衡”的四步检验法这四个部分组成。其中，损害标准部分结合美国、欧盟和日本的做法，详细分析了“固有性权利”标准、“权利保护范围”标准、“竞争损害”标准，指出了这些标准的主要缺陷；在基于“利弊权衡”的四步检验法的运用部分涉及欧委会试图采用的效果分析方法。除此以外，国内学者也关注欧盟近年来用竞争法规制滥用回授条款的动向，主要体现在回授条款的设立分析及滥用案例中。李明德（2010）是国内系统研究和介绍欧盟知识产权法的领先学者，其著作《欧盟知识产权法》在涉及知识产权的限制竞争时提及诸多欧盟知识产权限制竞争案例，但成书时间较早，分析以介绍案情为主。张乃根（2008）清楚地分析了国际技术转让合同中技术改进条款的界定、范围及特殊性。马忠法（2015）深刻揭示了回授条款对于技术引进、消化、吸收、创新的推动作用及限制竞争作用，但是对于回授条款的目的限制竞争分析并未提及。宁立志和陈珊（2007）的《回馈授权的竞争法分析》则通过对回授条款的法理分析及对比欧盟、美国、日本的相关法律，来提出知识产权与竞争法的平衡方法，但文中对于目的分析法则基本没有提及。刘沐霖（2016）的《专利许可协议中回授条款的反垄断经济学分析》则通过经济学的方式对回授条款的反竞争作用进行权衡分析，与用目的分析法来分析回授条款有异曲同工之处。

1.4 本书结构安排及创新点

1.4.1 本书结构安排

本书包括导言在内，共分7章。

第1章为导言，首先阐述本书选题的现实背景和理论意义，并对研究的核心问题进行梳理；继而对解决该问题的方法进行阐述，并对相关文献进行梳理和归纳。同时，本章还对本书研究的思路、主要创新以及内容结构安排等作出简要说明。

第2章为欧盟目的限制竞争协议认定阐释。欧盟对于限制竞争协议的认定，通常会从限制竞争协议的目的认定开始，因为其认为应当优先考量协议的目的。本章解释了欧盟优先考量协议是否具有限制竞争目的的原因，从而论证欧盟目的限制竞争协议认定研究的重要性，并阐释欧盟目的限制竞争协议认定分析的发展变革，进而对中欧限制竞争协议认定分析框架的相似性进行阐述。本章还提出在中欧科技创新合作背景下，我国有必要对欧盟限制竞争协议的认定分析框架进行研究。

第3章基于传统分析方法对欧盟目的限制竞争协议的认定进行研究，主要对传统分析方法的起源以及对基于该方法进行认定时的相关解释进行分析，并对传统分析方法适用下“目的”的概念解释进行探析。

第4章基于更具分析性的方法对欧盟目的限制竞争协议的认定进行研究，主要通过判例分析的方法，对更具分析性的方法的确立及其发展进行阐述，并对更具分析性的方法适用下“目的”的概念解释进行深入分析。基于此，本章还对“经济和法律背景”的考量要素进行阐述，并结合法经济学、判例分析法等相关理论方法，对包括协议效果（促进/限制）平衡等相关概念进行深入浅出的解释。

第5章基于混合分析方法对欧盟目的限制竞争协议的认定进行研究，主要对混合分析方法进行解释，并阐明在适用混合分析方法时“目的”应当如何分析解释。同时，混合分析方法是欧盟现行专利许可协议中回授条款限制竞争分析所采用的主要分析方法，因此进行相关分析，并以高新技术产业为例，分析揭示固有方法的缺陷。在结合协议处所经济、法律背景的情况下，本书提出一套分析专利许可协议中回授条款是否具有限制竞争目的的判断方法，从而论证结合协议处所经济、法律背景分析回授条款是否限制竞争的合理性。

第6章为欧盟目的限制竞争协议认定模式的启示及对我国的建议，对欧盟目的限制竞争协议认定研究进行总结，概括欧盟目的限制竞争协议认定模式的特点及不足。本章以对欧盟模式的分析为基础，提出优化完善中国限制竞争协议认定体系的政策建议和适合中国国情的限制竞争协议认定分析框架结构，即对《反垄断法》等法律的相关修改意见，并对需修改的原因进行详细解释分析。此外，本章还在《与贸易有关的知识产权协议》（Agreement on Trade - Related Aspects of Intellectual Property Rights，以下简称“TRIPS 协议”）背景下对中国专利许可协议中回授条款的限制竞争分析提出相关建议。

第7章为结语，主要阐述全书的相关结论，并指出进一步研究的方向。

1.4.2 本书创新点

（1）本书通过系统梳理欧盟反垄断法中关于目的限制竞争协议认定方法的历次重大变革，明确在判断限制竞争协议时，应当优先判断协议是否具有限制竞争的目的。

（2）通过对欧盟目的限制竞争协议认定方法的研究，以及对“目的”的全面分析解释，本书主张对协议进行竞争效果的动态平衡测试。通过结合案件的经济、法律等背景情境要素，判断限制竞争行为是否必要、合理，而不是简单地将判断规则视为静态规则。

（3）针对《反垄断法》等法律提出修改意见，即构建中国限制竞争协议分析框架的相关建议。此外，就回授条款的限制竞争认定分析也提出相关建议，有助于我国在中欧科技合作中更好地保护自身合法权益。

第 2 章　欧盟目的限制竞争协议认定阐释

限制竞争协议，通常被称为“垄断协议”或“卡特尔”。由于各国经济、法律情况不尽相同，各国对于限制竞争协议的法律规定也有所区别，但各国对“限制竞争协议”的理解都包含以下两个要素，即协议的实施主体至少为两个经营者且实施行为产生排除和限制竞争的效果（王晓晔，2011）。根据实施主体的不同背景和在竞争中所处的地位，限制竞争协议通常分为横向和纵向两种。横向限制竞争协议在欧洲也被称为“卡特尔”，是指两个或两个以上具有竞争关系的经营者签订的具有排除、限制竞争内容的协议、决定或者其他协同行为。在各类限制竞争协议中，横向限制竞争协议危害性最大，主要体现在其对市场竞争和资源配置的破坏性极大。《反垄断法》第 13 条便是对横向限制竞争协议的规制。不同生产阶段的经营者所达成的限制竞争协议为纵向限制竞争协议，《反垄断法》第 14 条对其进行相关规制（王晓晔，2011）。本章将主要对横向限制竞争协议进行讨论。此外，在中欧科技创新合作中限制竞争协议认定问题凸显，因而我国有必要对欧盟限制竞争协议的规制制度进行研究，从而更好地在中欧科技合作中维护好自身权益，消除恶意磋商或其他限制我国发展的战略措施。欧盟模式下，限制竞争协议分为目的限制竞争协议和效果限制竞争协议两种。本章将对其进行深入探析，并对为何优先通过判断协议的限制竞争目的来认定限制竞争协议进行解释。

2.1　欧盟目的限制竞争协议的认定模式概述

2.1.1 《欧盟运行条约》关于限制竞争协议的规制

《欧盟运行条约》第 101 条提出关于限制竞争协议的规制。其中第 1 款作出原则性禁止规定：“经营者之间的协议、经营者协会的决议以及经营者协同一致行为，凡影响成员国之间贸易并且具有阻止、限制或扭曲内部市场竞争的目的或效果者，均与内部市场不相容，应受到禁止，特别是如下协议、决议或协同一致行为：（1）直接或间接固定购买价或销售价或者任何其他不公平交易条件；（2）限制或控制生产、市场、技术进步或投资；（3）划分市场或者供应来源；（4）对于与其他交易方之间的同等交易适用不同条件，以此将其置于不利竞争地位；（5）以其他当事人接受依性质或商业惯例与合同标的不相关的附带义务为条件与其订立合同。”第3款规定：“如果［协议、决议、协同一致行为］有助于改进产品的生产或分销，或者有助于促进技术或经济进步，同时使消费者公平分享由此产生的利益；并且：（1）对于相关经营者的限制对于达到上述目标是不可或缺的，（2）不会赋予该等经营者就系争产品的相当部分排除竞争的可能，则可以宣布第1款的规定不适用于前述协议、决定或协同一致行为。”[1]

欧盟法院[2]对《欧盟运行条约》第101条的解释如下：首先，条文中规定的原则性禁止行为必须产生“限制竞争”的影响；判断产生“限制竞争”的影响的方法有二，分别为“目的限制”和“效果限制”，经营者的协议、决定、行为只要满足二者之一，即认定为“限制竞争”（Whish，etc.，2015）。“目的限制”方法从客观角度出发，只要经营者行为的性质客观上具有损害竞争的目的，则不论经营者是否具有主观过错，均认为限制竞争。这是基于经济学上的理论分析和众多实际案例得出的一种抽象的分析方法。“效果限制”方法适用时需具体情况具体分析，综合多方面因素判断协议、决定、行为是否限制竞争。值得注意的是，存在推定具有限制竞争效果的协议。这种推定主要是基于司法执法人员通过该类协议通常具有何种效果而作出的判断。如果该类协议产生限制竞争的效果，则该类协议应被推定为限制竞争协议（King，2011）。

此外，对《欧盟运行条约》第101条的传统解释造成大量协议被错误地认定为限制竞争协议。因此，为了避免此种情况，欧委会尝试扩大该条第1款和第3款的筛选功能来避免规制行为不当地干预契约自由和财产权利（Barry，1995）。但这两种方法在具体实践中均出现了问题，使相关法律陷入逻辑不通、自相矛盾的境地（刘旭，2011）。

（1）个案豁免制度

欧洲法院认为，为避免协议被错误认定为限制竞争协议的情况，需增加《欧盟运行条约》第101条第3款中所规定的豁免情况，来限制第1款规定，

[1] 参见 http://eur-lex.europa.eu/LexUriServ/LexUriServ.do?uri=CELEX：12008E101：EN：html。

[2] 欧盟设立两级法院，一审法院称为“普通法院”（General Court，GC），终审法院称为“欧盟法院”（Court of Justice of the European Union，CJEU）；在欧盟成立之前，它们分别为“初审法院”（Court of First Instance，CFI）和“欧洲法院”（European Court of Justice，ECJ）。由于本书涉及的案例绝大部分在欧盟成立之前作出，故书中“欧盟法院”和“欧洲法院”均会出现，特此说明。

从而平衡促进竞争和限制竞争两方面的效果。这一观点也在欧洲法院对 Métropole télévision（M6）and others v. Commission 案[1]的判决中有所体现。欧盟首先试图从合理原则分析的角度审查《欧盟运行条约》第101条，其中第1款规定主要考虑协议的限制竞争效果，第3款则考虑协议对竞争的促进作用。假如促进竞争的效果更甚于限制竞争的效果，限制性行为实现的经济利益大于限制竞争的负面效果，并符合欧盟的竞争规则，则可以认为该协议总体对竞争是有益的。但是，这种方法需要具体案例具体分析。这种个案豁免制度在《关于〈欧盟运行条约〉第101条第3款适用方式的指南》[2]（以下简称《第101条第3款指南》）的第11段和第33段中有所体现。

（2）集体豁免制度

为了平衡协议促进竞争和限制竞争的两方面效果，也为了缓解《第101条第3款指南》的“申报制度”对欧委会造成的工作压力，欧盟在第101条第3款的基础上增加了集体豁免制度，进一步缩小第1款的适用范围。集体豁免制度（Block Exemptions）是指除个案中有相反证据证明协议不满足豁免条件外，可以将满足欧委会制定的特殊条件的某些类型的协议推定为可以适用《第101条第3款指南》。因此，“推定”是集体豁免制度的本质特征。集体豁免制度在适用时通常以市场份额为主要判断标准，当经营者市场份额低于一定数值、不以限制竞争为目的，并且协议中不包含核心限制或消除竞争的条款时，则可以推定为能被豁免。具体市场份额的界限因不同集体豁免条例而异。若在个案中，协议确实产生严重的限制竞争的效果，集体豁免就存在被推翻的可能。集体豁免制度的制定是由欧洲理事会授权给欧委会的，欧洲理事会授权包括工业、保险业、知识产权、纵向协议等方面的集体豁免，欧委会由此发展一个集体豁免条例群，其中包括针对具体协议类型的集体豁免条例和行业性的集体豁免条例。集体豁免条例目前已经涵盖技术转让协议、专业化协议、纵向协议等，涉及的行业也很多，如电信业、运输业、农业、服务业和保险业。[3]

（3）附带限制理论

在审查效果违法的案件时，要想全面地考察涉案协议对竞争的影响，必须分析协议对竞争产生的正面及负面影响。如此一来，势必会扩大《欧盟运行条约》第101条第1款的筛选功能。因此，欧盟在实践中发展了一些具体规

---

[1] 参见 Case T－112/99，*Métropole télévision（M6）and others v. Commission*，［2001］ECRII－2459，paras. 104－113。

[2] 参见 Guidelines on the Application of Article 81(3) of the Treaty（2004/C101/08），para. 4。

[3] Competition of EU antitrust Legislation［EB/OL］.［2018－05－19］. http://ec. europa. eu/competition/antitrust/legislation/legislation. html.

则。最著名的是欧盟从1966年Société La Technique Minière案（以下简称“STM案”）[1]等一系列案件中发展起来的“附带限制理论”（Jebelli，2017）。从欧盟竞争法的角度来看，“附带限制”要求违法协议必须与某个交易直接相关，是实施该交易的必要条件。[2]进一步讲，“直接相关”是指该限制从属于该交易的实施并且与之存在明显的联系。[3]“必要条件”是指对于某个交易而言，该限制协议对其实施是客观必要、缺之不可的，并且是成比例的。[4]如果满足必要条件，仍需进一步考虑该限制协议的内容、时间、区域等是否超过实施该交易所必要的程度。若超过，则必须在《欧盟运行条约》第101条第3款项下加以单独评估。[5]这也在后来的案件中一再重申。具体详见本书第4章。

（4）客观必要性例外原则

虽然附带限制原则在理论上对纵向限制协议适用，且在司法实践中也多应用于纵向限制协议案件中，但欧洲法院也专门针对横向限制竞争协议提出了“客观必要性例外原则”。该原则的重要性在《第101条第3款指南》中有所阐述：假设某协议产生限制竞争的效果，但该协议产生的限制竞争在客观上是必需的，则该协议可能不被认定为限制协议。在适用客观必要性例外原则时，必须从客观角度来判断，不能仅凭经营者的主观想法。[6]具体详见本书第4章。

（5）显著性要求以及《小案件指南》

从20世纪60年代开始，欧洲法院认识到经营者规模较小时，即使实施限制竞争的行为，该行为对市场的影响也微乎其微，且对正常的贸易并未产生排除、阻扰、限制等影响，则此时并不满足原则性禁止的要求（Barry，1995）。为此，欧洲法院通过判例确定了一项《欧盟运行条约》第101条适用时的原则——显著性要求。其含义为：如果经营者之间的协议、决定或者其他协同行为对市场的影响十分小，则该协议不被第101条第1款规定禁止。[7]也就是说，“显著性要求”原则要求经营者的协议、经营者协会的决定或者行为的目的或效果必须足够大，以影响成员国之间的贸易为判断界限。[8]例如，在Völk案[9]和

---

[1] 参见Case 56/65，*Société La Technique Minière* v. *Maschine bau Ulm GmbH*，［1966］ECR234。

[2][3][4][5] 参见Case T－112/99，*Métropole télévision*（*M6*）*and others* v. *Commission*，［2001］ECRII－2459，paras. 104－113。

[6] 参见Guidelines on the Application of Article 81(3) of the Treaty（2004/C101/08）。

[7] 参见Case C－226/11，*Expedia Inc.* v. *Autorité de la concurrence and Others*，para. 16。

[8] 参见Case C－226/11，*Expedia Inc.* v. *Autorité de la concurrence and Others*，para. 17。

[9] 参见Case C－5/69 *Franz Völk v. SPRL Ets J Vervaecke*［1969］ECR 295。

Cadillon案❶中，欧洲法院认定，鉴于当事人在市场上的影响力很弱，它们之间的排他性交易协议对市场产生的影响微不足道。因此，“显著性要求”原则对于“目的限制”和“效果限制”均适用。在 Bayerische Motorenwerke 案❷和 Pedro IV Servivios 案❸中，欧洲法院在判决中都使用了如下措辞：“限制市场竞争的目的或效果显著。”根据一系列案件判决，2001 年，欧委会制定了《小案件指南》。❹ 该指南规定，协议双方所占市场份额总和不超过 10%（竞争性企业）或协议一方所占市场份额不超过 15%（非竞争性企业）的协议不满足显著性要求，不构成《欧盟运行条约》第 101 条第 1 款规定的反竞争行为，但某些核心限制除外。目的限制协议的“显著性”也可以根据市场份额来认定，有些市场份额低于 10% 的经营者之间的协议也可能构成显著限制竞争的存在。❺

2.1.2 欧盟限制竞争目的和限制竞争效果的比较分析

（1）限制竞争目的和限制竞争效果的解释

《欧盟运行条约》第 101 条是欧盟反垄断法的主要条款之一。❻ 它禁止任何在欧盟内部市场上具有阻碍、限制或扭曲竞争目的或效果的协议、联合行为以及当事人的决定。❼ 如果协议或联合行为具有限制市场竞争的目的或效果，那么该协议或联合行为就违反《欧盟运行条约》第 101 条，也就是之前《欧共体条约》第 81 条、第 85 条的规定。❽ 欧洲法院认为，目的限制竞争和效果限制竞争是《欧盟运行条约》第 101 条规定下两类不同类型的侵权行为，并且目的和效果不是累积的概念，不需要同时适用，而是互为替代的。❾

《欧盟运行条约》第 101 条的目的是规制限制竞争行为，并促进欧盟内部的经济市场一体化（Craig，etc.，2011）。经济市场一体化对于欧盟的成功至

❶ 参见 Case 1/71，Cadillon，［1971］ ECR351。

❷ 参见 Case C－70/93，*Bayerische Motorenwerke*，［1995］ ECRI－3439，para. 18。

❸ 参见 Case C－260/07，*Pedro IV Servicios*，［2009］ ECRI－2437，para. 68。

❹ 参见 Commission Notice on Agreements of Minorimportance Which do not Appreciably Restrict Competition under Article 81（1）of the Treaty Establishing the European Community（Deminimis）（OJC 368/13，22. 12. 2001）。

❺ 同上，para. 55。

❻❼ 参见 Consolidated Version of the Treaty on the Functioning of the European Union art. 101，Mar. 30，2010，2010 O. J.（C 83）。

❽❾ 参见 Cases 56 & 58/64，*Consten and Grundig* v. *Comm'n*，1966 E. C. R. 301，342；Case C－8/08，*T－Mobile*，2009 E. C. R. I－04529，para. 28。

关重要，必须防止通过协议或联合行为来限制竞争的行径。[1] 如果企业能够通过限制销售产品的地点、方式和价格来限制、影响竞争，那么市场一体化就会受到损害。因此，《欧盟运行条约》第 101 条不仅是理解欧盟反垄断法的核心，也是维护市场一体化的重要工具。诚然，如果企业的行为本质上对共同市场的竞争是有害的，那么依据《欧盟运行条约》第 101 条的规定，该行为就会被认定是违法的。而对于目的的判断，则取决于分析限制行为本身以及该行为的客观目的。[2] 如果通过分析，发现企业的行为不具有限制竞争的目的，那么欧洲法院将进一步审查行为是否对相关市场产生负面的影响效果。效果分析相对复杂，需要对市场进行深入的事实调查，并审查行为所带来的经济后果以及市场分割情况等（Craig，etc.，2011）。

综上，协议或联合行为可能因其本质上具有限制竞争的目的而违反《欧盟运行条约》第 101 条的规定，同时也可能因其行为对市场的限制竞争效果而违反该条的规定。下文将对欧洲法院对于目的限制和效果限制的解释进行深入讨论。

1）限制竞争目的

众所周知，一些协议本质上就具有限制竞争的性质。例如固定价格协议、限制进出口协议和分割市场协议（Craig，etc.，2011）。欧洲法院曾审查 Consten and Grundig v. Comm'n 案（以下简称“Consten & Grundig 案”）中的争议协议，并发现该协议具有限制竞争的目的。[3] 该案中，一家德国无线电制造商和一家法国经销商达成协议将这家法国公司作为法国格兰迪（Grundig）收音机的唯一经销商，并限制收音机的进口和出口。[4] 总检察长罗默向欧洲法院提出相关建议，他认为协议并没有违反《欧共体条约》第 85 条。他认为该协议允许德国其他生产商进入法国市场，并且事实证明已有一家其他德国公司进入了法国市场，因此该协议反而促进了欧洲市场一体化。[5] 然而，欧洲法院并不同意其观点。法院认为该协议违反了《欧共体条约》第 85 条的规定，协议并未限制哪些经销商可以出售收音机，从而有可能损害市场竞争。[6] 换言之，因为协议具有限制竞争的目的，法院认为也就没有必要再审查协议效果对市场的影

---

[1] 参见 European Union. Market Integration and Internal Market Issues，Europa. eu ［EB/OL］. ［2018 - 05 - 30］. http：//ec. europa. eu/economy _ finance/structural _ reforms/product/market _ integration/index _ en. htm.

[2] 参见 Case C - 209/07，*The Competition Auth.* v. *Beef Indus. Dev. Soc'y Ltd.*，2008 E. C. R. I - 08637，para. 17。

[3][4][5][6] 参见 Cases 56 & 58/64，*Consten and Grundig* v. *Comm'n*，1966 E. C. R. 301。

响。[1] 如果判定协议的目的是损害竞争，那么协议对市场是否存在有益的效果都无关紧要。

Consten & Grundig 案是关于目的限制竞争协议的开创性案例，为后续审查目的限制竞争协议奠定了分析基础。然而，一个近期发生的案例 Allianz Hungária Biztosító Zrt v. Gazdasági Versenyhivatal 案（以下简称 "Allianz Hungária 案"）中，欧洲法院则提出了通过经济效果来分析协议的目的。[2] 该案涉及汽车保险公司与保险人之间的关于维修费用的协议。[3] 欧洲法院认为，该协议具有限制竞争的目的。法院审查了协议所处的经济和法律背景以及协议对市场产生的影响。欧洲法院在《欧盟运行条约》第 101 条下进行了目的分析，并考虑协议的潜在效果，最终认为协议具有损害竞争的目的。[4] 欧洲法院在该案中对目的分析的方法原理与 Consten & Grundig 案中的并不一致，因为在 Consten & Grundig 案中，欧洲法院认为协议效果对于判断协议目的是不必要的。显然，如果审查协议时从判断其目的开始，那么首先有必要对协议的客观目的进行分析。协议不能以扭曲竞争为目的，尤其是将市场按国别分割或限制市场准入标准等。在Allianz Hungária 案之前，根据《欧盟运行条约》第 101 条分析协议的目的，并不需要对协议的实际或潜在的效果进行分析。传统的目的分析方法下，即使协议效果是有利的，协议的实际经济效果也并不需要考虑，正如 Consten & Grundig 案中提及的那样。

此外，关于目的限制竞争联合行为的审判实践与关于目的限制竞争协议的审判实践并不一致。欧洲法院第一起涉及目的限制竞争的联合行为的案件是 ICI v. Commission 案。[5] 在该案中，欧洲各地的染料生产商在欧洲共同市场内进行了三次独立且涨幅一致的价格上涨调整。但由于没有提高价格的协议，因此必须根据联合行为的理论来进行分析。另外，因为所有的价格上涨是统一的，[6] 从而总检察长 Mayras 在对该案发表相关意见时指出，为确定是否具有目的限制的联合行为，必须审视实际的市场效果，因为对联合行为的判断不能与对竞争的实际效果相分离。因此，与对目的限制竞争协议的分析不同，对联合行为的分析需要审查对市场所产生的效果影响。由于这些效果影响具有信息指导作用，并可以作为联合行为是否存在损害市场竞争的证据，因此必须考虑案中所涉及的实际市场情况，该案中即染料市场的实际效果情况。[7]

---

[1] 参见 Cases 56 & 58/64, *Consten and Grundig* v. *Comm'n*, 1966 E. C. R. 301。

[2][3][4] 参见 Case C-32/11, *Allianz Hungária Biztosító Zrt* v. *Gazdasági Versenyhivatal*, 2013 E. C. R. 1000。

[5][6][7] 参见 Case 48/49, *ICI* v. *Comm'n*, 1972 E. C. R. 621, 655。

在 ICI v. Commission 案中，染料市场的实际效果影响表明联合行为损害染料市场的竞争。在共同市场的不同地区的价格上涨方面也存在类似的损害行为，而这种情形也往往是市场结构所不能解释的。[1] 欧洲法院赞同总检察长 Mayras 的意见并认定存在联合行为。法院认为，企业的行为具有通过消除市场不确定性而损害竞争的作用，这意味着企业知道竞争对手正在计划做什么，并且不会面临自己提价后竞争对手不提价所带来的风险。欧洲法院总结道，这些效果反映出联合行为违反《欧共体条约》第 85 条的规定。[2] 在 Suiker Unie v. Commission 案中，欧洲法院再次通过效果分析来审查联合行为的目的。[3] 在该案例中，整个共同市场上的各种食糖生产者都拒绝向特定市场的某些竞争者销售食糖，限制食糖生产。然而，食糖市场在欧洲受到严格监管，并且规定市场必须存在竞争，因此法院认为食糖生产者违反《欧共体条约》第 85 条。[4] 该案中，竞争对手采取的方式是通过消除市场的不确定性损害竞争。

考虑市场效果在这些早期案例中至关重要。与目的限制竞争协议分析不同，对于联合行为的考量不能不考虑行为对于市场的影响。换句话说，效果反映联合行为的本质，二者密不可分。然而，联合行为的分析随着 Anic v. Commission 案（以下简称“Anic 案”）判决的产生而发生改变。[5] Anic 案奠定了分析目的限制竞争联合行为的新标准，即分析的关键点是信息的共享消除了市场上的不确定性。这也意味着不再需要考虑联合行为的市场效果，因为共享信息已经消除市场的不确定性。T – Mobile Netherlands BV and Others v. Raad van beestuur van de Nederlandse Mededinging – sautoriteit 案（以下简称“T – Mobile 案”）判决中，则进一步明确了这个新的针对目的限制竞争联合行为的分析框架。综上，基于欧洲法院对《欧盟运行条约》第 101 条下目的限制竞争联合行为的最新解释，最为关键的问题是信息被分享后是否必然会降低市场的不确定性。因为本书主要对目的限制竞争协议进行深入分析，所以对于目的限制竞争联合行为不再过多讨论。

2）限制竞争效果

若协议或者联合行为不具有损害竞争的目的，那么也可能因为在共同市场上存在损害竞争的效果而被视为违反《欧盟运行条约》第 101 条的规定。为确定对竞争产生的效果，欧洲法院深入审查了行为所处的实际环境情况，不仅

---

[1][2] 参见 Case 48/49, *ICI* v. *Comm'n*, 1972 E. C. R. 621, 655。

[3][4] 参见 Cases 40 – 48, 50, 54 – 56, 111, 113, & 114 – 73, *Suiker Unie* v. *Comm'n*, 1975 E. C. R. 1671, 1916。

[5] 参见 Case C – 49/92 *Comm'n* v. *Anic*, 1999 E. C. R. I – 04125。

包括对行为所处法律和经济背景的分析，还包括行为实施后对市场产生的经济影响分析（Craig & Burca，2011）。

在 John Deere Ltd. v. Commission 案（以下简称“John Deere 案”）中，英国的拖拉机制造商建立了一个登记册，它们分享了英国过去拖拉机销售情况的资料。❶ 案中总检察长认为，这个登记册会产生减少市场不确定性的效果，因此这种行为违反《欧共体条约》第 85 条的规定。欧洲法院同意该观点，并表示协议具有限制竞争的效果。因为它减少了市场的不确定性，并且阻止了制造商进入市场（制造商可能担心必须参与登记）。欧洲法院在该案中没有研究协议是否会对市场有利，而是将所有的注意力放在判断协议是否产生减少市场不确定性的效果。协议的负面影响被认为是与判断相关的要素。❷

在 Asnef – Equifax v. Ausbanc 案（以下简称“Equifax 案”）中，西班牙银行分享了借款人的信息，以帮助提供贷款。❸ 总检察长认为这种分享客户信息的行为是可以接受的，因为它有助于银行确定向特定客户提供贷款的风险。此外，银行不分享有关其业务的信息，并且共享的信息也是向西班牙市场上的所有银行提供。总检察长认定这种信息共享对于银行体系是必要的，并且实际上具有有益的效果。欧洲法院对此表示同意，并认为分享客户资料并不会损害市场竞争。信息共享的效果对银行业有利，因为它有助于防止不良贷款，例如针对不能满足贷款条件的借款人的情况。这个判例很有意思，因为与其他案件不一样，欧洲法院审查了协议有利的影响并接受了竞争者之间的信息共享。这让人怀疑这种情况是否属于异常情况。❹ 然而，它也确实表明在审查联合行为的效果时，欧洲法院将考虑与行为相关的事实信息。

笔者认为，欧洲法院判例中的效果分析并不典型，因为欧洲法院更多地分析了协议和联合行为的目的。相比分析效果，在协议和联合行为案件中认定协议的违法目的更容易。此外，如果经过目的分析，协议或联合行为被认定不存在限制竞争的目的，此时再对协议或联合行为进行效果分析，实则对协议双方更加有益。因为如若目的分析有错误，此时可以通过对协议或联合行为的全面分析解释完成相关抗辩。

3）小结

目的限制和效果限制是《欧盟运行条约》第 101 条适用下两种不同类别的侵权形式。如果协议因其本质会损害竞争，那么就违反《欧盟运行条约》第 101 条的规定，即使此时协议对市场是有益的或没有任何不利于竞争的负面

---

❶❷　参见 Case C – 7/95 P，*John Deere Ltd.* v. *Comm'n*，1998 E. C. R. Ⅰ – 3115，3115 – 16。

❸❹　参见 Case C – 238/05，*Asnef – Equifax* v. *Ausbanc*，2006 E. C. R. Ⅰ – 11125。

效果。具有限制竞争目的的联合行为的判断并不需要对相关市场中的效果进行分析，判断的关键要素在于竞争者是否通过共享商业信息降低市场的不确定性，且竞争者们依旧存在于市场中。在《欧盟运行条约》第 101 条的适用下，不允许竞争者降低市场的不确定性，并要求它们能够在市场中作出独立的决策。除此以外，如果一家公司在目的分析过后认定其不具有限制竞争的目的，那么其行为或协议对市场产生的实际效果会被进一步审查以确定是否违反《欧盟运行条约》第 101 的规定。由于本书主要研究协议的限制竞争目的和效果，因此下面将对协议的限制竞争目的和效果进行分析。

（2）限制竞争目的和限制竞争效果的区别

目的与效果之间的区别一直以来都饱受争议，没有定论（Whish，2015）。GlaxoSmithKline Services Unlimited v. Commission 案（以下简称“GSK 案”）的判决在某种程度上体现了区分目的和效果概念的重要性。[1] 从基本层面上来理解，目的是效果的另一种表现形式，需要在《欧盟运行条约》第 101 条第 1 款下进行单独考量。这一观点在 STM 案中确立（Bellamy，etc.，2008）。[2] 欧洲法院认为，应当先对协议的目的进行分析，在协议目的是否是限制竞争无法判断时，再考虑该协议的效果（Bellamy，etc.，2008）。[3] 如果协议的目的确定为限制竞争，那么就无须考虑协议的具体效果。[4] 另外，确定协议的实际效果还需要进行高水平的经济分析，付出更高的经济代价，因此目的分析较之效果分析更具实用性和可行性。在 Competition Authority v. Beef Industry Development Society and Barry Brothers（Carrigmore）Meals Ltd 案（以下简称“BIDS 案”）中，欧洲法院认为目的与效果的区别在于特定种类的协议必然会限制竞争，这时就无须分析协议的实际效果。[5] 欧洲法院在 Consten&Grundig 案中确立了该原则，却一直未阐明其推理过程。[6] 此外，欧委会在《第 101 条第 3 款指南》中提出，只要“本质上”具有限制竞争的目的即可推定为限制竞争，无论其实际或潜在的效果如何。[7] 而欧委会作出这样的声明，也是基于限制的严重性和其对限制可能会损害竞争的判断经验而得出（Whish，2015）。这种特定协议会损害或限制竞争的情形即所谓的协议的“必然效果”。有学者认为，该观

---

[1][3] 参见 C－501/06 P *GlaxoSmithKline Services Unlimited* v. *Commission*（*GSK*）［2009］ ECR I－9291（*GSK*）。

[2] 参见 Case 56/65，*SociétéLa Technique Minière* v. *Maschine bau Ulm GmbH*，［1966］ ECR234。

[4][6] 参见 Cases 56 and 58/64 *Consten and Grundig* v. *Commission*［1966］ ECR 299（*Consten*）。

[5] 参见 Case C－209/07，*Competition Authority* v. *Beef Industry Development Society and Barry Brothers*（*Carrigmore*）*Meals Ltd*，［2008］ ECR I－8637。

[7] 参见 Guidelines on the Application of Article 81（3）of the Treaty（2004/C101/08）。

点与欧洲法院自身的审判规程不一致，不能反映《欧盟运行条约》第 101 条第 1 款下目的之功能，其原因在于一旦确定协议的目的，则无须寻求其具体效果，而这种观点在事实上极具争议（Bellamy，etc.，2013）。笔者认为，根据前述观点，目的评估无须寻求实际效果的原因在于这种协议具有限制竞争的必然效果，仅有限制竞争的“目的”就足以将协议同限制竞争的目的挂钩，不论协议成立与否和履行与否。

此外，在判断协议目的时，对协议所处的经济和法律背景的分析也被不断提及和推崇。这种方法下目的限制和效果限制之间的区别被进一步模糊化，从而也削减了“效果”的作用。这种批判主要源自于 Allianz Hungária 等案件[1]（Gomzalez，2012）。当然，对于前述模糊化的观点完全可以反驳，因为正是聚焦协议所处的经济和法律背景，目的限制和效果限制之间的关系才得到阐明和加强。具体来说，目的限制和效果限制是互相补充的，并且在认定协议是否限制竞争时发挥不同的作用（Graham，2013）。

目的限制和效果限制的作用是不同的。目的限制的认定是指依靠客观认定协议背后的基本原理，来确定协议的目标是否为限制竞争。如果无法认定协议目的，则通过效果限制确认协议事实上是否限制竞争（实际或者潜在）。此外，在传统分析方法下，判断协议是否具有限制竞争的目的不要求认定协议的实际效果，不仅因为限制竞争是协议的必然效果，也因为协议本身就是以损害竞争为目的的（Gomzalez，2012）。许多学者还表示在认定协议目的时，不需要考虑“所有”的经济背景要素，只需要考虑部分要素即可（即定义相关市场、确定协议主体在相关市场中的地位以及进行反事实分析）（Howard，2009）。他们认为，审查协议目的时没有必要进行这样全面细致的审查（Killick，etc.，2010）。笔者对此也表示赞同。在判断协议目的时，进行一定程度的经济、法律背景要素的分析，不仅能够提高目的判断的准确性，还能够避免后续更为深入的、复杂的效果分析，同时还能提高原告或监管者一方的证明标准。但很多学者也认为，这会进一步减弱“效果”的作用（Gomzalez，2012）。

从经济学角度来看，有学者主张目的限制和效果限制的界限在于，判断协议中的限制条件“在效率基础上是否能够得到合理的解释”（Colomo，2012）。在认定协议目的时，欧洲法院将精力集中于判断协议带来的积极作用是否超过协议带来的潜在的限制竞争作用。著名反垄断学者 Colomo 教授认为，在不具有合理效益的情况下，限制条件会被认为只具有限制竞争的目的（Colomo，

[1] 参见 Case C－32/11，*Allianz Hungária Biztosító Zrt v. Gazdasági Versenyhivatal*。

2012)。通过使用更具分析性的分析方法，他主张："真正的问题似乎不是限制条件是否……能够被推定为具有限制竞争的目的或其是否具有特定的形式，而是就协议的性质与其背景而言，限制条件是否足以让人相信是可以提高效率的，而不仅仅是从消费者或供应商处获得财富的工具……因此，并不是要判断限制条件是否使相关市场的竞争恶化，而是要判断限制条件是否能够加强相关市场的竞争"(Colomo，2012)。

因此，经济学角度下只有在特定限制条件没有任何积极作用（例如单纯的价格固定）的情况下，才能推定有"限制竞争的意图"（限制竞争的目的）。因此，当协议不能在效率基础上得到合理的解释，或者如在 BIDS 案中对效率的主张与限制条件之间没有清晰的关联的情况下，可以推定协议主体的主要动机是限制竞争（Ibáñez，2012）。Colomo 相信欧洲法院没有将目的限制概念推定为协议可能产生的效果。他相信法院会通过经济学方法对特定限制行为进行分析，进而得出是否具有限制竞争目的的结论，同时效果标准证明协议对市场可能产生的（负面的）效果。这样的分析是有说服力的，并且与更具分析性的分析方法是互补的（Colomo，2012）。Colomo 的经济学主张在他的论文中并未被深入检验，但这种解释似乎恰好符合对法律的理解。除此以外，他还发现市场影响力的增加不是评估协议是否具有限制竞争目的的决定性因素，他认为对于《欧盟运行条约》第 101 条第 1 款的解释应当具有一定的内在灵活性(Colomo，2014b)。

在笔者完成本书之前，对于目的限制和效果限制区别的认识一般基于两方面，即对于限制竞争的法律解释和经济解释。从法律解释的角度来看，目的限制概念是在更具分析性的方法下认定协议在相关法律和经济背景中的意图，效果限制概念则与协议对竞争产生的实际效果有关。从经济解释的角度来看，传统分析方法毫无意义，因为它无法对细微差别或变化的经济环境作出反应，这也是诸多学者认为需要对现有二分法模式进行改进的原因（Colomo，2014）。

所以，除了已知的法律解释角度，从其他角度来审视"二分法"不失为一种更有益的方式。"目的"判断的更加灵活、准确，也意味着"效果"预留给那些不能真正被认定具有限制竞争目的的协议，并为了证明协议的具体效果而被要求进行完整的市场分析。欧洲法院在 Cartes Bancaires 案的判决中试图强调这种改进的二分法模式。[1] 欧洲法院表明，目的限制概念不能被完全理解为对协议可能产生的效果的推定。否则，欧委会就得以免除证明协议没有对市场

[1] 参见 Case C－67/13 P，*Groupement des Cartes Bancaires*(*CB*) v. *Commission*，11 September 2014，nyr（*Cartes Bancaires*)。

实际造成损害效果的义务。为此，法院认为应当依据 STM 测试法对协议进行分析，除非协议可以被认定为“对竞争有足够程度的损害”，才可以直接认定协议具有限制竞争的必然结果。由此可以看出，欧洲法院支持混合分析方法。本书下一章也会对混合分析方法展开具体讨论。[1]

(3) 必须首先考虑限制竞争目的

目的认定和效果认定是否真的可以互相替代？能否直接通过认定协议效果来判断协议是否限制竞争（Faull，etc.，2007）？多数学者认同 STM 案中总结出的结论，即首先考虑协议的准确意图（目的），通过分析协议条款，若其未表明对竞争足够有害，就应当考虑协议的后果（效果）（Goyder，etc.，2009）。[2] 也就是说，必须在考虑“效果”之前先适用目的限制判断标准。因为相比于确定协议目的，审查协议实际效果更加困难和难以操作（Colomn，2012）。例如，具有限制竞争目的的协议，可能还未实施，此时对于协议实际效果的审查将无从下手。相反，对于协议目的的判断则无须对实际效果进行分析，因此更加易于适用（Colomo，2012）。值得注意的是，对于协议的准确意图的认定，取决于协议的内容最终是否表现出显著的限制竞争目的，而不取决于协议的主观意图（Whish，etc.，2012）。

法院对于是否必须首先认定协议目的，时而表现出模棱两可的态度，时而又表示支持。在 IAZ/Anseau 案中，欧洲法院虽然认同认定目的和认定效果是可替代的，但也表示：“首先认定是否符合目的限制和效果限制中的任意一个标准，在本案中指目的限制的标准。其次，协议内容的分析没有表明对竞争造成一定程度的损害，那么应考虑协议的后果……”[3] 法院的阐述并没有被明晰地支持在所有的案件中，都必须在考虑协议效果之前首先认定协议目的。然而，欧洲法院在 GSK 案中却解释了先考虑协议目的再考虑协议效果为何很重要。如果目的评估存在法律分析上的错误，那么在效果分析的时候可以对此进行驳回（补救）。[4] 在实际情况中，首要考虑目的的重要原因还在于：①目的评估不要求证明实际效果，这可以减轻行政负担；②即使协议没有生效或没有

---

[1] 参见 Case C－67/13 P，*Groupement des Cartes Bancaires*（*CB*）v. *Commission*，11 September 2014，nyr（*Cartes Bancaires*）。

[2] 参见 Case C－56/65 *Société Technique Minière* v. *Maschinenbau Ulm*［1966］ECR 248－250（*STM*）。

[3] 参见 C－96/82 *IAZ/Anseau*；C－551/03 P *General Motors* v. *Commission*［2006］ECR I－3173，para. 135。

[4] 参见 Case C－8/08 *T－Mobile Netherlands BV and Others* v. *Raad van bestuur van de Nederlandse Mededingingsautoriteit*，［2009］ECR I－4529，para. 56。

达成，也不影响目的的确认；[1] ③由于目的限制的高标准罚金，具有限制竞争目的的行为也通常被认为是更严重的违法行为；④依据统计数据来看，目的限制竞争协议通过《欧盟运行条约》第101条第3款的豁免条款来规避监管是更加不可能的；[2] ⑤如果协议无论效果如何都可能被禁止（法律的预防性），协议方更不可能通过共谋或其他形式来限制竞争；⑥目的标准的适用足以判断协议是否属于《欧盟运行条约》第101条第1款的规制范围，因此没有必要认定协议的实际效果。[3] 因此，首要考虑协议“准确目的”的做法才是明智的。[4]如果协议不具有限制竞争目的，再认定协议是否具有限制竞争的效果，即STM案中总结出的两步检测法。[5]

2.1.3 欧盟目的限制竞争协议认定分析的发展变革

从历史发展来看，在对《欧盟运行条约》第101条第1款进行研究时，人们都忽略一个极其重要的问题，即如何认定和解释目的限制竞争协议。过去，许多学者都认可Whish教授的观点，即“目的分析框架”理论（Whish，etc.，2015)。按照他的说法，“目的分析框架”包括特定种类的“特定有害”的协议，法律上认为这些协议的目的就是限制竞争（Whish，2009)。换言之，目的限制竞争类似于美国1890年《谢尔曼法》第1条所阐述的本身违法(Jones，2010)。尽管根据《欧盟运行条约》第101条第3款，被初步认定为具有限制竞争目的的协议可以被豁免，但这种情况通常被认为是不太可能发生的（Whish，2009)。因此，被视为具有限制竞争目的的协议通常会被推定为违反《欧盟运行条约》第101条第1款的规定（Whish，2009)。此外，证明协议目的违反《欧盟运行条约》第101条第1款的规定，并不要求证明协议具有限制竞争的效果（Whish，etc.，2012)。

随着欧盟目的限制竞争协议研究的不断发展，特别是欧委会开始接受在《欧盟运行条约》第101条第1款下，通过以效果为导向的分析方法来认定限制竞争的目的后，效果分析逐步走向法律适用分析的中心舞台（Bourgeois，

---

[1] 参见C－277/87 *Sandoz Prodotti Farmaceutici SpA* v. *Commission*［1990］ECR I－45；C－246/86 *Belasco* v. *Commission*［1989］ECR 2117。

[2] 参见Article 81(3) Guidelines。

[3] 参见Case C－5/69 *Franz Völk* v. *SPRL Ets J Vervaecke*［1969］ECR 295（*Völk*）do not refer specifically to the “legal” context.

[4] 参见Case C－56/65 *Société Technique Minière* v. *Maschinenbau Ulm*［1966］ECR 248－250（*STM*）。

[5] 参见C－501/06 P *GlaxoSmithKline Services Unlimited* v. *Commission*（*GSK*）［2009］ECR I－9291。

etc.，2013），目的限制竞争协议的判断方法也逐步发生变化（Damien，2013）。2006 年 9 月，欧盟法院的一个争议性判决否定了传统意义上认可目的限制竞争协议的方法。在 GSK 案中，法院发现在平行贸易中存在故意限制，即众所周知的“核心限制”（Hardcore Restriction）。通过分析，法院最终认定其不具有限制竞争的目的，并没有违反《欧盟运行条约》第 101 条第 1 款的规定。[1] 法院认为通过分析协议所处的经济、法律背景，该协议不具有限制竞争目的。对此，学界普遍认为法院对所涉法律的解释也是一种反常现象，不但模糊了目的和效果概念之间的界限，而且不符合《第 101 条第 3 款指南》中的规定（Whish，2009）。显然，学界的反应也表明，“目的框架理论”的地位根深蒂固（Whish，2009）。但审视欧盟法院的诸多判例实践后会发现，上述判决也并非显得特别反常。因为与“目的分析框架”不同，欧盟法院在判决中大多选择另一种方法，即更具分析性的分析方法，来评判协议是否具有限制竞争的目的。通过更具分析性的分析方法来判断协议目的时，其分析要比《第 101 条第 3 款指南》中的规定全面、细致得多。因此，许多学者也很快提出，《第 101 条第 3 款指南》并不能准确地解释法律（Kolstad，2009）。至此，对于目的限制竞争协议的判断依旧充满争议，缺乏深入研究。

2010 年之前学界发表的许多核心文章和学术论文表明，欧委会对目的标准的解释得到普遍的接受和认同（Whish，2009）。因为当时学界对目的标准的判断研究毫无兴趣，甚至在研究《欧盟运行条约》第 101 条第 1 款时完全忽视它。其他相关的文章或学术论文则普遍认为目的标准的判断方法已经十分明确，无须进一步研究（Chalmers，etc.，2006）。总体而言，对于目的标准的判断方法的研究与剖析极为有限，更多学者反而对效果标准的判断方法极为关注。尽管如此，著名反垄断法专家 Whish 教授表示，目的标准的判断方法依旧存在一些不一致的地方，令人困惑。但在这个模棱两可的时候，也很少有人会选择去解开疑惑并回应这些问题（Whish，etc.，2015）。鉴于目的标准的判断方法本质上是《欧盟运行条约》第 101 条第 1 款的实质性要素，因此其重要性不言而喻。但就现有情况来看，仍然不确定其真正含义（Goyder，2011）。尽管欧委会声称欧盟反垄断法“清晰确立了基本原则和明确的细节”，但Marquis 和 Whish 等学者还是认为《欧盟运行条约》第 101 条第 1 款整体缺乏清晰性，

[1] 参见 Case T－168/01 *GlaxoSmithKline Services Unlimited* v. *Commission* [2006] ECR II－2969. The GC noted that even in *Consten & Grundig* a limited analysis had been undertaken(*Joined Cases* 56 & 58/64, *Etablissements Consten SA and Grundigverkaufs－GmbH* v. *Commission*, [1966] ECR 342); also Joined Cases C－96/82 etc, *IAZ* v. *Commission*/ANSEAU [1983] ECR 3369 and Case C－41/69 *ACF Chemiefarma* v. *Commission* [1970] ECR 661。

最重要的是缺乏关于历史沿革的研究（Marquis，2007；Odudu，2006；Whish & Bailey，2012）。欧盟法院在具体处理 GSK 案、BIDS 案和 T - Mobile 案等案件与目的标准相关的法律时，也强调需要进一步对目的标准进行详细研究。同时，这些判决在对目的标准进行讨论时，强调通过更具情境性的方法来确定协议的目的（Whish & Bailey，2012）。而这种新的判断方法的出现，也引起学界对不断变化的目的标准的争议。欧委会也证实了目的标准的这种变化。2013 年 9 月，欧盟竞争管理机构官员 Italianer 就目的标准发表了一个很有见地的演讲，并主张采用更具情境性的方法来确定协议的目的（Italianer，2014）。但他也认为这种评估方式相对复杂，主要取决于案件的情况。随着学界、司法实务界对目的标准研究兴趣的增加，近期许多文章中都体现出人们对目的标准的认识不断改变。

与早期情况不同，当下目的标准得到更充分、更均衡的分析，其原因是对它的讨论与欧盟法院的近期判决结果都受 2010 ~ 2015 年发表的一些杰出学术论文的影响，其中突出了对传统分析方法局限性的批判（Jones，2010）。例如，相比之前的观点，Whish 教授和 Bailey 教授对目的标准的解释更加全面。他们认识到目的标准实际上比之前认为的更加复杂。但是，他们依然坚持认为，对目的标准的解释必须基于这样的前提：某些协议因其本质被分类定义为具有限制竞争目的的协议，在这种情况下，没有必要证明这些协议的限制竞争效果。因此，通过将协议分类对应到“目的分析框架”中的方法依旧是他们观点的核心内容。同时，他们还认为判断目的标准的关键要素在于：任何限制竞争都必须是显著的（Whish，etc.，2015）。事实上，他们并没有详细阐述目的标准如何适用于协议。Bellamy 教授和 Child 教授对于目的标准的看法转变最为明显，虽然与以往相同，对目的标准的分析主要依赖于大多数判例实践，但 Bellamy 和 Child 教授为目的标准提供了一个更为全面的文本描述，在其第 7 版学术著作 *European Commission Law of Competition* 中提出，要在协议所处的法律和经济背景下确定协议的确切目的。虽然此举不同于以往，具有进步意义，但是他们的观点缺乏更为详细的具体描述与解释，并且没有详细说明判断目的标准时发挥作用的各种要素，如合法目标和附带限制性影响等（Bellamy，etc.，2013）。除此以外，Colomo 也阐述了传统分析方法因为普通法院在两个案件中适用更具分析性的方法而受到挑战（Colomo，2014）。这也不禁让人们思考，为何传统分析法即目的分析框架理论虽然有诸多问题，却依旧占据主导地位。答案也许是因为欧委会没有意识到并承认更具分析性的方法的存在。另外，随着 BIDS 案、Expedia 案等案的发生，目的分析框架理论和更具分析性的方法的混合方法也从判例分析中被归纳出来，但是因为其本身的无规则性，在学界和司法实务界还存在很大的争议。

综上，认定目的限制竞争协议不受“目的分析框架”理论束缚的观点正逐步得到接受。不可否认，欧委会和学者们依旧没有完全摆脱形式主义的牵绊（混合分析方法的出现）（Nagy，2013）。也许这种情况也不是巧合，但与此同时，通过分析协议的经济、法律背景来认定目的限制竞争协议的方法，也时有提及。因此，当下对于目的限制竞争协议的判断，界限到底在哪里，越发需要尽快地探讨和确定（Waelbroeck，etc.，2013）。

此外，笔者通过前往欧洲进行访学发现，就目的限制竞争协议研究的发展而言，欧盟各国反垄断机构及法院、学者都在试图通过研究讨论，形成一套分析框架结构，以便判断协议是否具有限制竞争目的。当然，分析框架结构的构建，迄今还处于探讨阶段。但是，近期有一种观点得到欧美许多学者的赞同。Alice Jones 和 William E. Kovacic 教授认为，首先，分析框架结构应当能够灵活适用于每个法域，而非一成不变或死板的规定；其次，分析框架结构的建立还应当考虑到一系列因素，包括协议的目标及目标判断的组成要素、法域制度的成熟性及相关法律执行的情况等（Jones，etc.，2017）。

在欧盟，学界普遍认为，对《欧盟运行条约》第 101 条的分析应当集中于一个单独的综合性的分析框架中进行。但实际情况是，区别于设想的分析框架，现有协议的分析体系更多地还是依赖于违法性的推定。很少有案件在判断协议目的时，要求对协议实际或可能产生的限制作用和促进竞争的作用进行平衡。因此，很多欧盟学者建议欧盟相关执法机构、法院应该结合理论、实践经验，通过分析协议的背景来判断协议是否具有限制竞争的目的（Jones，etc.，2017）。对于这些不同的声音，欧委会认为应当将审判实践结论和协议背景分析作为一种扩大目的种类[1]（目的分析框架）的分析机制。同时，要确保目的种类的范围不能过大，必须保证范围内的协议限制竞争的可能性较大，且必须都具有明显的限制竞争效果。也就是说，在认定协议是否因其本质具有限制竞争目的时，原告应当提供相关证据（平衡测试的结果）来证明协议的限制性效果（实际或可能的）。因此，欧委会试图通过提供这样一个灵活的分析框架来判断协议的效果，进而判断协议是否必然具有限制竞争的目的（Jones，etc.，2017）。事实上，笔者认为欧委会应当积极发展建立《欧盟运行条约》第 101 条的分析框架（而不是目的种类的分析框架），并解释如欧盟的附带性限制条款和客观必要原则等重要问题。这些重要问题在近几年欧盟反垄断法的发展中发挥了举足轻重的作用（在协议通过《欧盟运行条约》第 101 条第 3

[1] 这里的目的种类是指本质上具有限制竞争目的的协议的种类。

款而豁免不切实际时)，并已逐步成为一种机制。但是，无论是在《欧盟运行条约》第 101 条第 1 款还是第 3 款的背景下，它们未来都将难以在一个以经济分析为导向的现代化评估机制中存在。

此外，笔者通过对大量外文文献的阅读发现，新加坡、日本等国对于限制竞争目的协议的研究也都处于争议之中，其中最大的问题依旧是对于目的限制竞争协议的判定界限问题，即如何构建目的限制竞争协议的分析框架及分析原则。例如，学者 Benjamin 对新加坡竞争法中的目的限制竞争协议进行了分析。新加坡《竞争条例》(*Competition Act*) 第 34 条第 1 款规定了对于限制竞争协议的规制，第 35 条则是豁免条款。其通篇论述主要引用欧盟的相关案例及学术思想。笔者认为，新加坡属英联邦国家，所以主要以判例法为主，学习欧盟不足为奇。Benjamin（2017）通过分析，最终得出的结论是目的限制竞争协议的认定依旧存在争议，并且认为应当构建双层分析结构：第一层采用目的类型化的分析方法，即认定核心限制；第二层分析协议所处的背景情境，作出综合判断。可以发现，这与欧盟现有使用的混合分析方法一致，但是其中的矛盾问题依旧没有解决，例如目的类型化范围的界定问题，即如何解释混合分析方法本身的自相矛盾。综上可以看出，就目的限制竞争协议研究的国际环境来看，依旧以欧盟理论为主。所以对于欧盟目的限制竞争协议的研究，对于其他国家，尤其类似于中国这样相关法律规定还不完善的国家，具有重大的借鉴意义。

2.2 中欧限制竞争协议认定分析框架的相似性

《反垄断法》第 13 条第 1 款规定：“禁止具有竞争关系的经营者达成下列垄断协议：（一）固定或者变更商品价格；（二）限制商品的生产数量或者销售数量；（三）分割销售市场或者原材料采购市场；（四）限制购买新技术、新设备或者限制开发新技术、新产品；（五）联合抵制交易；（六）国务院反垄断执法机构认定的其他垄断协议。”第 2 款则规定：“本法所称垄断协议，是指排除、限制竞争的协议、决定或者其他协同行为。”《反垄断法》第 15 条规定：“经营者能够证明所达成的协议属于下列情形之一的，不适用本法第十三条、第十四条的规定：（一）为改进技术、研究开发新产品的；（二）为提高产品质量、降低成本、增进效率，统一产品规格、标准或者实行专业化分工的；（三）为提高中小经营者经营效率，增强中小经营者竞争力的；（四）为实现节约能源、保护环境、救灾救助等社会公共利益的；（五）因经济不景气，为缓解销售量严重下降或者生产明显过剩的；（六）为保障对外贸易和对外经济合作中的正当利益的；（七）法律和国务院规定的其他情形。属于前款第一项至第五项情形，不适用本法第十三条、第十四条规定的，经营者还应当证明所达成的协议不会严重限制相关市场的竞争，并且能够使消费者分享由此产生的利益。”在豁免性规定方面，中国的法律规定具有类型化的特点。综上，《反垄断法》第 13 条主要规定横向垄断协议的具体类型和垄断协议的具体含义，《反垄断法》第 15 条从总体和类型化两个方面规定垄断协议的豁免理由。

欧盟在《欧盟运行条约》第 101 条规定限制竞争协议的相关内容，其法律规定是原则性禁止规定和例外豁免规定相结合。本书主要讨论的就是原则性禁止规定和例外豁免规定。中国《反垄断法》对限制竞争协议规定的结构中也是一般禁止性规定和例外豁免规定二者结合，分别规定在第 13 条和第 15 条。由此可看出，欧盟和中国在规制垄断协议的立法结构上大体一致，内容类似，因此中国向欧盟学习和借鉴相关法律制度是可行的。此外，欧盟在反垄断法领域具有相对丰富的执法经验，这对于同属大陆法系并缺乏执法经验的中国而言，意义不言而喻。

也有人曾提出中国的《反垄断法》是否应当向美国学习，或中国是否已规定类似美国的“本身违法原则”和“合理原则”或者其他类似的适用规则。对此，有学者进行了反驳。不管是法律条文还是司法解释，我国都不承认“本身违法原则”，《反垄断法》第 15 条规定的豁免理由并不符合本身违法原则的属性，司法实践中也往往根据“排除、限制竞争”的效果进行判断，法律并未对规定违法行为本身进行具体类化（刘廷涛，2015）。上海市高级人民法院在“强生垄断案”的判决书中也体现了横向垄断协议本身并不违法的观点。由此可见，“本身违法原则”在我国的立法、司法等环节都未得到肯定和适用。在我国，也有学者持这样的观点，认为不妨将《反垄断法》第 15 条的豁免规定分别看待，前 5 项视为本身违法，后 2 项视为合理原则适用。但也有学者对此提出异议，前文已述我国立法并未确定本身违法原则，此时若视为本身违法，意味着“推定”为本身违法，“推定”一词又明显与“本身”相矛盾，陷入法理上的悖论中（兰磊，2015）。

另外，“海南省物价局垄断案”中海南省物价局对于《反垄断法》第 13 条中“排除、限制竞争”的解释进一步明确我国应当向欧盟进行学习。海南省物价局认为“排除、限制竞争”协议既包括具有排除、限制竞争目的的协议，也包括具有排除、限制竞争效果的协议。具有排除、限制竞争目的的协议是指经过长期反垄断实践证明，本身就必然排除、限制竞争的协议，无须进行具体效果分析即可判定其违法性。海南省物价局还指出，欧盟将具有排除、限制竞争目的的协议称为目的限制竞争协议。[1] 因此可以看出，执法机构也更倾向于借鉴欧盟相关经验。

综上所述，中国当前《反垄断法》第13条和第15条的结构和内容都更接近《欧盟运行条约》第101条。在应用时，“目的限制”和“效果限制”两种模式也都可适用，实践中已有一定基础，理论上也更有说服力，因此，借鉴欧盟反垄断法的相关理论和制度，是当前较为可取的方案。而欧盟对于限制竞争协议的认定，通常会从限制竞争协议的目的认定开始，因为其认为应当优先考量协议的目的，因此有必要对欧盟目的限制竞争协议认定规则进行研究。

2.3 本章小结

本章首先对欧盟目的限制竞争协议的认定模式进行阐述。欧盟主要采用二分法的模式来判断协议是否限制竞争，即通过判断协议是否具有限制竞争的目的或效果来认定协议是否限制竞争。因此，本章对限制竞争目的和限制竞争效果进行分析解释，并着重对比限制竞争目的和限制竞争效果的区别，以及阐述欧盟在判断协议是否限制竞争时，优先考量协议是否具有限制竞争目的的原因，从而也论证了欧盟目的限制竞争协议认定研究的重要性。欧洲法院认为，目的限制竞争和效果限制竞争是《欧盟运行条约》第101条规定下两类不同类型的侵权行为，并且目的和效果不是累积的概念，而是互为替代的，不需要同时适用。协议可能因其本质上具有限制竞争的目的而违反《欧盟运行条约》第101条的规定，同时也可能因其行为对市场的限制竞争效果而违反《欧盟运行条约》第101条的规定。而目的与效果之间的区别一直以来也饱受争议，没有定论。对于目的限制和效果限制区别的认识一般基于两方面，即对于限制竞争的法律解释和经济解释。从法律解释的角度来看，目的限制概念是在更具分析性的方法下认定协议在相关法律和经济背景中的意图，效果限制概念则是与协议对竞争产生的实际效果有关。从经济解释的角度来看，传统分析方法毫无意义，因为它无法对细微差别或变化的经济环境作出反应，这也是诸多学者认为需要对现有二分法模式进行改进的原因。至于欧盟在判断协议是否限制竞争时必须优先考量协议是否具有限制竞争目的，是因为相比于确定协议目的，审查协议实际效果更加困难和难以操作。例如，具有限制竞争目的的协议，可能还未实施，此时对于协议实际效果的审查将无从下手。另外，如果目的评估存

---

[1] 参见海南省高级人民法院（2017）琼行终1180号行政判决书。

在法律分析上的错误，那么在效果分析的时候可以对此进行驳回（补救）。在实际情况中，首要考虑目的的重要原因还在于：①目的评估不要求证明实际效果，这可以减轻行政负担；②即使协议没有生效或没有达成，也不影响目的的确认；③由于目的限制的高标准罚金，具有限制竞争目的的行为也通常被认为是更严重的违法行为；④依据统计数据来看，目的限制竞争协议难以通过《欧盟运行条约》第 101 条第 3 款的豁免条款来规避监管；⑤如果无论效果如何，协议都可能被禁止（法律的预防性），协议方更不可能通过共谋或其他的形式来限制竞争；⑥当目的标准的适用足以判断协议是否属于《欧盟运行条约》第 101 条第 1 款的规制范围时，没有必要再考察协议的实际效果。此外，欧盟目的限制竞争协议认定分析的发展变革也值得关注。同时，欧盟和中国在规制垄断协议的立法结构上大体一致，内容类似，因此中国向欧盟学习和借鉴相关法律制度也是可行的。

第3章　基于传统分析方法对欧盟目的限制竞争协议的认定

回顾欧盟反垄断法的发展历程，可以发现《欧盟运行条约》第101条第1款中有一个重要问题引起专家学者们的持续关注，即目的限制竞争协议的分析方法问题。此前，绝大多数的学者都认同传统分析方法（Orthodox Approach），其中以Whish教授的“目的分析框架”理论为典型代表。本章将基于传统分析方法来对欧盟目的限制竞争协议的认定进行阐述，并对传统分析方法适用下的“目的”概念进行分析。

3.1　传统分析方法概述

“目的分析框架”包括一系列“特定有害”的协议，这些协议的目的就是限制竞争，形式上类似于美国1890年《谢尔曼法》第1条中“本身违法原则”所规定的情形（Jones，2010）。❶ 因此，如果某一协议落入“特定有害”协议的范围内，就会被认定为《欧盟运行条约》第101条第1款规定的“显著”的目的限制竞争协议（Whish，etc.，2015）。这种传统分析方法可以显著提高法律适用的确定性，并缓解行政负担。但是，这一理论也存在很大问题，即“特定有害”协议涵盖的范围界限应当如何认定（Whish，etc.，2015）。欧委会近期发布的《横向指南》❷中也强调了这一问题。争论主要围绕两点：一是欧委会对各类协议的分类定位是否正确，二是“目的分析框架”的范围是否可以扩大。基于上述情况，学界逐渐对“适用《欧盟运行条约》第101条第1款时必须借助传统分析方法来进行分析”的观点产生怀疑。此外，通过审查欧盟法院在审判实践中适用的协议分析方法及表明的观点，可以发现欧盟法

❶ 参见Case T－148/89 *Trfilunion* v. *Commission*（*Welded Steel Mesh*）［1995］ECR II－1063。

❷ 参见Horizontal Guidelines on the Applicability of Article 101 of the Treaty on the Functioning of the European Union to Horizontal Co-operation Agreements［2011］OJ C11，1，para. 74。

院并未完全采用和认可传统分析方法（Jones，2010）。这也恰恰说明传统分析方法的支持者们忽略判例的重要性，而经典判例中法官们的结论往往会产生十分深远的影响，例如 STM 案❶。该案中，法官们通过更具分析性的、以效果分析为导向的分析方法来判断协议是否具有限制竞争的目的，这种方法被称为“更具分析性的方法”（More Analytical Approach），本书将在第 4 章中具体分析。❷ 在随后发生的案件中，这种分析方法被不断提及，同时也被用于与传统分析方法的讨论比较中（King，2011）。

3.2　对基于传统分析方法认定欧盟目的限制竞争协议的解释

适用传统分析方法时，目的限制竞争协议应当被理解为某些种类的协议因其必然效果，本质上就具有限制竞争的目的（Whish，etc.，2015）。因此，在适用传统分析方法时，需要对协议是否存在“本质损害”和“必然效果”进行判断分析，进而确定协议是否具有限制竞争的目的。另外，也有学者将目的限制竞争协议的概念理解为一系列被严格规定的协议，因其固有的限制竞争的必然效果，而被认为是目的限制竞争协议（Goyder，2011）。在这种理解下，协议的固有限制竞争属性就被定性为其“本质损害”（Whish，etc.，2012）。但无论何种解释，目的限制竞争协议都被认为是具有“显著”限制性的协议，在分析这些协议时，并不要求协议对竞争有实际的限制性影响。即无须考虑协议的实际效果，这些特定类型的协议可以直接被认定为必然会损害竞争（即协议的“必然效果”）（Whish，etc.，2015）。因此，通过适用传统分析方法来判断协议是否属于《欧盟运行条约》第 101 条第 1 款规定下的目的限制竞争协议，只需要判断协议类型是否属于传统分析方法规定的具有固有限制竞争效果的协议类型中的一种。如果属于此范围中的协议类型，则协议会被推定为具有限制竞争的目的（Whish，etc.，2012）。

那么依据传统分析方法，将哪些协议类型纳入前述具有固有限制竞争效果的协议类型范围内就变得至关重要，即如何判断哪些类型的协议具有“本质损害”。Whish 和 Bailey 教授在其“目的分析框架”理论中认定了许多这样的限制协议类型，包括固定价格、市场分割、数量限制、独家交易、限定最低转售价格或固定转售价格以及实施出口禁令，这些限制类型就是欧委会在指南和

❶❷ 参见 *Case 56/65*，*SociétéLa Technique Minière v. Maschinebau Ulm GmbH*［1966］ECR 234。

条例中所指的“核心限制”类型（Whish，etc.，2015）。显然，如此看来，适用传统分析方法十分简便：只需证明协议类型符合前述核心限制类型就可以认定其违反《欧盟运行条约》第101条第1款的规定，竞争执法机构不需再要求任何能证明经济上（或其他）可能有限制或损害竞争的证据。需要注意的是，核心限制类型只是具有固有限制竞争效果的协议类型中的一部分。因此，确定具有固有限制竞争效果协议类型的范围就显得非常重要。因为任何涉及此范围中协议类型的协议，都会被推定为具有限制竞争的目的。

与此同时，“必然效果”的概念也值得关注。从本质上来说，“必然效果”代表法律推定的限制竞争的效果。在传统分析方法下，因为必然效果的存在，就不再考虑协议的实际效果而直接推定协议对竞争的消极影响，从而确定协议违反《欧盟运行条约》第101条第1款的规定（Jones，2010）。但“必然效果”应如何断定？就现有研究来看，还主要依赖于审判者的经验，不具有可预测性（King，2011）。假定审判者主观上就断定有限制竞争的目的，那么不可避免地会更倾向于认定协议具有限制竞争的目的。所以，传统分析法中对于“本质损害”的推定判断标准就显得特别重要，即具有固有限制竞争效果的协议类型范围的确定就变得非常重要。

此外，传统分析方法也与美国反垄断法中的本身违法原则十分类似（Svetlicinii，2008）。美国法院在确定当然违法行为时通常适用本身违法原则，并且适用时只要求初步满足条件即可，无须详细审查所有相关事实（Kolstad，2009）。而本身违法原则是美国联邦最高法院通过总结判例实践经验逐步归纳而来。实践中涉及本身违法原则的限制竞争协议由于其限制竞争的固有效果而被直接推定具有违法目的。协议主体不能有任何抗辩，只需由原告证明发生前述法律禁止的情形即可（Whish，etc.，2012）。因此我们可以看出，美国在确定本身违法的必然效果时，也是基于联邦最高法院的实践经验，并且对协议的类型判断也类似于欧盟的“目的分析框架”（Bailey，2010）。正如Whish和Bailey教授的发现，传统分析方法和《谢尔曼法》第1条有着异曲同工之妙。他们同时也注意到，美国法律体系和欧盟法律体系也有着明显的区别。例如在欧盟法律体系中，“即使某一协议本身违反《欧盟运行条约》第101条第1款，行为主体仍然可以抗辩，称协议满足《欧盟运行条约》第101条第3款的条件”（Whish，etc.，2012）。也就是说，一个明显的区别在于《欧盟运行条约》中规定的豁免情况在美国法中不存在。但是，无论传统分析方法抑或本身违法原则，都无法明确必然效果的判定要素或标准，仅仅以经验为基础来判断缺乏必要的确定性与可预测性。

3.2.1　司法判例的相关解释

通过欧盟普通法院和欧洲法院的判例分析，涉及适用传统分析方法来认定欧盟目的限制竞争协议的焦点主要有三个：①目的限制竞争协议必须有“显著”限制作用；②判定目的限制竞争协议无须考虑协议效果；③特定类型（具有固有限制竞争效果）的协议必然是目的限制竞争协议。

传统分析方法在 European Night Services Ltd（ENS）v. Commission 案（以下简称“ENS 案”）中得到最为明确的解释。[1] 欧洲法院在该案的判决中通过传统分析方法来解释《欧盟运行条约》第 101 条第 1 款下限制竞争目的的概念，其在随后的相关案例中常常被提及或引用。该案的焦点在于合营企业的成立及其对竞争影响的事实分析，但欧洲法院只关注协议是否具有“显著”的限制作用，例如固定价格、市场分割或出口限制，而不要求任何经济性分析，例如评估法律和经济环境、市场结构或协议产生的实际效果等。

Tréfilunion v. Commission 案[2]和 Montedipe SpA v. Commission 案[3]也作出了相似的判决。在该等案中，欧洲法院认为，因为案件涉及《欧盟运行条约》第 101 条第 1 款“显著的”侵权行为，尤其是（a）项至（c）项“……它必须被认定为反垄断法规定的本质上违法的行为”。欧洲法院引用 Montepide v. Commission 案作为其论述的支撑，这一案件清楚地表明了同样的观点。因此通过欧洲法院在 Tréfilunion v. Commission 案和 ENS 案中的判决，可以得知限制竞争目的的判断仅仅取决于对竞争的限制是否“显著”，所有的经济分析都是专门留给协议效果分析的。[4] 不难看出，这些案件判决如此有说服力是因为其不仅完成了法律的适用及相关概念的划分，而且降低了相关竞争执法机构的行政负担。

在 Sumitomo v. Commission 案中，欧洲法院巩固了这一观点：特定类型的协议要“本身具有限制竞争的目的，且落入《欧盟运行条约》第 101 条第 1 款专门禁止的范围内”[5]。此外，法院还认为“限制目的的判断不能以限制竞争行为所处的经济背景分析为依据”。因此，缺少协议产生的效果对于协议目的的判断无关紧要。换言之，在判断是否具有限制竞争目的时无须考虑相关协议的效果影响等。

---

[1] 参见 Case T-374/94，T-375/94，T-388/94 *European Night Services Ltd*（*ENS*）v. *Commission*［1998］ECR II-3141。

[2] 参见 Case T-148/89 *Tréfilunion* v. *Commission*（*Welded Steel Mesh*）［1995］ECR II-1063。

[3][4] 参见 Case T-14/89 *Montedipe SpA* v. *Commission*［1992］ECR II-1155，para. 265。

[5] 参见 C-403 & 405/04 P *Sumitomo* v. *Commission*，［2007］ECR I-00729，paras. 42-45，43。

在BIDS案[1]中，欧洲法院对目的和效果的区别进行阐述，并表明“企业之间某些形式的共谋，可以从其本质上认定为对正常的竞争秩序的损害”[2]。该论述之后在T－Mobile[3]案中再次被适用。这一声明也与传统分析方法相吻合，因为它表明特定类型的协议必定会带来目的限制竞争。

这些典型案件最终几乎都认可传统分析方法。涵盖在《欧盟运行条约》第101条第1款（a）项至（c）项里的特定类型的协议，往往也会被推定为本质上具有限制竞争的目的，而无须考虑协议带来的效果影响。

3.2.2 欧盟委员会的相关解释

除了司法判例，欧委会对于适用传统分析方法来认定欧盟目的限制竞争协议的解释也对目的限制竞争协议的认定研究发展产生深远的影响。但对于欧委会解释的准确性以及其解释是否具有法律约束力等问题却始终存在争议。下文也将对此进行讨论。

欧委会制定的《第101条第3款指南》和《豁免条例》及其决定[4]是欧委会对目的限制竞争协议分析方法的主要解释。本节将重点讨论《第101条第3款指南》。它在欧委会对《欧盟运行条约》第101条的最初解释的基础上进行更新完善。欧委会作为竞争规则的实施者，其颁布的很多指南并不是真正意义上的法律，但《第101条第3款指南》要求各方严格实施欧委会的各项规定。此外，《第101条第3款指南》更倾向于模糊法律和政策之间的界限，试图在《第101条第3款指南》规定的环境下为实现实践中的目的，尽量模糊政策倡议和法律之间的区别，使二者有等同的效果。[5] 因此，《第101条第3款指南》通常被认为具有与法律同等的效果，而不是仅仅反映欧委会的政策或其对司法

---

[1] 参见 Case C－209/07 *Competition Authority* v. *Beef Industry Development Society Ltd and Barry Brothers*（*Carrigmore*）*Meats Ltd*（*BIDS*）［2008］All ER（D）235，para. 17。

[2] 参见 Case C－209/07 *Competition Authority* v. *Beef Industry Development Society and Barry Brothers*（*Carrigmore*）*Meals Ltd*，［2008］ECR I－8637。

[3] 参见 Case C－8/08 *T－Mobile Netherlands BV* v. *Raad van beestuur van de Nederlandse Mededinging-santoriteit*［2009］ECR I－4529。

[4] 参见 Guidelines on the Application of Article 81(3) of the Treaty［2004］OJ C101/97（the Article 81(3) Guidelines），paras. 20－23；Commission Regulation 330/2010 on the Application of Article 101（3）of the Treaty on the Functioning of the European Union to Categories of Vertical Agreements and Concerted Practices［2010］OJ L102 1－7；Guidelines on Vertical Restraints［2000］OJ C291 1－44；Guidelines on the Application of Article 81 of the EC Treaty to Technology Transfer Agreements［2004］OJ C101 2－42，para. 14；Horizontal Guidelines on the Applicability of Article 101 of the Treaty on the Functioning of the European Union to Horizontal Co－operation Agreements［2011］OJ C11/1，para. 74（the Horizontal Co－operation Guidelines）。

[5] 参见 Article 81(3) Guidelines，para. 4；Case C－226/11 *Expedia Inc* v. *Autorité de la concurrence*，nyr。

判例的主观解释（Goyder，2011）。

从理论层面来说，在《第101条第3款指南》中，关于协议限制竞争目的的认定部分明确规定：协议因其本质上的限制竞争属性而被认定为具有限制竞争目的，此时不需要考虑协议的实际效果或潜在效果。❶ 欧委会解释道，虽然其观点没有司法判例的支撑，但是通过对这些类型的协议自身属性的判断，就能预测其严重的限制竞争效果。❷ 显然，欧委会判定这些类型的协议会带来潜在的、较大的限制竞争效果是基于其经验。而这种经验往往也会被用到对于"必然效果"的判断中。此外，依据欧委会的阐述，"核心限制"类型的出现意味着限制竞争的发生，协议进而会被推定具有限制竞争目的。❸值得注意的是，欧委会承认"核心限制"类型必然属于传统分析方法规定的具有固有限制竞争效果的协议类型，但是对于具有固有限制竞争效果的协议类型的范围的认定，欧委会则保留增加或减少类型的权力。❹ 欧委会认为，范围的认定取决于许多因素。这些因素包括协议的内容及其所追求的客观目的。❺ 欧委会表示，"有时也有必要对协议适用的背景进行考量，并考虑协议主体在市场中的行为和表现"❻。因此，可以推断，在认定协议目的时，欧委会并未将考量协议背景作为必需要素，而只是可以要求审查协议所处的背景情况。再者，欧委会也没有对此处所阐述的协议背景进行解释，并未指出背景是否涉及法律、经济等背景情境。综上，欧委会对于协议是否具有限制竞争目的的判断，主要还是基于对协议类型是否属于具有固有限制竞争效果的协议类型的判断，而不是衡量协议所处背景或通过对协议进行全面经济分析来综合评定。值得注意的是，《第101条第3款指南》在后期的修订中对此观点有所改变。

从实践层面来说，欧委会在个案决策中在多大程度上遵循了《第101条第3款指南》的规定，同样十分重要。《第101条第3款指南》明确将识别核心限制与判断限制竞争目的相联系，并支持以形式分析为基础的判断方法。欧委会对于限制竞争目的的判断一般采用形式主义或"以形式为基础"的方法（Jones，2010）。具体来说，欧委会粗略审查协议形式上的特征，然后得出协议本质上是否具有限制竞争的目的的推论。GSK案的裁决就是欧委会采用这种

---

❶ 参见 Article 81(3) Guidelines，para. 4；Case C－226/11 *Expedia Inc* v. *Autorité de la concurrence*，nyr。

❷ 参见 Article 81(3) Guidelines，para. 3。

❸ 参见 Article 81(3) Guidelines，para. 23。

❹ 参见 Article 81(3) Guidelines，para. 20。

❺ 参见 Article 81(3) Guidelines，para. 21。

❻ 参见 Article 81(3) Guidelines，para. 22。

方式的例子。[1] 欧委会认为公司协议包含双重价格体系或其他平行贸易限制，认定其具有核心限制的属性，从而根据前述《第101条第3款指南》的规定，得出具有限制竞争目的的结论。值得注意的是，尽管已确认不要求评估协议的实际效果，但“为了完整性”，欧委会在判决中还是进行了一定的效果分析。[2]

当然，也有许多案例在适用《第101条第3款指南》时与标准模式有所偏差，区别于传统的适用方法。Visa和MasterCard信用卡征收多边交换费案件均是这样的例子。[3] 如果以《第101条第3款指南》为分析基础，涉案协议都应当被视为具有限制竞争的目的，因为协议本质上具有核心限制的属性，但是欧委会却均直接适用与《第101条第3款指南》规定不同的限制竞争目的的判断方法（Jones，2010）。Visa信用卡案件中，欧委会认为，信用卡体系中征收多边交换费具有促进竞争的性质，并无《欧盟运行条约》第101条第1款规定的限制竞争目的，并且满足《欧盟运行条约》第101条第3款规定的豁免条件。因此，欧委会认为，虽然多边交换费限制银行单独决定价格政策的权力，可能损害信用卡发行和收单市场的竞争环境，但最终仍然同意豁免。欧委会在裁决理由中写道，多边交换费不具有限制竞争的目的，因为多边交换费的“目的”是：“通过允许四方模式与三方模式更有效地竞争，增加系统运作的稳定性和有效性，以及间接加强支付系统之间的竞争。”遗憾的是，欧委会没有进一步展开对涉案协议目的的深入分析。但是，通过这个案件可以明确的是，涉案协议促进竞争的性质比银行不能自主决定其价格政策的事实更加重要，也证明了机械地参照《第101条第3款指南》认定其为目的限制竞争协议是不合理的。同时，该案也反映出对欧委会自由裁量权进行规制的重要性，因为欧委会对该类问题的裁决和解释具有决定性影响。[4] 在MasterCard信用卡案件中，欧委会对协议目的的评估则详细得多，虽然采用一种不同的分析方法但却更符合《第101条第3款指南》的规定。不同于Visa信用卡案，在MasterCard信用卡案中，欧委会未采纳评估时需要考虑协议积极性质的观点，认为促进竞争的目的和效果应当根据《欧盟运行条约》第101条第3款予以考虑。同时，欧委会更加强调分析协议最终产生的效果，而非协议的主观目的。同时，欧委会认为满足

---

[1][2] 参见 GlaxoSmithKline 2001/791/EC（GlaxoSmithKline）subsequently appealed to the CJEU; Commission decision Seamless Steel Tubes［2003］OJ L140/1。

[3] 参见2002/914/EC Visa International – Multilateral Interchange Fee，［2002］OJ L318/17（Visa）and COMP/34.579 Europay（Eurocard – MasterCard）［2009］OJ C264/8，19 December 2007（Mastercard）. Both decisions were appealed。

[4] 参见Visa 2002/914/EC，paras. 64，69。

“协议本质上有限制竞争的可能就足够，例如它有明显的固定价格的效果”❶，那么协议就会落入具有“限制竞争目的”的范围内，这似乎巩固了其在《第101 条第 3 款指南》中的适用规定。但最终欧委会认为，“对于 MasterCard 信用卡多边交换费是否具有限制竞争的目的没必要得出一个确切的结论”。该结论是令人困惑的，因为根据分析逻辑路径会得出具有限制竞争的目的，尤其欧委会还被赋予较大的自由裁量权以在必要时增加核心限制的种类。❷ 此外，Lundbeck 案中的裁定也并未坚持适用《第 101 条第 3 款指南》规定的“限制竞争目的”的判断标准。❸ 该案中对“限制竞争目的”的判断标准，与传统分析方法主张的形式主义标准直接相矛盾。欧委会认为，Lundbeck 与制药企业达成反向支付和解协议，避免这些企业与其竞争，进而保护制造工艺涉及的相关专利，该行为违反《欧盟运行条约》第 101 条第 1 款的规定，因此 Lundbeck 被处以巨额罚款。❹ 欧盟法律界对此十分惊讶，因为在过去该协议目的并不会被认为违反《欧盟运行条约》第 101 条第 1 款的规定。欧委会认为，通过综合分析协议的效果，可以发现协议具有限制竞争的效果。然而，许多学者认为按照传统的分析方法，由于判断协议具有限制竞争目的不要求证明协议的实际效果，欧委会证明违法的任务远没有那么艰巨。欧委会只需要扩大具有固有限制竞争效果的协议类型范围以谴责特定协议而不需要冒着风险进行“效果”分析（Gerardin，2012）。

上述《第 101 条第 3 款指南》适用中存在的这些问题都影响着欧委会自身的决策，并且也反映出欧委会适用目的标准时所采用的方法缺乏协同性。不可否认的是，目的限制竞争协议判断标准的改革发展在不断进行着，正如欧盟竞争管理机构官员 Italianer 表示，《第 101 条第 3 款指南》的规定与目的限制竞争协议的实际判断标准之间仍有差距，并且提出应在分析时适用一种更具分析性的方法。❺ 相较传统分析方法，更具分析性的分析方法要求分析协议目的时“必须”考虑协议所处法律和经济背景，以及要甄别《欧盟运行条约》第 101 条第 1 款规定下，表面看似属于目的限制竞争而实则不然的情况。

❶❷ 参见 *Europay*（*Eurocard－MasterCard*）［2009］OJ C264/8，19 December 2007（*Mastercard*）。

❸❹ 参见 *Lundbeck* IP/13/563；Case T－472/13。

❺ 参见欧盟竞争管理机构官员 Italianer 于 2013 年 9 月 26 日在美国 Fordham 发表的相关演说。

3.3 传统分析方法适用下的“目的”解释

诸多学者认为，考虑到“目的”这一法律术语的关键作用，欧盟法院始终很难对其进行定义（Jones & Kovacic，etc.，2017）。但通过回顾判例实践，就会发现这一观点似乎是不可取的。事实上，法院并没有热衷于直接定义“目的”的概念。相反，法院发现在不同的协议分析方法下，“目的”的概念会有所不同。正如Goyder教授所说，“很难清楚识别‘限制目的’概念的外延……还没有出现有意义的概念定义”（Goyder，2011）。本节将主要对适用传统分析方法时欧盟法院是如何解释目的概念的进行阐述。

在适用传统分析方法时，“目的”概念与适用更具分析性的方法时有较大区别。在ENS案中，普通法院认为当协议“显著地限制竞争”时，例如具有“固定价格”“分割市场”或“控制出口”等性质，此时协议的评估不要求再考虑协议的法律和经济背景。[1] 因而，可以看出传统分析方法表明“目的”的意思是“显著地限制竞争”。[2] 也就是说，固定价格、分割市场及其他类似的“核心”限制可以被理解为必然的或显著的限制竞争目的，同时这些“核心”限制也是构成具有限制竞争目的的协议的重要组成部分。

另外，Waelbroeck教授和Slater教授对目的概念的定义如下：“根据已有判例实践，目的限制竞争就是在本质上非常可能具有限制竞争的目的，换句话说，即展现了充分损害效果的‘显著’的限制”（Waelbroeck & Slater，2013）。他们援引了普通法院在GSK案的判决来支持该观点。[3] 正如前文所述，该案没有对目的概念作出肯定的结论解释，但是强调了传统分析方法的作用。因此，在这种情况下，“目的”概念应当被解释为包括显著的、严重的和容易确定的限制竞争。Bennett和Collins等学者进一步证实了这一点。在他们看来，目的概念是以限制的协议种类为判断基础的，因而明确具有限制竞争目的的协议范围，在任一案件中都是最关键的问题（Bennett，etc.，2010）。因此，在适用传统分析方法的情况下，认定协议是否具有限制竞争的目的，仅需要证明协议属于具有限制竞争目的的协议种类之中即可，并不需要证实相关市场或经

---

[1] 参见 Cases T－374/94 etc *European Night Services* v. *Commission*［1998］ECR II－3141（*ENS*），para. 136，referencing Case T－148/89 *Tréfilunion* v. *Commission*（*Welded Steel Mesh*）［1995］ECR II－1063，para. 109。

[2] 参见 Article 81(3) Guidelines，para. 23。

[3] 参见 C－501/06 P *GlaxoSmithKline Services Unlimited* v. *Commission*（*GSK*）［2009］ECR I－9291。

营者所具有的市场支配地位（Goyder，2011）。

综上，在传统分析方法下，目的限制的种类是其定义的特征。至于哪种协议包含在具有限制竞争目的的协议范围中的问题，依旧是讨论的重点。这也是源于近些年限制种类的不断扩充，并且必然效果的概念对于限制种类的影响等问题都依旧处于争议之中所导致的（Bennett，etc.，2010）。

3.4　本章小结

本章首先回顾了欧盟反垄断法的发展历程，可以发现《欧盟运行条约》第 101 条第 1 款中有一个重要问题引起专家学者们的持续关注，即目的限制竞争协议的分析方法问题。传统分析方法基于对那些“本质上”限制竞争的协议进行分类，该方法主要体现在欧委会的《第 101 条第 3 款指南》中。在适用传统分析方法时，特定类型的协议（通常是“严重的”或“显著的”）被推定必然带有限制竞争的目的。即如果协议被证明属于前述特定类型的协议，那么协议就具有限制竞争的目的，这也被认为是《欧盟运行条约》第 101 条第 1 款下无可反驳的推定。

基于传统分析方法对目的限制竞争协议进行认定，可以显著提高法律适用的确定性，并缓解行政负担。但是，这一理论也存在很大的问题，即特定类型的协议涵盖的范围界限应当如何认定。欧委会近期发布的《横向指南》中也强调了这一问题。争论主要围绕两点：一是欧委会对各类协议的分类定位是否正确，二是“目的分析框架”的范围是否可以扩大。基于上述情况，学界逐渐对适用《欧盟运行条约》第 101 条第 1 款时必须借助传统分析方法来进行分析的观点产生怀疑。此外，通过审查欧盟法院在审判实践中适用的协议分析方法及表明的观点，可以发现欧盟法院并未完全采用和认可传统分析方法。

基于传统分析方法认定欧盟目的限制竞争协议时，对“目的”的解释并没有围绕该术语的字面进行定义，而是围绕目的标准与严重的、表面上显著的竞争限制（“本质上违反《欧盟运行条约》第 101 条第 1 款”）有关的观点。因此，在适用传统分析方法时，“目的”的解释立足于一系列必然具有限制竞争效果的协议。

第4章　基于更具分析性的方法对欧盟目的限制竞争协议的认定

本章将以欧盟法院的判例分析为基础，通过结合学界观点及欧委会的政策声明等，对基于“更具分析性的方法”来认定欧盟目的限制竞争协议进行相关解释，并探讨基于该分析方法“目的”应当如何解释，以及解释时需要考量哪些要素。

4.1　更具分析性的方法的确立

欧盟法院在重大案件STM案判决中论证了《欧盟运行条约》第101条第1款应如何适用到协议上。尽管该案通常被认为是仅与“效果”限制有关的案件，但该案对目的标准理解的影响是前所未有的（King，2011）。在该案中，法院采取了本书所称的“更具分析性的方法”。[1]“更具分析性的方法”一词在Gϕttrup－Klim案件中首创，该词恰到好处地总结了评估协议目的时需要考虑的协议所处的经济、法律及相关考量因素。[2] 而STM案的重要性体现在，其意味着欧洲竞争法司法审判对目的限制竞争案件采用更具分析性的方法的开始，因此值得深入分析。STM案中法院认为排他交易权属于《欧盟运行条约》第101条第1款规定的限制竞争情形。为了得出该结论，欧盟法院作出关于《欧盟运行条约》第101条第1款解释的声明，其认为在判定是否属于《欧盟运行条约》第101条第1款规定的禁止协议时，“更多取决于协议对竞争的影响，而不是协议的法律性质”[3]。因此，《欧盟运行条约》第101条第1款应“基于从经济评估的两个角度（评价对协议双方贸易的影响和对竞争市场的影响）

---

[1] 参见C－501/06 P *GlaxoSmithKline Services Unlimited* v. *Commission*（*GSK*）［2009］ECR I－9291。

[2] 参见Case C－250/92 *Gϕttrup－Klim* v. *Dansk Landbrugs Grovvareselskat AmbA*［1994］ECR I－5641（*Gϕttrup－Klim*），per AG Tesauro，para. 16。

[3] 参见Case C－56/65 *Société Technique Minière* v. *Maschinenbau Ulm*［1966］ECR 248（*STM*）。

出发来评估协议的效果，而不能因为某一类协议的法律属性就预先判断”[1]。所以，《欧盟运行条约》第 101 条第 1 款规定的禁令要素“只取决于一个问题，即在考虑案件背景的情况下，协议是否可以被客观地认为涵盖了第 85 条第 1 款所列的禁令情形”[2]。从法院的声明可得出结论，在目前情况下，没有任何预想或推测能够符合《欧盟运行条约》第 101 条第 1 款规定的必然禁止的协议种类。而且，法院不予考虑只基于形式的法律解释，这与传统分析方法完全相悖。除此以外，根据《欧盟运行条约》第 101 条第 1 款，目的和效果不是累积的，而是替代的。此外，必须首先考虑协议的主要目的。[3] 因此，STM 案件的判决陈述了一个综合性测试方法（以下称为“STM 测试法”）来认定协议的目的，规定如下：

(i) 必须是在协议所处的经济背景之中考虑。

(ii) 这样的目的（干涉竞争）必须是由协议的一些或所有实际条款造成。

(iii) 该分析不应“仅充分揭示对竞争有害的效果，协议的后果也应当考虑”。

(iv)（当认定协议的目的时）竞争必须在产生争议的协议所缺少的现实情境背景（即相反事实）中来理解。

(v) 限制是否由于协议目的［或效果］而造成，有必要考虑：

a. 协议中的产品性质和数量；

b. 供应商和经销商在相关产品市场中的地位和重要性；

c. 争议协议单独的性质或其在一系列协议中的地位；

d. 企图保护限制或允许其他商业竞争者经由平行进出口相同产品的条款的严格程度。[4]

这些要素的前三个包含 STM 测试法的主要方面。多年以来，随后的判决详细叙述了这些要素，并揭示了目的概念的定义应当由法律作出较为细致的规定。因此，STM 案建立的“更具分析性的方法”是指通过采用具有分析性的且以效果分析为导向的方法来认定协议目的是否限制竞争。该方法要求证明协议是否为目的限制的标准远高于传统分析方法。欧盟法院对确定目的本身的侵权限制类型的关注极少，而是更加注重在认定协议的“显著”目的时基于在

---

[1][2] 参见 Case C－56/65 *Société Technique Minière* v. *Maschinenbau Ulm*［1966］ECR 248（*STM*）。

[3] 参见 Case C－56/65 *Société Technique Minière* v. *Maschinenbau Ulm*［1966］ECR 249（*STM*）。

[4] 参见 Case C－56/65 *Société Technique Minière* v. *Maschinenbau Ulm*［1966］ECR 250（*STM*）。

协议的经济背景情境下对协议条款进行分析。如果评估表明协议对竞争具有“充分有害的”效果，那么调查到此终止；如果没有，必须考虑协议的“后果”来认定协议是否“实际上”有“显著的”限制竞争效果。❶

此外，在STM测试法下，法院要求的评估的多样性也值得注意，尤其是与市场结构、协议主体的地位、条款的严格程度以及运用反事实分析有关的因素。本书在之后的章节中将探讨许多由判决提出的问题，例如限制是否能够附属于协议主要的促进竞争目的。❷ 此时值得注意的是，法院是如何使用措辞使之更好地在目的限制与效果限制二者之间变换。例如，法院在认定协议目的时谈到体现对竞争充分有害的“效果”（Whish, etc., 2012）。德国和法国的判决版本都同样认可文本的英文翻译。德国版本可以直接翻译为“……只有审查条款无法确认对竞争的充分损害，才必须调查协议的影响（Impact）”❸。法国的版本则表述为“如果这些要素的分析不能体现对竞争达到了充分程度的损害，那么就应当考虑协议的效果（Effect）……”❹

有意思的是，法院在该案中认定协议是否限制竞争时，设想目的分析和效果分析都适用具有分析性且以效果为基础的分析方法。但分析目的和效果是有区别的，因为法院对协议“效果”的证明要求相对要高得多，即必须能认定协议的实际效果。除此以外，这样的效果必须能够体现出限制竞争已经达到显著的程度。因此有争论认为，为了发现协议目的，只需要分析协议的潜在效果即可，但这些潜在效果必须“足够”有害。但因为这种观点中诸多要素的概念不清，显然其不具有严谨性和科学性，因此可以发现协议的背景分析还是最重要的判断要素。

另外，以Lasok教授为首的学者也对该结论表示支持。他们注意到欧洲法院在STM案和Consten & Grundig案❺中都明确，分析本质上是“自由的”，因为限制竞争协议的种类无法确定，关键问题在于是否“考虑案件背景情境以及协议是否包含《欧盟运行条约》第101条第1款规定的禁令要素”（Lasok, 2008）。除此以外，通过参考相反事实分析来衡量评估，也得出判断限制竞争

---

❶ 参见 Case C – 56/65 *Société Technique Minière* v. *Maschinenbau Ulm* [1966] ECR 250（*STM*）。

❷ 参见本书第4章。

❸ 参见 Lässt die Prüfung dieser Bestimmungen keine hinreichende Beeinträchtigung des wettbewerbs erkennen, so sind die Auswirkung der Vereinbarung zu untersuchen。

❹ 参见 Qu'au cas cependant au l'analyse des dites clauses ne revelerait pas un degre suffisant de nocivite a l'egard de concurrence, il conviendrait alors d'examiner less effects de l'accord…

❺ 参见 Cases 56 & 58/64, *Etablissements Consten SA and Grundigverkaufs – GmbH* v. *Commission*, [1966] ECR 342（*Consten & Grundig*）。

应当以评估协议的效果为基础的结论。因此，STM 测试法也被解释为：以在协议背景下对条款的分析为基础，协议的潜在效果决定协议的"目的"，同时协议的实际效果决定协议的"效果"。该定位与《第 101 条第 3 款指南》和其形式主义的方法没有任何联系。[1] 在 STM 案中，法院未提及明显的或严格的限制，也没有谈到列举特定类型协议必然限制竞争。相反，STM 测试法把重点放在认定协议的"主要目的"是否限制竞争上。正如下文阐述，该目的标准的判断方法随后也得到许多判决和观点支持。

4.2 对基于更具分析性的方法认定欧盟目的限制竞争协议的解释

因为更具分析性的方法来源于司法判例，所以对其解释也主要体现在司法判例中。欧盟法院的判例对基于"更具分析性的方法"认定欧盟目的限制竞争协议的解释主要涉及以下两个方面。

（1）市场影响力和市场结构的考量

Völk 案涉及绝对地域保护（ATP）支持的排他交易协议。法院不仅认为这样的协议不违法，反而还认为认定协议的目的或效果必须参考"协议所处的实际环境"[2]。所以当协议"对市场的影响无关紧要时，考虑到相关各方在争议产品市场中的弱势地位，即使是包含绝对地域保护的协议也不属于《欧盟运行条约》第 101 条第 1 款规定的限制情形"[3]。这也就是认同 STM 测试法，因为它肯定背景情境分析的重要性以及当协议主体在相关市场上具有弱势地位时也许对竞争的效果不是"足够有害的"。换言之，如果协议对市场产生的效果微不足道，那么任何协议都不会具有限制竞争的目的。Völk 案的判决之所以重要，是因为它阐述了一个隐含在竞争法规则背后且适用于排除、限制目的和排除、限制效果的基本经济原理。然而欧盟法院没有解释，在涉及目的限制标准时是否需要具体证明哪些效果。判决也表明了重要的一点：为了评估协议主体的市场影响力，需要对市场进行定义。[4] 值得注意的是，委员会在目的限制标准的判定问题上并没有遵从或引用前述判决，无论在案件中还是《小案件指南》，抑或《第 101 条第 3 款指南》中（King，2013）。

---

[1] 参见 Case C – 56/65 *Société Technique Minière* v. *Maschinenbau Ulm* [1966] ECR 248 – 250（*STM*）。

[2][3][4] 参见 Case C – 5/69 *Franz* Völk v. *SPRL Ets J Vervaecke* [1969] ECR 295。

和 Völk 案一样，L'Oréal 案提出市场定义分析对判断协议目的的必要性。[1] L'Oréal 案虽然涉及的是一个选择性分销协议，但根据《欧盟运行条约》第 101 条第 1 款的传统分析方法通常不会认为该协议构成目的限制，因此该案的最终判决就变得非常重要。该案进一步支持在适用目的限制标准时进行经济性效果分析。法院确立了更具分析性的方法的适用，并且认为协议存在以下情况时应当被禁止："……目的上或效果上扭曲竞争，有必要考虑没有争议协议时的竞争情况。为此，需要特别考虑协议涵盖的产品性质和数量、协议方在相关产品市场中的地位和重要性以及争议协议或其在一系列协议中的地位。"[2] 因此，L'Oréal 案不仅认同 STM 案的判决，而且再次肯定在每个案件中分析市场定义的必要性。

（2）考虑协议的潜在效果来证明限制竞争目的：协议背景的重要性

Compagnie Royal Austrienne des Mines and Rheinzink v. Commission 案中，焦点问题是在认定任何协议的目的时，如何将关注点放在显著的目的上。欧盟法院认为："……要认定协议是否具有限制竞争的目的，没有必要调查哪一协议主体主动插入任一特别条款，也没有必要证明协议主体在协议达成时有共同故意，而应当根据协议所处的经济背景来审查协议的目的。"判决强调了协议方的主观意图与协议目的的最终认定并无关系。虽然协议方容易以从未企图限制竞争为抗辩理由，意欲使涉案协议避免因违反《欧盟运行条约》第 101 条第 1 款而受到处罚，但欧盟法院对这些抗辩不予认可，认为协议的客观内容和根据法律、经济环境等相关背景情况考虑的协议目的才是最为重要的。[3]

ACF Chemiefarma v. Commission 案也体现了上述观点，法院讨论了涉及固定价格和分割市场的协同行为。至于《欧盟运行条约》第 101 条第 1 款的限制竞争问题，欧盟法院提及在评估协议"效果"时考虑协议背景的需要。为确定该协议的目的，欧盟法院着重分析了协议双方的行为以及它们对市场的重要性、销售数据、市场结构、协议期限和当时的市场状况等因素。[4] 该案中，协议方主张协议是在原材料短缺的时期签订并且协议对市场没有任何影响。法院认为，根据案件事实这些因素并不相关。法院还认为，"具有限制竞争目的的协议，即使是在原材料短缺时订立的也不能视作合法"；相反，以对经济背景的评估为基础，法院认为，协议的目的是分割市场和固定价格，即协议方行为

[1] 参见 C－31/80 *NV L'Oréal*［1980］ECR 3775。

[2] 参见 C－31/80 *NV L'Oréal*［1980］ECR 3775。

[3] 参见 C－29 & 30/83 *Compagnie Royal Austrienne des Mines and Rheinzink* v. *Commission*［1984］ECR 1679（*CRAM and Rheinzink*）。

[4] 参见 C－41/69 *ACF Chemiefarma* v. *Commission*［1970］ECR 661。

的联合意图准确体现其限制竞争的意图。同时，法院还表示，这样的限制竞争目的不能因协议没有影响或者原材料不足的主张而豁免。同时，为了维持地域经济保护政策，协议方同意受到限制的自由行为依旧需要遵守不得实施限制竞争行为的原则。欧盟法院对于此种情况所愿意考虑的豁免程度取决于经济因素对限制竞争程度的缓解程度。[1] 由此可以看出，法院试图通过理解协议背后的基本经济原理来认定目的是否确实是限制竞争，尽管协议方对此持异议。

类似地，IAZ International Belgium v. Commission 案的争议也集中在协议的意图和目的上，因为忽略限制的意图，协议方否认知道其限制了竞争。[2] 在认定对于洗衣机和洗碗机使用一致的标签是否达到平行进口限制（核心限制）以及协议是否具有限制竞争的目的时，法院考虑了协议所处的背景和其对竞争的效果。协议方主张，欧委会在评估协议的限制竞争目的时未达到必不可少的法律证明标准。法院同意欧委会的观点，但其在判决中注意到，由于协议双方占据较高市场份额，故协议会使洗衣机的平行进口更困难。法院认为，在评估协议目的时，必须客观地认定协议方的主观意图。任何协议方都没有企图限制竞争的主张必须通过对协议所处背景的分析来证明。在该案中，协议方主张自己无意限制竞争，因为协议的真实目的是保护公共健康。法院认为，根据协议的特定情形，该替代目的不足以使协议的限制竞争目的无效。无论协议方是否意识到其行为违反《欧盟运行条约》第 101 条第 1 款，它们签署的协议都是行为故意，协议方的行为及其实施的程序可以证明这些因素。该判决巩固了任何目的限制标准的分析必须依赖特定事实，因此协议的背景情境因素起到了关键作用。[3]

Erauw - Jacquery v. La Hesbignonne 案进一步强调了协议的特定背景情景在认定协议目的时的重要性。[4] 将该案判决与 ACF Chemiefarma v. Commission 案和 IAZ International Belgium v. Commission 案对照，法院认为，积极目的实际上足以确保协议不构成目的限制，即不属于《欧盟运行条约》第 101 条第 1 款规制的范围。该案涉及植物新品种，协议（许可）包含“禁止出口”条款以及最低销售价格的规定。法院认为，关于出口禁令，因为植物育种者在发展基本种子的多样性上承担相当多的经济成本，所以必须允许它们保护自己的品种不受不当操作的侵害。所以，植物育种者有权“限制被许可育种者进行繁衍繁

---

[1] 参见 C - 41/69 *ACF Chemiefarma* v. *Commission* [1970] ECR 661。

[2][3] 参见 Joined cases C - 96 - 102, 104, 105, 108, 110/82 *IAZ International Belgium* v. *Commission* [1983] ECR 3369 (*Anseau/IAZ*). paras. 23, 24 and 25。

[4] 参见 C - 27/87 *Erauw - Jacquery* v. *La Hesbignonne* [1983] ECR 1919 (*Louis Erauw*)。

殖，禁止被许可人出售或生产种子，这不违反《欧盟运行条约》第 101 条第 1 款”。所以协议的积极属性或“合法目标”被认为优于限制性目的。[1]

4.3 对基于更具分析性的方法认定欧盟目的限制竞争协议的总结

本节通过审视欧盟法院的审判历程，发现 STM 案在认定协议目的时论述了一个综合测试法，即 STM 测试法。随后的其他判例逐步具体化 STM 测试法，并都关注从协议的法律、经济背景中去揭示蕴藏在协议背后的基本原理。换句话说，如何认定协议目的是否限制竞争？该问题的答案便是更具分析性的方法。更具分析性的方法要求证明协议“目的”时又需要考虑以下因素。

（a）关键问题：协议的“主要目标”是什么。

（b）可从以下方面推论目标：

（i）协议内容；

（ii）协议双方的行为；

（iii）在适当的情况下，协议目的的客观认定仅仅依靠协议双方的主观意图；

（iv）协议所处的环境。

（c）在协议特定的法律和经济背景中评价目的，要考虑：

（i）协议对竞争产生的效果（潜在和实际的）；

（ii）市场结构、市场份额、市场的定义：较高的市场份额可以帮助确认限制竞争的目的，然而非常低的市场份额的协议对竞争不足以产生有害的效果，因而此类协议不在《欧盟运行条约》第 101 条第 1 款的规制范围内；

（iii）条款的严重性，及需要有保护协议（促进竞争的）目的。

（d）如果该协议没有“显著”限制竞争的目的，那么必须评估协议的实际效果来认定协议是否事实上有《欧盟运行条约》第 101 条第 1 款规定的限制竞争的目的。

（e）如果协议被认为具有限制竞争目的，那么还需要先判断是否可以适用《欧盟运行条约》第 101 条第 3 款的豁免规定。

显然，协议的客观目的比协议方的主观意图更具有说服力。主观目的作为客观目的的补充，有助于认定协议是否具有限制竞争的目的。但是，协议方的

---

[1] 参见 C－27/87 *Erauw－Jacquery* v. *La Hesbignonne*［1983］ECR 1919（*Louis Erauw*），paras. 10－11。

主观意图在认定协议是否具有限制竞争目的的过程中始终只是起辅助作用，并且协议方主观上是否知晓其行为具有限制竞争作用与最终的认定结果也毫无关系。此外，欧盟法院还认定，即使企图限制竞争的协议可能还未最终实现或付诸实践，但这不足以将该协议从《欧盟运行条约》第 101 条第 1 款的规制范围中排除。这一点十分重要，因为它表明，即使限制性的协议还未实施或还未如愿以偿，竞争规则依旧需要适用。而司法判例也反映目的标准不要求协议必须具有实际的限制效果，只要具有潜在的影响竞争的效果就足够了。

通过对判例实践的分析，也可以发现传统分析方法对欧盟法院如何判断目的标准影响甚微。法院特别考虑《欧盟运行条约》第 101 条第 1 款适用下特定类型的具有限制竞争目的的协议，发现这些协议也存在不必然具有限制竞争目的的情形。因此，传统分析方法的适用也受到质疑。

4.4　更具分析性的方法适用下“目的”解释的考量要素探析

在适用更具分析性的方法时，法院对“目的”这一术语赋予重要含义。通过审视法院的判例，“目的”没有唯一或绝对的定义。相反，判例实践表明至少 7 种不同的解释方式。这些术语基于“目的”术语变革而来，协议的“目的”可以解释为“准确目的”❶“意图”❷“动机”❸“目的”❹“目标”❺“客观功能”❻和协议的“企图”❼。因而，适用更具分析性的方法时，“目的”的定义与案中引用《欧盟运行条约》第 101 条第 1 款时的表达措辞有着错综复杂的联系。❽ 诚然，此种情况下分析解释相对复杂，但是如若不参考案中协议履行时的背景情境，那么“目的”的定义也就毫无意义。因此，可以看出，案中引用《欧盟运行条约》第 101 条第 1 款时的表达措辞在定义目的时起决定

---

❶❽ 参见 Case C – 56/65 *Société Technique Minière* v. *Maschinenbau Ulm* [1966] ECR 248 – 250 (*STM*)。

❷ 参见 C – 96/82 IAZ/ *Anseau*。

❸ 参见 C – 29 & 30/83 *Compagnie Royal Austrienne des Mines and Rheinzink* (*CRAM*) v. *Commission* [1984] ECR 1679 and *supra* n43 *General Motors*。

❹ 参见 Case C – 258/78 *Nungesser* v. *Commission* [1982] ECR 2015。

❺ 参见 Case C – 31/80 *L'Oréal NV and L'Oréal SV* v. *De Nieuwe AMCK PVBA* [1980] ECR 3775。

❻ 参见 Case C – 250/92 *Gϕttrup – Klim* v. *Dansk Landbrugs Grovvareselskat AmbA* [1994] ECR I – 5641 (*Gϕttrup – Klim*), para. 16。

❼ 参见 C – 551/03 P *General Motors* v. *Commission* [2006] ECR I – 3173, para 140。

性作用（Goyder，2011）。

笔者也赞同前述观点，认为证实协议的目的要以相关法律和经济等背景中协议内容的客观概念为基础。正如之前所描述的，协议的客观意图与背景和行为是紧密相关的。所以，目的定义应当理解为协议的限制竞争客观目标或客观意图。这种理解相对于传统分析方法下的理解也更具灵活性。当然，这种灵活性也往往会带来一定的复杂性。当协议被认为同时具有限制竞争和促进竞争的意图时，这种复杂性就变得很明显。该问题在 Asnef－Equifax，Servicios de Información sobre Solvencia y Crédito，SL v. Asociación de Usuarios de Servicios Bancarios（以下简称“Asnef 案”）案[1]中就极其显著。该案中，法院关注了认定横向信用信息交换协议的“本质目的”，即客观目的。法院综合分析后，发现协议的目标是将借款人的相关信息提供给信用提供商，从而协议不具有限制竞争的目的（Jones，2010）。

此外，从本章前述的判例实践中也可以看出，在一些案件中，协议积极目的的作用往往比限制竞争的影响更加重要，进而协议被认为不具有限制竞争目的。这也是法院在选择性分销案件中存有争议的观点。[2] 诚然，也存在相反的情况，在通用汽车案和 BIDS 等案中，即使协议不是以限制竞争作为其唯一目标，也追求其他合法目的，在一些案件中，也存有促进竞争的目的，但法院依旧认为协议整体具有限制竞争的目的。[3] 这一差异主要源于协议所处的相关法律、经济等背景因素。因此，将“目的”定义为协议的“准确目的”（Precise Purpose），能更好理解协议。[4] 即在考量协议的内容、环境和背景情境后，再查明协议的意图是否限制竞争。如果通过分析协议的内容、环境和背景情境后发现协议的真实意图是限制竞争，那么协议的“目的”就是限制竞争。此时，协议是否达成或有无履行都无关紧要。最为重要的是理解协议背后的基本原理。[5]

---

[1] 参见 Case C－238/05，*Asnef－Equifax*，*Servicios de Información sobre Solvencia y Crédito*，*SL* v. *Asociación de Usuarios de Servicios Bancarios*（*Ausbanc*），［2006］ECR I－11125（“Asnef”）。

[2] 参见 Case C－439/09 *Pierre Fabre Dermo－Cosmétique SAS* v. *Président de l'Autorité de la concurrence*，［2001］ECR I－9419。

[3] 参见 C－551/03 P *General Motors* v. *Commission*［2006］ECR I－3173。

[4] 参见 Case C－56/65 *Société Technique Minière* v. *Maschinenbau Ulm*［1966］ECR 248－250（*STM*）。

[5] 下一节将具体深入分析平衡问题。

4.4.1 法律和经济背景

通过审视近些年欧洲法院的判例实践，可以发现法院多次引导人们关注法律和经济背景在认定协议目的时的关键作用。❶ 从 BIDS 案件开始，欧洲法院在每一个判决中都强调协议所处背景对协议目的评估的重要性，而这在很大程度上也反映出法院对于 STM 案判决的认可。因此，通过分析协议所处的法律和经济背景来认定协议目的不仅应当是一种选择，更应当成为法律的要求（Andreangeli，2011）。

诚然，虽然协议的法律和经济背景十分重要，但是对于适用法律和经济背景所需要考虑的要素及其在评估协议中所发挥的作用，还需进一步进行探讨确定。在 BIDS 案中，总检察长 Trstenjak 对法律和经济背景问题进行特别的解释，她强调了法律和经济背景对目的认定的不可或缺的作用。❷ 正如前文所述，Trstenjak 主张尽管分析法律和经济背景不应当被视为证明协议与市场兼容的捷径，但也必须认真对待它。❸ 此外，对法律和经济背景的构成要素更应当进行深入分析，因为这些考量因素对于判断协议是否具有限制竞争的目的有直接的关系，也是最容易让人产生怀疑的地方。❹ Trstenjak 也因此表明，法律和经济背景分析是质疑和反驳《欧盟运行条约》第 101 条第 1 款中限制竞争的法律推定的有效途径。她认为，法律推定在认定协议目的时发挥了一定的作用，但是这样的推定根据《欧盟运行条约》第 101 条第 1 款也是可以反驳的。Trstenjak 进而强调三种由于调查法律和经济背景而能够被反驳的“限制竞争推定”的类型❺：①当限制企业自由时认定其市场政策与限制竞争没有关联（Mahtani，2012）；②协议会产生矛盾的竞争效果时（即协议除具有限制竞争的目的外，也具有促进竞争的目的），单独推定具有限制效果；③为了追求主要目的，补充协议是必需的。此时，若主要目的是中立或促进竞争的，那么附加限制性条件对于实现该目标是必需的，也就不违反《欧盟运行条约》第 101 条第 1 款的规定（Mahtani，2012）。

因此，法律和经济背景的分析成为判断协议是否具有限制竞争的主要目的的重要考量因素。在对协议法律和经济背景进行分析时，可以通过反事实分析、附加限制性条件理论等方法来评估协议中的限制是否具有合法目的或是否

---

❶ 参见 Case C－67/13 P，*Groupement des Cartes Bancaires*（*CB*）v. *Commission*，11 September 2014，nyr（*Cartes Bancaires*）。

❷❸❹❺ 参见 Case C－209/07 *Competition Authority* v. *Beef Industry Development Society Ltd and Barry Brothers*（*Carrigmore*）*Meats Ltd*［2008］ECR I－8637（*BIDS*），paras. 50－59。

客观合理等。❶但对于那些具有多目的或数个合法目的的协议，判例实践也没有给出明确的导向分析，需要个案分析。下文将对适用法律和经济背景所需要考虑的要素及其在评估协议中所发挥的作用进行分析。

（1）考量要素

回顾历史，因为“本质上”概念的存在，“法律和经济背景”的定义很少被提及。有学者认为，现有适用经常前后矛盾，在一定程度上是由于缺乏如何在案例中适用法律和经济背景的解释说明（Mahtani，2012）。但是，不可否认的是，法律和经济背景的定义应当很宽泛，并且为认定协议目的，“法律和经济背景”必须包含分析协议所需要的各方面考量因素。

例如 STM 案，该案反映诸多需要考虑的因素，尤其是其中的经济因素，应当在认定协议目的时予以特别考虑。❷ 已有材料可以证明，经济因素与认定协议的目的和效果是紧密相关的。❸ 但在考虑经济因素时，还需评估市场的定义。❹事实上，真正需要理解的不止是一个市场的定义，还有两个或更多市场之间的关系等问题。❺ L'Oréal 案判决也支持了前述观点。❻ 本章回顾的判例实践中的诸多结论，也论证了欧洲法院在进行目的审查时，全面考虑了相关市场、协议主体在相关市场的地位、产品或服务的性质以及协议所处的背景等要素。因此，在考虑与协议本身的特定背景有关的经济背景要素时需要考虑：协议实施的环境是什么、为什么这么认为，以及什么是市场因素和协议主体在相关市场的地位。❼此外，法院和诸多学者也赞成每个案件中背景的分析范围都是不同的、变化的，因而背景也指的是个案的特定背景（Waelbroeck，etc.，2013）。同样地，每个案件都要在其自身的价值背景下加以考量（Lasok，2008）。

另一方面，“法律背景”主要包括相关法律、指令、条例以及其他国内法或规章制度。这些因素表明，过去欧洲法院的先决判例都是需要考量的因素。有学者认为，对协议所处的法律背景的分析与对协议的经济背景的分析应当相平衡（Jones，2010）。通过研究分析，可以发现欧洲法院并没有总是明确要求

---

❶ 参见 Cases C－403 & 429/08，*Football Association Premier League Ltd* v. *QC Leisure and Karen Murphy* v. *Media Protection Services Ltd*，［2011］ECR I－9083（*FA*），para. 140。

❷ 参见 Case C－32/11，*Allianz Hungária Biztosító Zrt* v. *Gazdasági Versenyhivatal*。

❸❹❼ 参见 Case C－56/65 *Société Technique Minière* v. *Maschinenbau Ulm*［1966］ECR 248－250（*STM*）。

❺ 参见 Case C－67/13 P，*Groupement des Cartes Bancaires*（*CB*）v. *Commission*，11 September 2014，nyr（*Cartes Bancaires*），para. 73－82。

❻ 参见 Case C－31/80 *L'Oréal NV and L'Oréal SV* v. *De Nieuwe AMCK PVBA*［1980］ECR 3775，para. 19。

参考协议的"法律背景"，而是坚持要求对协议"经济背景"的考察。❶ 笔者认为，这个区别可能并不重要，因为在评估协议的目的时，要求首先考量协议的合法性、有效性等基本情况，此时可以间接推断出相关法律背景。尽管如此，欧洲法院通常还是指明评估协议目的时，需要参考协议的"法律和经济背景"。❷

为了论证法律和经济背景的适用范围，下一节将探究背景分析如何被用作媒介来实现以下三个目标：①平衡协议的积极属性与消极属性；②考虑目的的正当理由或合法目标的适用；③考虑特定限制是否附属于整体的促进竞争目的。

（2）适用法律和经济背景来认定协议的主要目标：权衡协议的积极目标和消极目标

凡提到平衡协议的积极和消极属性总会引来争议，因为不可避免地会将之与美国法中的合理原则加以比较。但欧洲法院明确表示，合理原则在欧盟反垄断法中没有任何作用。更具体地来说，合理原则在效果分析的背景下没有任何作用（Andreangeli，2011）。因此，对于《欧盟运行条约》第 101 条第 1 款下协议的平衡过程，不管是"本身违法原则"还是合理原则，都无法作为合适的类比参照方法加以引用。相反，欧洲法院认为这个平衡过程可以用一种新的视角来看待，即判断协议的促进竞争的目的是否有足够的优势胜过协议中含有的限制竞争目的作用。❸ 曾经有许多案例表明所评估协议的积极属性若比消极属性更有价值，那么协议不构成目的限制或被认为可以被豁免。❹

但是，这其中存在两个问题。一是在判例实践中，只有适用更具分析性的方法来认定协议目的时，法律和经济背景因素才是决定协议的积极属性是否胜过消极属性的关键。❺ 而因为个案情况的不同，不可能预测在一个案件中成功胜过目的限制的因素在另一个案件中也能产生同样的效果。因此，协议平衡的结果还将取决于个案的事实，并没有固定的判断规则或体系。❻二是应当如何判断协议的积极属性是否胜过其消极属性。对此，学界充满争议。在适用更具

---

❶ 参见 Cases 56 & 58/64, *Etablissements Consten SA and Grundigverkaufs-GmbH* v. *Commission*, [1966] ECR 342（*Consten & Grundig*）。

❷❸ 参见 Case C－23/67, *Brasserie De Haecht* v. *Wilkin*（*no.* 1），[1967] ECR 407；and *Anseau/IAZ*；C－501/06 P *GlaxoSmithKline Services Unlimited* v. *Commission*（*GSK*）[2009] ECR I－9291（*GSK*），paras. 61－64。

❹ 参见 Case T－328/03, *O2*（*Germany*）*GmbH & Co OHG* v. *Commission*, [2006] ECR II－1231, Case C－519/04P, *Meca－Medina* v. *Commission*, [2006] ECR I－6991, Case C－309/99, *Wouters* v. *Algemene Raad van de Nederlandsche Orde van Advocaten*, [2002] ECR I－1577。

❺❻ 参见 Case C－41/69 *ACF Chemiefarma* v. *Commission* [1970] ECR 661。

分析性的方法时，尽管具有促进竞争目的的协议明显包含其他限制竞争目的，但该协议也可能被认为整体不具有限制竞争的目的。那么需要考虑的问题是如何认定协议的主要目的。对于上述问题，欧洲法院的判例实践也给出了一些有趣的回答。

在 Asnef 案中，横向信用信息交换协议因其“本质目的”使授信方获得关于现有的或潜在的借款人的相关信息而不被认为具有限制竞争的目的。[1] 所以，协议的积极属性比它是横向信息交换协议的事实更重要。欧洲法院对选择性分销协议的看法相似。在 AEG – Telefunken v. Commission 案（以下简称“AEG 案”）中，法院发现协议的目的是促进竞争，从而特定类型的限制竞争被合法化。[2] 在 Pierre Fabre 案件中，总检察长非常清楚地表达了关于选择性分销体系发生的内在平衡。[3] 法官强调“要评估包括‘the VBER’范围在内的限制方式的协议是否有促进竞争目的，并要求分别审查”[4]。法院在 Louis Erauw 案中最终允许绝对地域保护，并解释植物育种者在发展产品时需要保护他们的经济投资，因而协议整体不具有限制竞争目的。[5] 在 Pierre Fabre 案件中，法院认为网络销售的绝对禁止限制超过必要的限度，不具备正当理由。[6]依照更具分析性的方法来理解，选择性分销协议不能被推定为整体具有限制竞争目的。相反，认为协议“必然（Necessarily）限制竞争”，即它们会带来限制竞争，可能更恰当。总检察长更巧妙地表明了其看法，“讨论中的选择性分销协议……根据《欧盟运行条约》第 101 条第 1 款，可能限制平行贸易的事实不足以证明协议具有限制竞争的目的”[7]。此外，值得关注的是 Pierre Fabre 案中法院提及的“客观的正当理由”。[8]法院认为，如果可以证明协议具有客观正当理由，那么尽管协议具有限制竞争的目的，也能够通过平衡判定协议整体不具有限制竞争的目的。这反映出在《欧盟运行条约》第 101 条第 1 款的适用下，“客观的正当理由”的分析能够反驳固有的限制竞争法律推定。[9]而这样的综合平衡分析，以争议的个案所处的法律和经济背景的事实为基础，并且不需要认定协议的实际效果。[10]因此，可以看出法院愿意摒弃传统分析标准，来将那些具有限制竞争目的（但整体具有促进竞争作用）的协议排除在《欧盟运行条约》第 101 条第 1 款的规制之外。而法院在该案中摒弃传统判断标准也并非例外或反常情

---

[1] 参见 Case C – 238/05, *Asnef – Equifax*, *Servicios de Información sobre Solvencia y Crédito*, *SL* v. *Asociación de Usuarios de Servicios Bancarios* (*Ausbanc*), [2006] ECR I – 11125 (“*Asnef*”)。

[2] 参见 C – 107/82 *AEG – Telefunken* v. *Commission* [1983] ECR 3151。

[3][4][6][7][8][9][10] 参见 Case C – 439/09 *Pierre Fabre Dermo – Cosmétique SAS* v. *Président de l'Autorité de la concurrence*, [2001] ECR I – 9419 (*Pierre Fabre*), para. 31。

[5] 参见 C – 27/87 *Erauw – Jacquery* v. *La Hesbignonne* [1983] ECR 1919 (*Louis Erauw*)。

形，在其他类似案件中法院也都作出了相同的改变（Colomo，2014）。Wouters 案是欧洲法院平衡协议促进/限制竞争属性的另一个典型案件。该案中依据传统分析标准，法院承认已知的对竞争的负面效果（即协议的必然后果）（Jones，2010）。[1] 但法院认为，诸如荷兰律协采用的国家规范并没有违反《欧盟运行条约》第 101 条第 1 款的规定，因为能够合理认为，尽管其中存在固有的限制效果，但对于相关成员国中法律界人士恰当行为的规范是必需的。[2] 此外，法院坚持认为"并不是每一个有关于限制协议方行为自由的企业之间的协议或联合决定都必然属于《欧盟运行条约》第 101 条第 1 款的禁止范围"[3]。这个案件完美诠释了对竞争具有已知负面影响的协议，如果限制对支持协议的最终目的来说是必要的，仍然不违反《欧盟运行条约》第 101 条第 1 款。法院也清楚表明，应考虑成员国管理其法律规范时是如何权衡相关协议的积极属性与消极属性的。[4]

通过对上述判例的分析，可以发现对协议的积极属性与消极属性进行平衡分析是有必要的。即使协议存在限制竞争的目的，但也存在促进竞争的目的且积极属性胜过消极属性时，协议整体就不具有限制竞争的目的，并且不受《欧盟运行条约》第 101 条第 1 款的规制。此外，任何这样的平衡分析不仅是协议效果的平衡分析，有时也能反映出立法者的思想或法律适用的导向。因为不可否认，这种平衡形式可以将限制竞争事实合法化，进而引导或改变人们的某些固有认识。综上，通过对法律和经济背景下协议积极目标和消极目标的平衡讨论，进一步确认了更具分析性的方法应当是分析解释"目的"的最佳路径，而"目的"应当理解为协议的"准确目的"。

（3）合法目标（意图/目的）和正当理由

合法认可协议包含的某些限制竞争目的，视其不违反《欧盟运行条约》第 101 条第 1 款的规定，该观点与协议有"合法目标/意图/目的"的概念一致。值得注意的是，法院适用这些术语（合法目标/意图/目的）时也并非总是一致的。因此，诸如构成协议"积极意图"或"积极目的"的要素，也是值得探索的。其中必然存在相同的构成要素，但也必然存在区别。例如，合法意图与积极目的之间就有区别：欧洲法院在许多案件中表明，仅有"合法目标"不足以认定协议不属于《欧盟运行条约》第 101 条第 1 款的规制范围或

---

[1] 参见 Case C－309/99，*Wouters* v. *Algemene Raad van de Nederlandsche Orde van Advocaten*。

[2] 同上，para. 110。

[3] 同上，para. 97。

[4] 同上，para. 73－110。

规避目的限制竞争的发现。这在 BIDS 案中得到了恰当论证。

BIDS 案中，总检察长 Trstenjak 主张协议的“合法目标”是解决爱尔兰加工业的生产能力过剩问题。Trstenjak 的分析方法是首先认定协议是否具有限制竞争的目的，如果在案件中发现具有限制竞争的目的，就考虑协议是否具有促进竞争的目的以及促进竞争的目的是否能过胜过限制竞争目的的作用。该考虑方法的问题在于，她认为只有在需要判断限制竞争目的是否能够被胜过或不计时，才考虑“法律和经济背景”，而非直接通过“法律和经济背景”来认定协议是否具有限制竞争的目的。此外，为了认定协议目的，Trstenjak 发现，鉴于协议的法律和经济背景，协议内容是必须仔细考量的。因为她的方法牵涉评估因协议而被限制一方的独立市场条件及相关效果，她进而通过适用反事实分析方法来解决这一问题，并表明应当考虑协议的“必然后果”的影响以及协议方试图通过那些限制方式所实现的影响。在该案中，Trstenjak 运用反事实分析的方法，通过分析协议对市场条件和市场参与者撤回的影响、对市场生产能力过剩的影响、对征税的影响，以及对限制使用和处理等的影响，得出“暂时的结论”。她发现，协议通过加速加工业者离开市场、分段征税以及限制使用和处理等方式，可以降低生产能力。但不可否认，协议也必然会产生限制竞争的“必然后果”。随后，Trstenjak 又考虑了其他反驳因素。她再次审查了 BIDS 案中协议追求的“目标”，发现协议有限制生产能力过剩和实现规模经济的合法目标，因此协议的限制方式（征税、限制使用和处理）具有正当理由。因为通过协议的实施，可以减少过剩产能 25%，从而总体增加加工业的收益，所以前述的限制竞争是不可避免的，是必需的。因此，BIDS 案中的争议协议整体是不具有限制竞争目的的。同时 Trstenjak 也表明单纯通过“必然后果”（传统分析方法）来判断协议是否具有限制竞争目的并不准确。❶

综上，在 BIDS 案中，总检察长 Trstenjak 得出结论：一定要在协议所处的法律和经济背景下审查协议内容。最终，法院也同意在判断协议目的时对协议积极属性和消极属性进行平衡考量。❷ 这样的结论，也进一步反映了在《欧盟运行条约》第 101 条第 1 款下，任何类型的协议本质上都有可能成为目的限制竞争协议。

欧洲法院在 Pierre Fabre 案中，则提及对“正当理由”的考量方法，这是为证明某一限制竞争行为具有正当理由，与主张协议具有合法目的相对。Pierre Fabre 案中的首要问题是，禁止所有网络销售的形式是否能够被“证明

---

❶❷ 参见 Case C－209/07 *Competition Authority* v. *Beef Industry Development Society Ltd and Barry Brothers* (*Carrigmore*) *Meats Ltd* (*BIDS*) [2008] All ER (D) 235, para. 17。

具有合法意图”或者限制竞争方式是否“以适当方式追求合法目的”。该案中，协议要求产品的销售需要合格的药剂师在场。因此，尽管协议并未明确禁止网络销售，但因为要求合格的药剂师在销售时在场，所以间接地对网络销售进行限制。欧洲法院表示，在选择性分销体系的背景下，产品销售需要合格的药剂师在场的条款，导致网络销售产品被禁止，协议具有限制竞争的目的。此外，法院认为，对协议内容和目的以及协议条款和法律、经济的背景的审查，并考虑到争议产品的性质，协议条款很明显不具有正当理由。可以发现，判决中并未明确对于正当理由而言需要考虑哪些判断要素。相对于判决，该案中总检察长 Mazák 对于“正当理由”的观点则更为清楚。Mazák 认为，监管责任是禁止网络销售的正当理由。他认为，由于商品的性质或销售的客户，某些例外的情况下可以客观认为对网络销售的限制是合法的，并且只要正当理由下的限制“依照比例原则没有超出所必需的程度，协议就可能不属于《欧盟运行条约》第101条第1款的规制范围”。此外，Mazák 还认为，协议主体希望依赖的“合法目的”必须“具有公法的性质”，且必须“以保护公共产品为目标并延伸到保护相关产品形象之外”。[1] Mazák 的分析令人信服。首先，他肯定在目的分析评估中进行平衡分析的形式。他认为重点不应当是关注哪些因素能够使目的限制竞争合法化，而是应当审查案件的经济、法律背景，并判断正当理由中的限制是否是必要的、合乎比例的且附随于协议的主要目的。其次，他认为正当理由必须具有公法性质，尽管对此还没有相关规定。著名欧盟反垄断法专家 Goyder 教授支持 Mazák 的观点，他也主张具有公共政策目标的协议可以从正当理由的主张中获益。但同时，他也表示，法院在考虑协议的合法目的时，应当考虑关于商业的具有正当理由的限制行为。显然，尽管现实中这一抗辩很难成功，但不考虑将商业基本原理作为正当理由的基础并不明智（Goyder，2011）。

综上，对协议经济、法律背景的综合分析是判断协议是否具有限制竞争目的、是否合法的关键要素。当协议具有正当理由，并追求合法目的而必须具备一定的限制竞争目的时，需要判断这样的限制是否超过为实现协议主要目的客观必须限制的程度，即比例原则是判断的核心要素（兰磊，2014）。[2]

ACF Chemiefarma 案和 IAZ/Anseau 案中也提到了关于合法目的和正当理由的类似问题。案件中，协议主体主张由于原材料短缺和保护公共健康，因此限制行为是必需的。法院考虑之后否定这两项主张，并发现协议所处的背景不能证明限制的目的是正当的。因此问题主要还是在于正当理由的主张何时可以成

---

[1][2] 参见 Case C－439/09 *Pierre Fabre Dermo－Cosmétique SAS* v. *Président de l'Autorité de la concurrence*，［2001］ ECR I－9419（*Pierre Fabre*），para. 31。

立。答案取决于个案中合法目标的实现是否比限制竞争目的更有价值。在 ACF Chemiefarma 案和 IAZ/Anseau 案中很明确，正如在 BIDS 案中一样，法院不确信该案属于这种情况。[1] 有人会说，协议主体必须举例证明任何对协议的主要目的的限制而言都是附属的、合乎比例的，也就是为实现合法目的（商业的和公共的）或促进竞争目的所必需的（Jebelli，2010）。笔者认为，不论前述论述是否正确，至少可以确定的是，法律和经济背景的分析（基于协议内容）在判断正当理由是否合理正确时始终占据着重要位置，并且也能够有效地对《欧盟运行条约》第 101 条第 1 款下的固有法律推定进行反驳。

（4）目的和附带限制性条件理论

附带限制性条件理论往往出现在对协议的法律和经济背景的分析中，例如判断特定限制是否附属于具有正当理由的合法目的或追求促进竞争的目标。著名学者 Andreangeli 教授在其著作中是这样阐述的：她审查了与《欧盟运行条约》第 101 条第 1 款所有有关的“附带”的概念，认为欧洲法院对此所持的观点是，限制在这样的环境中“对于追求‘合法的商业目标’，以及……公共利益目标是‘必要的’和‘合乎比例的’，可以被视为不违反《欧盟运行条约》第 101 条第 1 款的规定”。同时，她还认为附带限制性理论更符合经济原则，是作为《欧盟运行条约》第 101 条第 1 款下协议“更贴近‘权衡’促进竞争和限制竞争效果”的实现方法（Andreangeli，2011）。此外，具体到法院判例，Meca – Medina v. Commission 案[2]（和 Wouters 案）较为引人注目，不像 BIDS 案，案中法院认为限制企业行为自由不应在没有分析法律和经济背景的情况下就被推定为具有限制竞争的目的。因为 Meca-Medina 案中协议追求合法目标（该案涉及保护运动员健康和竞技体育的完整性），并且限制方式限于为实现目的所必需，从而限制不被认为不符合《欧盟运行条约》第 101 条第 1 款的规定（Andreangeli，2011）。因此，即使限制协议方的经济自由，协议也不一定违反《欧盟运行条约》第 101 条第 1 款的规定。具体到个案，需要根据案中协议的经济、法律背景具体分析。[3]

尽管不具有普遍联系，附带限制性条件理论在目的分析解释时依旧非常重要。这是因为它有助于解释为何协议“目的”通常被法院描述为“主要目的”

---

[1] 参见 Case C – 41/69 *ACF Chemiefarma* v. *Commission* ［1970］ ECR 661；Cses C – 96 – 102，104，105，108，110/82 *IAZ International Belgium* v. *Commission* ［1983］ ECR 3369（*Anseau/IAZ*）. paras. 23，24 and 25。

[2] 参见 Case C – 519/04 P，*Meca – Medina* v. *Commission*，［2006］ ECR I – 6991。

[3] 参见 Case C – 209/07 *Competition Authority* v. *Beef Industry Development Society Ltd and Barry Brothers*（*Carrigmore*）*Meats Ltd*（*BIDS*）［2008］ All ER （D） 235，para. 17。

或“准确目的”，以及解释为何允许包含通常视为核心限制的协议不受《欧盟运行条约》第 101 条第 1 款的规制。可以假设这样一个例子，市场竞争者之间形成的协议是为了改善经销渠道，协议方目前还没有共享信息，但未来存在这样的可能性，并且由于这样的合作使得效率提高，从而使潜在的消费者全都受益。为了使协议方有动力改善经销渠道，它们需要多种不同的短期地域保护和市场分割协议。协议的主要目标（改善经销渠道）是否能够被视为促进竞争或有合法目的尚存争议。而限制也必须是客观必要的并且对主要目标来说是合乎比例的，只有满足这两点时才能被看作附属于主要目标。在 E. ON Ruhrgas AG 案中便可见到这样的假设。该案中，E. ON 和 GDF Sue 共同对传送俄罗斯天然气到德国和法国的 MEGAL 管道施工，欧委会因这一施工协议对其处以 5. 53 亿美元的罚金。因为协议附属于主要协议的总体目标，所以欧盟常设法院在上诉阶段特别将协议方没有限制竞争目的的观点联系起来进行分析。欧盟常设法院最终否定该主张，因为它发现协议与主要目的不是直接相关且客观必要的，也不合乎比例。此外，欧盟常设法院还意识到与协议履行有关的附属协议的性质评估，通常包括复杂的经济评估。在对协议目的进行分析解释时，显著的核心限制类型协议也可能作为附属协议，来实现主要协议的促进竞争目的、合法目的（也是促进竞争的）等。这一结论也通常使一些具有限制竞争目的的协议被排除在《欧盟运行条约》第 101 条第 1 款的规制范围之外。[1] 另外，为进入新的市场，这样的限制也被进一步视为具有合法目标或是客观需要的。在这些情况中，限制条件没有违反《欧盟运行条约》第 101 条第 1 款的规定，并且不在《欧盟运行条约》第 101 条第 1 款的规制范围之内（Kolstad，2009）。

然而，一些学者对该结论也持否定态度。例如，Nazzini 不相信在《欧盟运行条约》第 101 条第 1 款下存在单独的附带限制性条件理论。判例实践已经证明这个观点过于狭隘（Nazzini，2012）。有趣的是，Jebelli 教授则认为附加限制性条件理论的作用是保护企业的合法商业利益，以确保更有效率和竞争更激烈的市场，从而实现高效率的商业交易。保护合法的商业利益，符合“有效竞争”的原则，这对于促进竞争不是直接必要的，而是客观必要的（Jebelli，2010）。但也要注意，正如 Trstenjak 在 BIDS 案件中所强调的，附加限制性条件理论不是通向每个限制竞争行为规避《欧盟运行条约》第 101 条第 1 款的大门。Deringer 教授很久之前就已经提示过，协议追求其他目的的事实对发现限制竞争目的而言并不重要（Deringer，1968）。这也进一步明确了对协议经济、法律背景分析的重要性。

---

[1] 参见 Case T－360/09，*E. ON Ruhrgas AG* v. *Commission*，29 June 2012，nyr，para. 141。

综上，附带限制性条件理论是协议方加以利用的、想使主管机关相信协议不具有限制竞争目的的一个工具。在认定协议目的时，任何“平衡”都涉及确定协议的目标。因此协议中诸多“必要的”限制也是为了更为积极的目的。相反，“效果”标准下的平衡更注重协议的积极效果与负面效果的比例平衡。例如，当为实现协议合法目标而必须产生限制效果时，需要确保其限制程度不能超过必需的程度。只有满足这种情形，协议才能够不受《欧盟运行条约》第 101 条第 1 款的规制。因此，对目的分析解释时，利用附加限制性条件理论，通过分析协议的潜在效果，存在可能使协议不受《欧盟运行条约》第 101 条第 1 款规制的情况（Colomo，2012）。

（5）结论

本部分通过将协议法律和经济背景的分析作为研究方法，来确定协议的准确目的。首先，需要对协议的经济背景和法律背景进行分析，这是目的分析解释的基础，进而通过对协议经济、法律背景的分析，来判断协议是否存在积极属性、是否具有正当理由或合法意图/目标/目的以及附带限制性条件等。因此，通过分析发现，无论是用于传统分析标准下法律推定的反驳，还是评估正当理由、客观意图、合法目标、促进竞争目的或附加限制性条件，法律和经济背景的分析都具有不可缺少的作用。

4.4.2 法律和经济背景中“效果”的作用

本节讨论了认定协议是否具有限制竞争目的时，应考虑协议效果（潜在）的范围。Allianz Hungária 案[1]中的判决被主要用于论证这一问题。通过讨论分析发现，欧洲法院尽管强调更具分析性的方法的重要性，并揭示协议主要目的的分析方法，但在对目的分析解释的同时，依旧使用“必然效果”等概念。以下对 Allianz Hungária 案及潜在效果的认定等方面进行讨论。

（1）Allianz Hungária 案

Allianz Hungária 案十分重要，因为通过该案引发出诸多关键问题的讨论。就案件本身来说，首先该案的判决是一个初步裁决，因此留有很大的空间给欧洲法院和学界进行相关法律解释的讨论。此外，它还是一个有争议的判决。因为依据传统的分析标准，法院模糊了目的限制和效果限制之间的区别。如果按照传统分析方法来理解，那么欧委会应当增加一种必然会产生限制竞争目的的协议类型。然而，Allianz Hungária 案的判决却突出对 STM 案判决的明确认同。该案中法院通过对协议潜在效果和协议背景（经济和法律）的分析，认定协

[1] 参见 Case C－32/11，*Allianz Hungária Biztosító Zrt* v. *Gazdasági Versenyhivatal*。

议对汽车保险市场“足够有害”，从而得出协议应当被认定为目的限制竞争协议。具体到协议潜在效果的分析，欧洲法院通常会引用本国法律，对市场结构等考量要素进行具体分析，来判断协议是否会消除或严重削弱市场竞争。[1] 而 Allianz Hungária 案与 STM 案以及之后的 Cartes Bancaires 案的共同点是，法院在这些案件中都强调限制竞争效果需要是“足够有害”的。[2] 因此，从被认定为具有限制竞争目的的协议必须“足够有害”的要求中，可以推断出以下两点：其一，协议目的必须有损害竞争的能力；其二，正如欧洲法院在 Cartes Bancaires 案中发现的，基于经验判断协议必须会产生具有限制竞争目的的必然效果。[3]关于第一点并无异议，关于第二点结论，上述三个案件的判决却有所区别。在 Allianz Hungária 案中，欧洲法院参考了保险投保人的预期来认定汽车保险市场的正常运行是否可能被协议严重破坏。因此，可以看出协议的潜在效果发挥了关键的作用。[4]值得注意的是，法院在对保险投保人预期的判断以及预期对未来市场破坏的可能性分析上，都是参考了协议所处的环境以及相关市场的客观情况。因此，最终法院认定协议是否“足够有害”的关键判断因素是协议背景，即协议背景的评估是最为重要的因素。这一点类似于 STM 测试法。不同的是，欧洲法院虽然也认可具有限制竞争目的的协议必须“足够有害”，但在 Cartes Bancaires 案中，欧洲法院认为只要协议的潜在效果表明协议本质上对竞争有足够的损害，那么这样的协议就可以被认定为具有限制竞争目的了（Parret，2010）。[5]因此，可以看出上述案件对“法律和经济背景”的适应范围的解释存在分歧。STM 案和 Allianz Hungária 案的判决认为，对于协议目的的判断应当完全通过协议经济和法律背景的相关分析来进行，包括对于协议潜在效果的分析解释。而 Cartes Bancaires 案中的判决则保留传统分析标准，依旧承认“必然效果”情形的存在。但是，通过本书前述分析，已然可知通过对协议经济和法律背景的分析解释可以反驳某些情形下固有的法律推定(必然效果)。因此，笔者也更加支持 STM 案和 Allianz Hungária 案中的结论。

具体到 Allianz Hungária 案，欧洲法院提及的问题是，因为交易者收到修理费的比例与保险公司售出的保险总额有关联，那么汽车保险公司作为汽车修理店与它们的交易者订立协议是否构成限制竞争目的?[6]有学者认为，这种纵向协议似乎不具有明显的限制竞争目的（Graham，2013）。尽管如此，欧洲法院仍然认为这样的协议实际上具有限制竞争目的。协议的目标虽然不明显，但

---

[1][4] 参见 Case C－32/11，*Allianz Hungária Biztosító Zrt* v. *Gazdasági Versenyhivatal*。

[2][3][5] 参见 Case C－67/13 P，*Groupement des Cartes Bancaires*（*CB*）v. *Commission*，11 September 2014，nyr（*Cartes Bancaires*）。

一旦将协议的潜在效果考虑进去，在协议的法律和经济背景中评估协议，那么显然协议的主要目标就是增加保险公司市场权利。虽然增加市场权利并不属于核心限制，但欧洲法院认为，这样的目标存在具有限制竞争的目的的倾向。该结论严格遵循 STM 测试法的措辞并重新叙述很少被欧洲法院引用的部分，即应当将受影响的商品性质、市场运行的真实条件以及市场结构作为协议所处背景的一部分予以考虑。欧洲法院最后表示，如果考虑到协议的经济、法律背景，那么那些协议的潜在效果可能会消除或严重削弱市场竞争，由此可以判断协议具有限制竞争的目的。综上可以看出，依据传统的分析标准，该案中的争议协议并非具有限制竞争必然效果的类型，因而往往会得出不具有限制竞争目的的结果。但是，如若结合协议具体背景，通过综合分析便能得出具有限制竞争目的的准确结论。因此，这也再一次明确了传统分析方法的缺陷和“经济和法律背景”分析的重要性。此外，法院在该判决中还多次重申 STM 测试法。法院表示，对于潜在效果的分析考量，并不限于对市场结构、选择性分销渠道的存在及其重要性、相关企业的市场权利等要素的考量，还需要依据个案考量更多要素。需要注意的是，潜在效果与认定协议目的是相关的，即在认定协议目的时需要考虑协议的潜在效果，而非将潜在效果用于对协议效果的分析之中。[1] 也有学者对此阐述道，应当考虑“协议效果是否可能不仅影响一个市场，还可能影响两个市场……且协议的目的必须通过考虑两个相关市场来认定”，因而可以看出对协议潜在效果的分析对判断协议目的十分关键（Gomzalez，2012）。

Allianz Hungária 案判决的重要性体现在许多方面。一是该案通过引用欧洲法院在诸多判例中作出的传统分析标准不适用于协议目的分析判断的结论，质疑目的标准类型化的合理性。二是它再次确认基于协议内容确立协议目的的重要性。该案肯定了判断协议目的必须考虑协议的价值、协议的环境和特定的法律及经济背景，尤其在欠缺“显著性”特点的案件中，它强调了市场定义的必需性。三是该案表明传统分析方法掩饰了目的分析解释的复杂性，进而得出通过传统分析方法确认协议限制竞争目的是不准确的结论（Gerardin，etc.，2012）。[2]

（2）认定潜在效果：判定是否具有限制竞争的能力

通过前述分析，可以发现协议的潜在效果有助于认定协议是否具有限制竞争的目的。值得注意的是，在协议目的被认为是中立的案件中，按以往的分析方法可能很难准确判断协议目的。因此，对协议潜在效果的审查就显得尤为重

---

[1][2] 参见 Case C－32/11，*Allianz Hungária Biztosító Zrt* v. *Gazdasági Versenyhivatal*。

要。而通过对 E. ON 案和 Protimonopolny 案的分析可以发现，这两个案件的判决都聚焦在同一个关键问题上：为发现限制竞争目的，协议是否必须有能力影响竞争？涉及此类情况下的协议目的评估，通常也需要运用反事实的分析方法。以下将具体分析。

E. ON 案的判决概述了协议限制竞争能力和协议目的的关系。如前所述，该案与 E. ON 和 GDF 为建造 MEGAL 管道输送天然气到德国和法国而建立的合营企业有关。协议双方达成补充条款，禁止对方进入己方的国内市场。欧委会发现协议具有限制竞争目的，协议双方由此被处罚。而协议双方抗辩称协议没有对竞争产生影响，因为在 2000 年之前，天然气市场没有自由化，因而市场准入是不可能的。欧委会否定了这些主张，并表明通过反事实分析，发现这样的结论是不可能成立的。对于欧委会来说，无论协议双方是否在没有协议时已进入双方的市场抑或其他情况，只要当下它们对协议达成一致，那就意味着违反《欧盟运行条约》第 101 条第 1 款的规定。参与签署协议本身就足以被视为违反《欧盟运行条约》第 101 条第 1 款的规定。❶

欧盟常设法院在这个问题上没有完全支持欧委会的观点，并且在考虑限制竞争能力的问题后，部分否定欧委会的意见。协议双方主张，它们直到 2000 年之后才属于潜在的竞争者，因此协议不受《欧盟运行条约》第 101 条第 1 款的规制。事实上，《欧盟运行条约》第 101 条第 1 款仅仅适用于对竞争者开放的行业。审查竞争条件要求同时评估企业在市场中现有的和潜在的竞争。这一评价明确了企业是否真的有可能参与竞争或新的竞争者是否真的有可能进入市场并参与竞争。所以反事实分析在这一点上是相关的。欧盟常设法院发现，欧委会是通过评估协议没有适用的情形证明企业是否为潜在竞争者的：协议方在此环境下存在进入市场和竞争的可能性。❷ E. ON 案的判决暗示了协议主体必须有限制竞争的能力，其似乎要求协议主体必须是潜在的竞争者。所以可以理解，企业会为了将其包含“核心”限制的协议排除在《欧盟运行条约》第 101 条第 1 款之外而尝试主张这一观点，就像在 E. ON 案一样。但认定这样的情况要求反事实分析的考虑，这一点也在 E. ON 案的判决中得以论证。

在适用更具分析性的方法时，反事实分析也是 STM 测试法的一部分。同样，它的运用与认定协议的准确目的也是相关的。反事实分析协议有助于解释为何某些限制条件被视为必需的、有正当理由的或附属于促进竞争目的。同时，E. ON 案的判决也表明反事实分析与判定协议是否具有限制竞争能力是相关的（Andreangeli，2011）。这可能也潜在意味着，如果协议主体缺乏影响竞

❶❷ 参见 Case T－360/09，*E. ON Ruhrgas AG* v. *Commission*，29 June 2012，nyr，para. 141。

争的能力，以限制竞争为目的的协议可能无法发现限制竞争的目的，从而完全不属于《欧盟运行条约》第 101 条第 1 款的规制范围。值得注意的是，E. ON 案还带来另一个问题：当协议不可能对竞争产生任何影响的情况下，是否能判断协议具有限制竞争的目的？答案并不明确。并且它表面上看似与协议是否必须具有限制竞争目的相关（Gerardin，etc.，2011）。❶

Protimonopolny 案的判决则从另一个角度强调问题的复杂性。简单概括，判决对于没有影响竞争的协议是否仍然被视为目的限制竞争协议这一问题，法院持肯定回答。在该案中，欧洲法院认为，企业签订协议时在相关市场中违法经营的事实（Akcenta），对协议是否被《欧盟运行条约》第 101 条第 1 款认定为目的限制竞争协议没有任何影响。该案中几家银行共谋以协商的方式终止银行与 Akcenta 目前及将来的合同。但因为 Akcenta 没有必需的许可证就开展商业活动，所以银行主张其违法经营，并且不能被视为竞争者，因此协议也就没有限制竞争的目的。然而，欧洲法院对此并不同意，同时发现由于协议想要排除一个竞争者，因此银行之间签署协议具有限制竞争的目的。此外，法院还注意到协议对 Akcenta 产生的负面影响。❷ 该判决需要仔细审查。一方面，因为欧洲法院反驳了证明协议损害竞争能力的需要，间接巩固了传统分析方法的地位。如果协议主体根本没有权力阻止 Akcenta 进入市场，那么协议就不可能对竞争产生任何影响，这一点是具有争议的。这破坏了在协议的法律和经济背景中评估协议的必要性，因而也没有必要证明协议具有损害竞争的能力。另一方面，案件巩固了支撑更具分析性的方法的基本原理：无论 Akcenta 的行为是否违法，都不意味着协议不可能对市场产生影响，因为协议主体（它们的竞争者不管 Akcenta 的行为是否违法）阻止 Akcenta 进入市场，目标就是限制竞争。在事实方面，Akcenta 虽然在市场中违法经营，但对市场的影响还没有重大到银行希望阻止其进入的程度。正确的反事实分析是，Akcenta 能够在没有协议的情况下继续在市场中违法经营，那么协议就限制竞争。❸

有学者认为，欧洲法院否定协议没有限制竞争的主张是正确的，因为 Akcenta 行为违法（Gerardin，etc.，2011）。银行的共谋具有排除主体进入市场的目的，对此无法反驳。该基本原理足以满足欧洲法院基于协议所处法律和经济背景来评估协议目的的要求。该原则以类似的方式运用在协议是否履行成功与协议的目的无关上，这也是为何无须论证协议实际效果的原因。STM 测试

❶ 参见 Case T－360/09，*E. ON Ruhrgas AG* v. *Commission*，29 June 2012，nyr，para. 141。

❷❸ 参见 Case C－68/12 *Protimonopolny úrad Slovenskej republiky* v. *Slovenská sporitel'ňa*，7 February 2013。

法下确定具有限制竞争目的的协议则必然是目的限制竞争协议，而认定此结论的基础则是法律和经济背景的分析。在 Protimonopolny 案中，欧洲法院阐明“明确具有限制竞争目的”的协议以及违法性的问题不足以反驳这一点。❶ E. ON 案中相似的一点是，欧盟常设法院认为 GDF 的垄断是毫无意义的，因为这不能排除协议在天然气管道的预期使用年限期间具有规避可能的法律和事实变化的目的（禁止供应天然气）。因此，必然效果的概念单独不足以认定协议限制竞争的能力或协议是否具有限制竞争的效果。❷

综上，Protimonopolny 案的判决论证了企业违法经营与认定协议目的时考虑的法律和经济背景无关。限制竞争协议是否能因 Akcenta 无许可证的事实而具有正当豁免理由，在《欧盟运行条约》第101条第3款下考虑这一点可能更为合适。欧洲法院认为企业将 Akcenta 报告给主管机关的行为是正确的，而不是擅自禁止一个竞争者进入市场。如若银行共同将 Akcenta 报告给主管机关，那么在那样的环境中就不存在限制竞争。现实中，银行反而同意终止与 Akcenta 的合同，这意味着 Akcenta 无法进行任何商业活动，并因此被禁止进入市场。因此，企业行为的合规与否对《欧盟运行条约》第101条第1款的规制没有任何影响。❸

（3）结论

本节的观点是，在认定协议是否具有限制竞争目的时要考虑协议的效果。Allianz Hungária 案的判决论证了法律和经济背景是如何用于认定协议是否具有限制竞争的目的的。为了揭示协议的真正意图，需要明确相关市场、市场结构和协议主体在市场中地位的定义。每个案件是否需要深入评估其背景取决于案件事实，这也是原告承担的责任。考虑协议效果也有助于认定协议是否足够有害，因为必然效果的概念在这一点上不是唯一考量的因素。

协议的潜在效果有助于认定协议是否具有限制竞争的目的。对于协议限制竞争的能力是否应当成为认定协议限制竞争目的的先决条件，其答案并不简单。例如在 E. ON 案中，法院同意协议主体在特定期间由于市场结构（市场非自由化）不能参与竞争。然而这不意味着企业能够一直轻视竞争规则。同样地，作为潜在竞争者并有能力限制竞争的企业，即使协议还未履行实施或协议主体违法经营，也可能被视为具有限制竞争的目的。

---

❶❷❸　参见 Case C－68/12 *Protimonopolny úrad Slovenskej republiky* v. *Slovenská sporitel'ňa*, 7 February 2013。

4.5 本章小结

本章主要对适用更具分析性的方法时应如何认定欧盟目的限制竞争协议进行阐述。更具分析性的方法主要基于判例实践（STM 案）得出，因为没有固定的限制竞争类型或其他先决条件，更具分析性的方法的适用是动态的、灵活的，重点在于协议是否构成限制竞争目的的分析判断。为了查明协议目的，需要按照 STM 测试法来评估特定的法律、经济及相关背景情况。同时，通过对判例实践的分析，发现经济分析取决于案件及其特定背景，不会带来冗长复杂的程序。而协议的限制竞争目的，从开始就没有绝对的推定。因此，任何行为都可能是潜在的目的限制竞争行为，而被视为核心限制类型的协议在被判断是否具有限制竞争目的时，也可能会被豁免或得出协议整体上不违反《欧盟运行条约》第 101 条第 1 款的结论。相反，那些不是核心限制类型的协议也可能被认为具有限制竞争的目的。除此以外，相较传统分析方法，更具分析性的方法获得了更有力的司法支持。在《第 101 条第 3 款指南》中，欧委会没有强调应当在法律、经济等相关背景中进行限制竞争目的的评估，在很大程度上忽视了限制竞争目的判断标准的复杂性。并且，它忽视了判例实践的重要性，尤其是出自欧盟法院的司法判例。因此，虽然存在《小案件指南》等辅助性规定，传统分析方法的适用还是具有片面性，并不能适用于所有的情况。相反，通过参考协议的背景和对限制竞争的客观目标的分析，更具分析性的方法的适用几乎可以涵盖所有的情形，更为全面和更具有普遍适用性。

在更具分析性的方法下，协议目的是否为限制竞争若被理解为协议的“准确目的”（客观目标或客观意图）是否为限制竞争，会带来无限的调查，因为任一类型的协议都有限制竞争的可能。此外，正如前述，更具分析性的方法得到更多的司法支持，且属性相对更加明确，适用更加灵活，能够适应不断改变的经济环境，用来分析解释协议目的更为合适。因此，笔者认为，遵循更具分析性的方法来分析“目的”是合适的。其次，本章深入研究了在适用更具分析性的方法时分析解释目的所需要考量的要素。此时，法律和经济背景的分析便成为判断协议的主要目的是否是限制竞争的重要考量因素。基于此，需要对协议是否存在积极属性、是否具有正当理由或合法目标以及附带限制性条件等进行分析判断。无论是用于传统分析标准下法律推定的反驳，还是评估正当理由、客观意图、合法目标、促进竞争目的或附加限制性条件，法律和经济背景的分析适用都具有不可缺少的作用。最后，本章讨论了法律和经济背景下效果的作用。笔者认为，在认定协议是否具有限制竞争目的时要考虑协议的潜在效果。Allianz Hungária 案的判决论证了如何利用法律和经济背景认定协议是否具有限制竞争的目的。为揭示协议的真正意图，需要明确相关市场、市场结构和协议主体在市场中地位的定义。每个案件是否需要深入评估其背景取决于案件事实。此外，协议的潜在效果也有助于认定协议是否具有限制竞争的目的。协议限制竞争的能力是否应当成为认定协议限制竞争目的的先决条件，其答案并不简单。但作为潜在竞争者并有能力限制竞争的企业，即使协议还未履行实施或协议主体违法经营，其达成的协议也可能被视为具有限制竞争的目的。

第5章　基于混合分析方法对欧盟目的限制竞争协议的认定

伴随着"更具分析性的方法"变革性案件的发生，混合分析方法（Hybrid Approach）应运而生。它结合传统分析方法和更具分析性的方法，是当前欧盟法院及欧委会最为推崇的一种分析方法。同时，混合分析方法依据传统分析方法的特征认可目的标准类型化，但也赞成更具分析性的方法下需要结合"法律和经济背景"的原则。因此，它的适用也在具有传统分析的特征的情况下不失灵活性，但同时也给其自身带来一定的问题，即混合分析方法看似是一种自相矛盾的分析方法。此外，虽然包括欧委会在内都强调倾向于适用这种方法，但是实际存在的问题是即使是欧委会自己制定的《第101条第3款指南》，也未提及或规定任何关于混合分析方法的相关内容。因此，混合分析方法的适用还需要在未来进一步探讨分析。

本章将基于混合分析方法对欧盟目的限制竞争协议的认定进行分析，并探讨适用该分析方法时"目的"应当如何解释。基于此，本章还将对欧盟专利许可协议中回授条款的目的限制竞争问题进行相关分析。

5.1　混合分析方法概述

欧洲法院在BIDS案❶、T-Mobile案❷、GSK案❸和Expedia案❹四起案件

---

❶ 参见Case C-209/07, *Competition Authority* v. *Beef Industry Development Society and Barry Brothers (Carrigmore) Meals Ltd*, [2008] ECR I-8637。

❷ 参见Case C-8/08 T-Mobile Netherlands BV and Others v. Raad van beestuur van de Nederlandse Mededinging-sautoriteit [2009] ECR I-4529。

❸ 参见Cases C-501, 513, 515 & 519/06 P, *GlaxoSmithKline Services Unlimited* v. *Commission*, [2009] ECR I-9291。

❹ Case C-226/11, *Expedia Inc* v. *Autorité de la concurrence*, 13 December 2012, nyr. (Opinion delivered by AG Kokott on 6 September 2012)。

中对目的限制竞争协议的分析方法进行特别的解释，进而逐步被学界定义为“混合分析方法”。因此，这四个案件意义重大，值得进行分别讨论。混合分析方法是传统分析方法与更具分析的方法的融合。

5.1.1 BIDS 案

2008 年 9 月 4 日，总检察长 Trstenjak 在 BIDS 案中表明的观点被广泛引用。她认为目的概念应当是复杂、矛盾和混乱的，此观点与传统分析方法的简单解释形成鲜明对照，这也是他在案中对此进行着重讨论的原因。该案中，爱尔兰最高法院初期参考欧洲法院的判决，并要求欧洲法院解释“目的限制竞争的概念”。[1] BIDS 案十分关键，不仅因为它没有引用“目的分析框架”等传统分析要素，更是因为它关注诸多典型的效果限制方面的问题，例如竞业禁止条款和其他对协议主体行为自由的限制方式等。[2]

上述分析与观点也再次证实了欧委会在《第 101 条第 3 款指南》中提出的评价标准有缺陷。显然，传统分析方法的适用初期遍布多个成员国，但当爱尔兰竞争执法机构挑战 BIDS 案中协议的合法性，进而来减缓爱尔兰加工业生产能力过剩时，爱尔兰高级法院认为，该协议没有违反《欧盟运行条约》第 101 条第 1 款的规定，因为协议确实没有“《欧盟运行条约》第 101 条第 1 款规定的固定价格、共享客户或限制产量”等限制竞争的目的。[3]

与此形成鲜明对比的是，Trstenjak 主张“采用分析性的和经济性分析的方法来评价目的案件”。[4] 她肯定了评估协议是否构成目的限制，“必须根据协议的法律和经济背景考虑协议的内容”。[5] 如果协议目的是限制竞争，那么“协议是否真正地构成效果限制”就不相关了。[6]

进而转向讨论目的限制竞争的含义和目标，她提到了“协议的限制竞争目的或倾向”。[7] 这“特别”要从协议的“必然结果”是竞争限制的协议中找寻，并且“原则上”协议主体不可以主张它们不具有限制竞争的目的或协议

---

[1] 参见 para. 1 of the opinion。

[2] 参见 Case C－309/99 *Wouters* v. *Algemene Raad van de Nederlandsche Orde van Advocaten* [2002] ECR I－1577。

[3] 参见 Case C－209/07，*Competition Authority* v. *Beef Industry Development Society and Barry Brothers* (*Carrigmore*) *Meals Ltd*，[2008] ECR I－8637。

[4] 同上，paras. 62。

[5] 同上，para. 43。

[6] 同上，para. 37。

[7] 同上，para. 44。

具有其他最终目的。[1] 值得注意的是，总检察长尽管援引 Miller 案，但没有定义她所说的“必然结果”是什么意思。这样的措辞也表明，总检察长应当意识到目的标准与协议目的是相关的。而按以往的传统分析，这类协议的目的通常与已知的特定类型协议的限制竞争效果有关，但这也不是绝对的。同时，她还意识到对于协议方来说，它们主张主观上不是故意违反规则并不能作为抗辩的理由。进而，这位总检察长进行了一个有趣的类比，她建议将协议的目的看作一种未完成的（初步的）犯罪形式（Inchoate Offence），且协议的目的并非只会带来协议的“必然结果”。[2] 这种情形下协议方不必在实际中实施限制行为，也可以被认为具有《欧盟运行条约》第 101 条第 1 款规定的限制竞争目的。总检察长也继而得出“显然不能将目的限制竞争的类型化简化为‘显著的’限制竞争的协议”的结论。[3] 同样，目的限制方式也没有详尽的清单。[4] 目的不仅限于《欧盟运行条约》第 101 条第 1 款（a）项至（c）项包括的限制竞争方式，也不能简单固化为价格固定、市场分割或出口控制。此外，“欧洲法院在判定具有限制竞争目的的案件中仅考虑协议是否具有核心限制，并不代表具有核心限制以外的其他目的的协议就不具有限制竞争目的”[5]。这也是目的限制标准类型化的观点第一次被拒绝。

因此，为确定协议是否具有限制竞争的目的：“首先，必须考虑协议的‘必然结果’是否是限制竞争，或以限制协议方独立制定市场政策进而影响市场情况为目的。然后，必须进行整体审查，确定限制竞争的行为或要素是否是为实现协议促进竞争的目的或为协议主要目的的实现所必需的。如果认定前述情况下限制竞争行为或要素是必需的，那么此时协议并不违反《欧盟运行条约》第 101 条第 1 款的规定。”[6]

上述分析方法即混合分析方法。该案件发生时，这被视为不同寻常的论述。但同时，通过对判例的回顾，Trstenjak 总检察长对法律的解释也并非毫无价值的。至少，她的观点强调了欧委会在《第 101 条第 3 款指南》中对目的标准的解释太过狭隘。同时，她还表示仅仅通过协议所处法律背景对协议进行分

---

[1] 参见 Case C－209/07，*Competition Authority* v. *Beef Industry Development Society and Barry Brothers* (*Carrigmore*) *Meals Ltd*，［2008］ ECR I－8637，para 44。

[2] 参见 Case C－209/07，*Competition Authority* v. *Beef Industry Development Society and Barry Brothers* (*Carrigmore*) *Meals Ltd*，［2008］ ECR I－8637。

[3] 同上，para. 47。

[4] 同上，paras. 48 and 49。

[5][6] 参见 Case C－209/07，*Competition Authority* v. *Beef Industry Development Society and Barry Brothers* (*Carrigmore*) *Meals Ltd*，［2008］ ECR I－8637。

析的结果并不是确定的，因为在协议所处经济和法律背景下的分析结果更具综合性和决定性，而这也往往与单纯考虑法律背景的结果不相同。这样的观点似乎也印证了前述她首次提出的目的标准的分析方法。[1]

BIDS 案的判决意义重大，因为它提出必须首先在经济背景中考虑协议的主要目标，且在对“条款的分析”不能表明“竞争效果足够有害时，才应考虑其结果”，法院援引 STM 案件作为依据补充。因此，它补充了在协议的经济背景下认定协议目的的需要。欧洲法院为此发现，基于所处的经济背景中的协议内容，目的标准的实质定位在认定“协议想要达到的目的”。[2] 因此，如果在协议的法律和经济背景分析下协议的内容构成限制竞争的目的，即使协议方缺乏限制竞争的主观目的或确实想要补救也无济于事，在该案中衰退的爱尔兰牛肉产业也就具有限制竞争的目的。[3] 法院继而对 General Motors 案流传下来的理解进行重述，其认为“即使协议没有将限制竞争作为其唯一的目的，而也追求其他法律目的，仍可以认为协议具有限制的目的。在合适的情况下，可以考虑此种情况是否适用第 101 条第 3 款的豁免情况”。[4]

欧洲法院还发现，因为协议不允许各方独立制定市场策略，因此协议具有限制竞争的目的。然而，为了得到该结论，欧洲法院考虑的不仅是市场结构和协议主体的市场地位，还有 BIDS 案中协议的潜在效果。[5] 例如，欧洲法院认为，因为“对建造新加工厂的投资比接管现有厂房的花费大得多，那些限制方式明显是想要阻止任何爱尔兰岛的新竞争者的进入”。[6]

此外，该判决最具争议的要点之一是欧洲法院对目的和效果之间的区别解释。法院认为“企业之间某些形式上的冲突，在本质上有害于正常的竞争。目的恰恰可以从这些事实存在的冲突中提取出来”[7]。这与总检察长主张的“按以往的传统分析，这类协议的目的通常但不是绝对地与已知的特定类型的协议的限制竞争效果有关”的观点形成鲜明对比。[8] 此外，法院又解释：“应当狭义解释目的违法的概念。横向目的限制竞争协议，例如包含固定价格、限制出口或分割市场的目的的协议，因其限制竞争的效果明显到不要求经济分

---

[1] 参见 Case C－209/07，*Competition Authority* v. *Beef Industry Development Society and Barry Brothers* (*Carrigmore*) *Meals Ltd*，[2008] ECR I－8637。

[2] 同上，para. 21。

[3] 同上，paras. 21，22－40。

[4] 同上，para. 21。

[5] 同上，paras. 29－38。

[6] 同上，para. 38。

[7] 同上，para. 17。

[8] 同上，paras. 44，46。

析，所以应当被归为前述因其本质具有限制竞争目的的类型中。”❶

同时，法院也认为，《欧盟运行条约》第 101 条第 1 款（a）项至（c）项涵盖的协议种类并不包含所有的禁止类型。欧盟法院对于目的和效果之间区别的描述是自相矛盾的，以及对于 Trstenjak 总检察长主张的否决（应当狭义解释目的违法概念）最终也不具有任何意义，只是简单的猜测投机。❷ 法院也未能对目的/效果二分法的理解提供司法支持，尤其还在判决多次强调 STM 案具有重要意义的情况下，应当如何解释二分法依旧不得而知。

5.1.2 T－Mobile 案

T－Mobile 案的重要性在于法院在该案中得出的结论：STM 案被视为认定协议目的时，法院应当重点参考的案件。❸ 同时，该案中法院认为，“认定协议目的时应当首要考虑协同行为在经济背景中追求的准确目标是什么”。❹ 此外，只有“协同行为的条款分析没有表明对竞争的效果产生足够危害时，才应考虑其结果。因为协议属于《欧盟运行条约》第 101 条的规制范围，因此有必要找出那些导致限制竞争的要素，且事实上被……限制……到足够明显的程度”。❺ 可以看出，“一旦协议在共同市场中具有‘显著’限制竞争的目的，就没有必要考虑其实际结果”。❻ 此外，该案中法院认为，具有限制竞争目的的协同行为，足以被认为“对竞争有潜在的消极影响”。法院解释，“考虑到特定的法律和经济背景，协同行为必须能够在每个案件中的共同市场里，轻易地导致限制竞争”。❼ 这并非要求协同行为必须限制竞争，而是只要存在这种影响竞争的倾向，即满足条件（Rodger，2014）。

在 T－Mobile 案中的论述也是在 STM 案中确立的原则的衍生：无论协议是

---

❶ 参见 Case C－209/07，*Competition Authority* v. *Beef Industry Development Society and Barry Brothers*（*Carrigmore*）*Meals Ltd*，［2008］ECR I－8637，para. 22。

❷ 同上，para. 23。

❸ 参见 Case C－8/08 *T－Mobile Netherlands BV and Others* v. *Raad van beestuur van de Nederlandse Mededinging－sautoriteit*［2009］ECR I－4529，para. 28；also Cases C－501，513，515 & 519/06 P，*GlaxoSmithKline Services Unlimited* v. *Commission*，［2009］ECR I－9291。参见 Case C－209/07，*Competition Authority* v. *Beef Industry Development Society and Barry Brothers*（*Carrigmore*）*Meals Ltd*，［2008］ECR I－8637.，para. 1 of the opinion. para 55. This reinforces the judgment in *BIDS*。

❹ 参见 Case C－8/08 *T－Mobile Netherlands BV and Others* v. *Raad van beestuur van de Nederlandse Mededinging－sautoriteit*［2009］ECR I－4529，para. 28；also Cases C－501，513，515 & 519/06 P，*GlaxoSmithKline Services Unlimited* v. *Commission*，［2009］ECR I－9291。

❺ 同上，para. 28。

❻ 同上，para. 29。

❼ 同上，para. 31。

否已经达成，只有对竞争的效果不是“足够有害的”，才需要对协议的实际结果进行分析。[1] 在T-Mobile案中，法院还认为，如果发现限制竞争效果确实起因于协议，协议的实际效果则是认定罚金数额和评估损害时唯一需要考量的因素。该结论是具有争议的。[2] 一些学者将T-Mobile案的判决理解为暗示目的限制竞争证明标准被进一步降低。[3] 事实上，这只是一个案例的判决，并不代表其他欧洲法院判例的判决结果。[4]

另外，案件还涉及横向的信息交换。法院认为：“考虑时间、范围和争议企业修改的细节等，信息交换能够解除协同行为参与者之间的不确定性，因而具有限制竞争的目的。”[5] 同时，法院强调在评估中还应当参考产品的性质、涉及的规模和数量以及市场容量。[6] 可以看出，法院支持诸多在早期判例实践中确立的支持更具分析性的方法的关键原则。正如前述，法院认为必须首先考虑协议是否具有“显著的”限制竞争目的，只有在没有的情况下才适用更具分析性的分析方法，因此可以发现该案中法院支持混合分析方法。

5.1.3 GSK案

本部分将讨论欧洲法院在GSK案中的判决。由于该判决具有很大的争议，因此该案备受关注。[7] 令人遗憾的是，欧洲法院没有对欧盟常设法院作出的目的分析提出质疑或挑战，而是拒绝欧盟常设法院的观点，即否定“协议必须对最终消费者不利是协议具有限制竞争目的的先决条件”的观点。[8] 此外，该案的判决还证实了混合分析方法与传统分析方法及更具分析性的方法相一致的地方。

如前所述，STM案已经被视为认定限制竞争目的的主要参考判例，但是欧

---

[1] 参见Case C-209/07, *Competition Authority* v. *Beef Industry Development Society and Barry Brothers (Carrigmore) Meals Ltd*, [2008] ECR I-8637。

[2] 参见Case C-8/08 *T-Mobile Netherlands BV and Others* v. *Raad van beestuur van de Nederlandse Mededinging-sautoriteit* [2009] ECR I-4529, para. 31。

[3] 参见2010年10月6日举办关于目的/效果的BIICL会议。

[4] 参见Case C-123/83 *Bureau National Interprofessional Du Cognac* v. *Guy Clair* [1985] ECR 391. Note that it is surprisingly cited in the judgment of 11 September 2014, C-67/13 P *Groupement des Cartes Bancaires* v. *Commission*, nyr (*Cartes Bancaires*)。

[5] 参见Case C-8/08 *T-Mobile Netherlands BV and Others* v. *Raad van beestuur van de Nederlandse Mededinging-sautoriteit* [2009] ECR I-4529, para. 31。

[6] 同上，para. 33。

[7] 参见Cases C-501, 513, 515 & 519/06 P, *GlaxoSmithKline Services Unlimited* v. *Commission*, [2009] ECR I-9291。

[8] 同上，para. 64。

洲法院却未完全摒弃传统分析方法的适用（正如 BIDS 案和 T - Mobile 案中的判决）。[1] 在 GSK 案中，法院提及应当如何评价协议的“限制竞争性质”，并声明了 STM 测试法的重要性。[2] 案中协议一方承认其有阻止平行进口的目的，但法院认为因为该要素“还不足够有害”，不足以单独来认定协议的目的。另外，法院还表示，协议主体的主观意图在协议目的的客观评估中不是必要因素，但可以予以考虑。[3] 而具体到对平行贸易问题的分析时，法院的答案却不明确。笔者认为，这主要是因为当时欧洲法院的措辞缺少一致性。但在该案中，欧洲法院恰好发现欧盟常设法院犯了一个法律错误，即要求证据证明“协议必须对最终消费者不利是协议具有限制竞争目的的先决条件”。[4] 进而欧洲法院认为欧盟常设法院并没有真正发现协议具有限制竞争的目的。[5] 不可否认，欧洲法院这样的解释令人生疑（Rodger，2014）。[6] 值得注意的是，欧洲法院并没有否定欧盟常设法院对于 STM 案（更具分析性的方法）的参考引用。

综上可以看出，GSK 案的判决是支持混合分析方法的。案中法院根据传统分析方法认可首先应当判断协议是否足够（“显著的”）有害，但也支持出自 STM 案的更具分析性的方法。遗憾的是，该案中欧洲法院也没有审查和明确“必然效果”的概念，抑或目的和效果之间的区别。相反，判决给人留下的印象是欧洲法院只想要尽快终止欧盟常设法院对消费者损害方面的推定，并掩盖其他更为突出的矛盾。

5.1.4 Expedia 案

在 Expedia 案[7]中，法院同意总检察长 Kokott 的意见，认为“核心限制”类型协议依旧应当直接认定为违反《欧盟运行条约》第 101 条的相关规定，无须考虑其效果。也就是说，一旦协议在共同市场中具有“显著”限制竞争的目的，就没有必要考虑其实际结果。其余情况则应当通过分析其实际效果来判定是否具有限制竞争目的或是否可以适用《欧盟运行条约》第 101 条第 3 款的豁免情况。而这种情况正与前述 GSK 案一样，即法院根据传统分

---

[1] 参见 Cases C - 501，513，515 & 519/06 P，*GlaxoSmithKline Services Unlimited* v. *Commission*，[2009] ECR I - 9291，para. 55。

[2] 同上，para. 58。

[3] 同上，para. 59。

[4] 同上，para. 64。

[5] 同上，para. 64。

[6] 同上，para. 61。

[7] 参见 Case C - 226/11，*Expedia Inc* v. *Autorité de la concurrence*，13 December 2012，nyr.（Opinion delivered by AG Kokott on 6 September 2012）。

析方法认可目的标准类型化，但也赞成出自 STM 案的更具分析性的方法（King，2015）。

5.2　基于混合分析方法认定欧盟目的限制竞争协议的特点总结

变革性案件体现较短时期内欧洲法院的审判实践，并且它们也引发一个关于目的标准评估和功能的重要争论。这些案件的判决没有明确鼎力支持《第 101 条第 3 款指南》主张的传统分析方法，也没有阐明目的限制和效果限制之间的模糊界限。但是，它们肯定了以往欧洲法院审判过程中忽略的一个要素，即更具分析性的方法。根据本章回顾的判例实践，STM 案的判决对于欧洲法院的影响程度要比欧盟常设法院对 ENS 案的判决的影响更深远。不可否认的是，四起变革性案件的发生确实也证实更具分析性的方法的变革发展需要更多的关注。而分析协议目的的第三种分析方法即混合分析法也正在推行，并逐步成熟。

混合分析方法汇合传统分析方法和更具分析性的方法的特征，既包括适用传统分析方法时才会使用的诸如“因其本质”等概念，也包含适用更具分析性的方法时需要考虑协议的法律和经济背景等要素。但是，笔者认为，如果认真适用更具分析性的方法，即分析协议的法律和经济背景，此时传统分析方法和更具分析性的方法的混合看起来是矛盾的。这尤其体现在 BIDS 案中，特别是当欧洲法院已经意识到协议的详尽分类是不可能的，此时混合分析方法看似是自相矛盾的（King，2015）。在混合分析方法下，任何被推定为具有限制竞争目的（“显著的”“足够危害的”）的类型协议，通过结合协议所处法律和经济背景综合分析，都存在被反驳、否定的可能。

虽然存在质疑，但是越来越多的欧盟判例实践相继支持混合分析方法，并强调《第 101 条第 3 款指南》的缺失。值得注意的是，欧委会也逐渐倾向于适用混合分析方法，但是让人奇怪的是，混合分析方法丝毫未体现在《第 101 条第 3 款指南》中，并且欧委会也没有就此进行过任何阐释。

5.3　混合分析方法适用下的“目的”解释

依据判例实践分析，混合分析方法很大部分来源于传统分析方法。在

BIDS 案中，法院表明“……经营者之间某些形式的共谋因其本质可以视为对正常竞争秩序的损害”，后又在 T－Mobile 案中重复该论述。❶类似传统分析方法，该论述隐含一系列必然具有限制竞争目的的协议，并且这些协议的限制竞争目的是基于协议的必然效果推断而来。正如第 4 章中所提及的，前述观点也没有被完全接纳，很多专家认为协议的目标与已知的某些类型具有限制竞争效果的协议所处的背景情境有关。欧洲法院在其判决中也承认，《欧盟运行条约》第 101 条第 1 款（a）项至（c）项所涵盖的协议种类并不能构成一份详尽的负面清单。❷

在 BIDS 案之后，几乎每个涉及限制竞争目的概念的判决都重复上述欧洲法院得出的结论，但都未进一步阐述它。❸直到 Cartes Bancaires 案的发生，此问题才被阐释说明。❹ 该案中 CB 银行卡集团要求 CB 的成员签订协议并依据其成员资格类型的不同而支付一系列费用。欧委会和普通法院都发现该协议具有限制竞争的目的。但是欧洲法院不赞同这一观点。欧洲法院认为，判例实践表明“如果发现经营者之间某些类型的协同行为已经对竞争造成一定程度上的损害，就没有必要审查协议的效果。但本案中并没有达到一定程度上的损害”❺。除此以外，欧洲法院也公开强调 STM 案中建立的诸多分析要素。因此，在混合分析方法下，欧洲法院似乎将“目的”定义改进为特定类型的限制竞争共谋，因其包含充分程度的损害，从本质上来说就有害于竞争。但若其损害程度不够，那么需要适用 STM 测试法，进而对协议准确目的进行判断。

5.4 混合分析方法在专利许可协议中回授条款目的限制竞争分析上的运用

正如第 2 章所述，如何认定中欧科技创新合作协议中的回授条款是否限制竞争，已经成为当下最为重要的问题。因此，本节将先对混合分析方法在专利

---

❶ 参见 Case C－8/08 *T－Mobile Netherlands BV and Others* v. *Raad van bestuur van de Nederlandse Mededingingsautoriteit*，［2009］ECR I－4529。

❷ 参见 Case C－209/07，*Competition Authority* v. *Beef Industry Development Society and Barry Brothers*（*Carrigmore*）*Meals Ltd*，［2008］ECR I－8637，para. 23。

❸ 参见 *T－Mobile*，*GSK*，*Pierre Fabre*；also Case C－32/11，*Allianz Hungária Biztosító Zrt* v. *Gazdasági Versenyhivatal*，Case C－226/11，*Expedia Inc* v. *Autorité de la concurrence*，nyr（*Expedia*），Case C－67/13 P，*Groupement des Cartes Bancaires*（*CB*）v. *Commission*，nyr（*Cartes Bancaires*）。

❹ 参见 Case C－67/13 P *Groupement des Cartes Bancaires* v. *Commission*，nyr（*Cartes Bancaires*）。

❺ 参见 Case C－67/13 P *Groupement des Cartes Bancaires* v. *Commission*，nyr（*Cartes Bancaires*）. para. 49。

许可协议中回授条款目的限制竞争分析上的运用进行阐述。

传统理论认为，专利许可回授条款有利于市场竞争和创新，但也有学者认为它会带来负面的限制竞争的影响。回授条款对于重要技术的传播有促进的作用，比如说当有足够理由相信技术许可不会使后续改进推翻原有技术时，专利权人会被鼓励许可更多人使用其专利。专利权人会因为以下两个原因愿意与他人分享改进：①能够有机会去实现技术改进；②保持产品竞争力、维持客户忠诚度继而保证持续获得许可费。然而，如果在专利许可协议中拒绝增加回授条款或者法律对此作出过分的限制（比如要求许可人同意被许可人在任何情况下都可以将其专利技术授权给第三方），那么专利所有权人就有相当大的可能拒绝专利许可并寻求其他方法来发展自己的技术，例如借助天使投资，风险投资孵化器或者银行贷款等。所以，没有回授条款，重要的技术不可能在企业之间被散布授权。而技术的散布授权也能带来十分明显的促进竞争的效果，其作用不容忽视，尤其在高新技术产业中（John，2012）。高新技术产业不同于其他一般的产业，它的发展更为迅速并且市场往往呈现出以一家主导性企业为中心的局面（Thomas，2002）。如果一家占据市场主导地位的高新技术企业因为不能使用回授条款而拒绝传播授权其专利技术，此时其他市场竞争者会始终处于担忧之中。比如说，一家大型国有通信公司拒绝许可其最新研发的连接电话和电脑之间的无线技术给任何第三方软件开发公司，相反，该通信公司自行开始研发软件或收购相关软件公司作为子公司，自然而然，通信公司可以继续保持对专利技术的控制拥有，并且可以防止技术的外泄。这样的模式会显著提升国有通信公司的垄断地位，减缓创新，并且会给那些想和该通信公司竞争的企业建立让人难以想象的市场准入壁垒。相反，回授条款则会缓解这样的情况发生。通过专利技术的授权提升创新和竞争，可以间接阻碍垄断现象的产生，也能给高新技术市场新进入公司一个向市场主导企业学习的机会（John，2012）。

反之，一些政府机构认为允许专利权人通过回授条款保持对某些技术的垄断或允许专利权人超过对其原有专利范围技术的垄断，会抑制创新和市场竞争（Phillip，2011）。有学者认为，回授条款会降低被许可人研究和发明的积极性，尤其当它们知道自身对于研究的成果不会拥有独占垄断的权利，反而会和原始专利人共同分享新的研究成果时（Phillip，2011）。诚然，技术改进需要回授给许可人和协议包含独占性回授条款的情况，也都是真实存在的。独占性回授条款通常会禁止一方或多方被许可人将改进后的技术向第三方授权，从而造成市场准入的障碍。正如专利权人拥有原专利、被许可人拥有改进的专利，此时第三方若想获得相关技术，则需要分别找到专利权人和被许可人，并且商谈专利许可的条件等。这种情况会增加谈判的成本，使谈判的手续复杂化，并且第三方有可能因为与两边关于专利许可的范围等谈判不一致而无法使用并遭受损失。此外，专利许可中回授条款也有可能导致更大程度上的垄断。这在回授条款要求将改进发明全部回授、禁止被许可人授权任何改进发明的情况下尤其明显。同时这种类型的回授条款对于市场也尤为不利，不仅原专利技术和改进技术会被独立实施，并且互相之间也会存在竞争。另外，由于专利的适用范围会受到其申请时的语言表达限制，而独占的权利只存在于其限制的范围之中，因而回授条款可以扩大专利权人独占的范围，继而扩大政府审批时的权利限制范围。因此，原本的专利权人通过专利改进技术的不断积累，事实上可以获得专利到期时间的推迟，提高专利的市场利润，同时也能在特有市场建立十分严重的准入障碍。而反垄断法、反不正当竞争法正试图禁止或减少这种行为。

不难看出，回授条款对于中欧科技创新合作来说至关重要。而回授条款既具有促进竞争的作用，同时也会限制竞争，因而对于协议中回授条款的限制竞争认定就变得尤为重要。

5.4.1 欧盟现有分析方法：混合分析方法

如前所述，回授条款指的是许可人要求被许可人将在许可人技术基础上研发改进的技术（包括新的应用）全部或部分许可给许可人或许可人指定的第三方。而如果技术改进成果准许开发利用而又未侵犯被许可的技术，改进成果部分则可定义为可分割部分。此外，如若协议未满足《欧盟技术转让集体豁免条例》(TTBER)❶ 的相关规定，协议就需要进行个案评估。例如，如果协议中许可人的市场份额超过市场门槛份额，或者涉及的协议主体不止两方，或者如果实施核心或排除性限制，就必须进行评估。就《欧盟技术转让集体豁免条例》范围之外的协议的分析而言，欧盟《关于技术转让协议适用〈欧盟运行条约〉第101条的指南》提供了详细的指导。总体上，欧盟强调依据前述指南中提出的标准，必须结合每个案件的具体背景与事实，按照合理和灵活的方式进行评估。欧盟还指出，所有提供的例子都只是作为例证，并非要穷尽无遗。❷

因此，就现有欧盟规定，分析属于集体豁免规定之外的协议的第一步是考

---

❶ 参见 Commision Regulation (EU) No. 316/2014 of 21 March 2014 on the Application of Article 101 (3) of the Treaty on the Functioning of the European Union to Categories of Technology Transfer Agreements。

❷ 参见 Communication from the Commission Guidelines on the Application of Article 101 of the Treaty on the Functioning of the European Union to Technology Transfer Agreements, 2014/C 89/03。

察协议是否受《欧盟运行条约》第101条第1款的规制。如果受其规制，第二步就要考察协议是否满足《欧盟运行条约》第101条第3款的豁免条件。只有在协议包含对竞争的核心限制的情况下，才能按《欧盟运行条约》第101条的规定推定协议是被禁止的。因此，欧盟指出，如果协议中不含有任何对竞争具有的核心限制的内容，就不能将集体豁免范围之外的协议推定为违法。尤其是不能仅仅因为超过市场门槛份额，就推定适用《欧盟运行条约》第101条第1款的规定。

5.4.1.1　适用《欧盟运行条约》第101条第1款

和其他国家或地区的竞争政策不同，欧盟的竞争政策必须考虑市场整体目标及非扭曲竞争体制下的相关需求。《欧盟运行条约》第101条第1款禁止可能影响成员国之间的贸易，在内部市场会产生妨碍、限制或扭曲竞争的目的或效果的任何企业间的协议、企业联盟的决定及统一行动（Simon，etc.，2010）。审查经常会在没有签订协议的情况下就已经出现，并非必须等到签订协议之后（Jonathan，2012）。

（1）前提条件：企业间的协议或行动能够影响成员国之间的贸易

就《欧盟运行条约》第101条第1款而言，专利许可协议当然构成一项协议。接下来的问题就是，它是否会影响成员国之间的贸易。“对贸易准则的影响”是欧盟法律的自主准则，在每一起反垄断案中都发挥着重要作用。欧委会发布的关于贸易影响概念的指导原则虽然已体现在包含在《欧盟运行条约》第101条和第102条中，但欧委会也提出需要欧洲法院对此概念原则进行进一步的详细说明。因为欧盟法律不适用于不能明显影响成员国间贸易的协议和行为（贸易规则或负面可反驳推定规则的非明显影响）。[1] 换言之，若要适用欧盟法律，涉案协议在欧盟范围内必须具有最低限度的跨境影响。因此，欧洲法院对该概念的阐明和解释十分重要。在按《欧盟运行条约》第101条进行评估的过程中，只需要确定协议在总体上是否能影响成员国间的贸易即可。若协议部分内容并未影响成员国间贸易，但协议整体对成员国间的贸易产生影响，该协议依旧会受到欧盟法律的规制。对贸易准则的影响，则必须和《欧盟运行条约》第101条第1款下构成明显限制竞争的问题区分开来。[2] 这一问题下文将作专门分析。

值得注意的是，“贸易”概念不仅包括传统的跨境货物贸易和服务贸易，

---

[1][2] 参见 Commission Notice，Guidelines on the Effect on Trade Concept Contained in Article 81 and 82 of the Treaty［2003］OJ C101/81（“Guidelines on the Effect on Trade Concept”）。

也包括所有的跨境经济活动。按照已有的案例实践，它还包括影响市场竞争结构的协议和行为，比如排除竞争者。成员国间贸易的影响起码涉及两个国家的跨境经济活动。当然，协议本身必须是由两个不同国家的企业订立的。如果协议的地域范围只在一个成员国，这就取决于侵权主张的性质和其独占该国市场的能力。一个很好的例子就是覆盖一个成员国的横向卡特尔组织。此类协议通常也能影响成员国间的贸易，因为它们通过反经济渗透、指定来自其他成员国竞争者的市场准入，会强化一国中的市场分割。按照法院得出的标准测试，"可能影响"（May Affect）这一概念要求一定的预见能力，它是建立在一系列法律或事实的实际因素上的，具有充分程度的能力来预先判定协议和行为对成员国间贸易直接或间接的、实际的或潜在的影响。此外，该概念还有量化因素，将欧盟法律规制的适用范围限于能够产生某种程度影响的协议和行为。因此，如果对贸易的影响不显著，《欧盟运行条约》第 101 条就不再适用。对贸易是否有显著影响，可以通过分析受审查企业就有关产品在市场中的地位和重要性来确定。欧委会提出适用于任何协议的一个负面可反驳推定规则（NAAT 规则），以定义对成员国间贸易无明显影响的情况。欧委会具体指出必须满足下述全部要求。第一，各方在欧盟内的任何相关市场中受协议影响的总体市场份额不得超过 5%。第二，如果是横向协议，该企业按协议生产的、在欧盟内的产品年营业总额不得超过 4000 万欧元；如果是纵向协议，金额也是一样的。但是，如果是许可协议，有关的营业额是指被许可人使用被许可技术生产的产品的营业额和许可人生产该产品的营业额之和。[1] 然而，不能推定未满足这些条件的协议会自动地对成员国间的贸易产生显著影响，而应当作具体的分析。另外，值得注意的是，中小型企业间的协议通常都不会影响成员国间的贸易。欧委会通过员工人数、营业额或资产负债表的年总计来定义微型、小型或中型企业。中型企业员工雇佣人数要少于 250 人，年营业额不超过 5000 万欧元，或者资产负债表年总计等于或小于 4300 万欧元。小型企业的定义是，员工少于 50 人，年营业总额和/或资产负债表年总计不超过 1000 万欧元。微型企业的定义是，员工少于 10 人，年营业总额和/或资产负债表年总计不超过 200 万欧元。[2] 确定协议对成员国间贸易产生影响后，再判断协议是否具有限制竞争的目的或效果——最微妙的问题出现了。

---

[1] 参见 Commission Notice, Guidelines on the Effect on Trade Concept Contained in Article 81 and 82 of the Treaty［2003］OJ C101/81（"Guidelines on the Effect on Trade Concept"）。

[2] 参见 Commission Notice on Agreements of Minor Importance Which Do Not Appreciably Restrict, Competition under Article 81 (1) of the Treaty Establishing the European Community（*de minimis*）［2001］OJ C368/13, para. 3（"*de minimis* Notice"）。

（2）限制竞争

1）保护有效竞争

反垄断法的目的是保护有效竞争。按照标准的经济理论，一个企业如果不拥有或不行使市场权力，它就对竞争没有负面影响。因此，有效竞争就等同于市场影响力的缺失，或者可以这么说：有效竞争可定义为企业的经济活动不受其他企业的限制影响。然而，按照这种观点，由于每一份有关贸易的协议都涉及一个企业对另一个企业施以限制，那么所有的商业合同都是限制竞争的。由此可见，单一地考虑上述原理实际上会忽略市场商业行为的现状，因此该理论定义可能就太宽泛。因此，集体豁免和《小案件指南》等规定的出台就是要把该定义范围加以缩小（Simon，etc.，2010）。

反垄断评估的核心问题是企业拥有多大的市场影响力（Inge，etc.，2008）。这种推论可以从正在接受调查、有关特定行业竞争的各种各样的特点中得出，这些特点包括企业数量、进入和扩张的壁垒、企业间相互关系的性质（Simon，etc.，2010）。《欧盟运行条约》第 101 条第 1 款的规定规制协议各方以及协议各方与第三方扭曲竞争的情况。另外，对于许可协议是否限制竞争的评估，必须结合协议所处实际背景情况判断，即协议在不含所宣称的限制内容的情况下（反事实分析）是否依旧具有限制竞争的目的。[1] 在这个问题上，一方面必须考虑有关协议对相互间技术竞争可能的影响，另一方面还要考虑其对内部技术竞争可能产生的影响。前者指的是使用竞争技术的企业之间竞争，而后者指的是使用同样技术企业之间的竞争。《欧盟运行条约》第 101 条对这两个领域的限制也都予以禁止。[2]

2）目的限制竞争

《欧盟运行条约》第 101 条第 1 款区分了目的限制竞争与效果限制竞争。目的限制竞争从其本质来说会带来限制竞争。而且，考虑到欧盟竞争规则追求的目标，它们对竞争的负面影响可能很大，以至于有必要对其对市场的实际影响加以证实。[3] 根据判例实践，判断协议是否具有限制竞争的目的，取决于一

---

[1] 参见 Case 56/65 *Société Technique Minière* v. *Maschinenbau Ulm* [1965] ECR 235；Case C－7/95 P *John Deere* v. *Commission* [1998] ECR I－3111，para. 76。

[2] 参见 Communication from the Commission Guidelines on the Application of Article 101 of the Treaty on the Functioning of the European Union to Technology Transfer Agreements，2014/C 89/03。

[3] 参见 Cases 29 and 30/83 *CRAM and Rheinzink* v. *Commission* [1984] ECR 1679，para. 26；Case 96/82. *ANSEAU－NAVEWA* [1983] ECR 3369，paras. 23－25；Case T－168/01 *Glaxo Smith Kline Services* v. *Commission* [2006] ECR II－2969，para. 111，upheld in Case C－501/06P *Glaxo Smith Kline Services* v. *Commission*，*supra* note 623，para. 58。

系列要素，主要包括比较重要的协议的内容以及协议的客观目的。此外，还需要关注协议所处的经济和法律背景情境或协议双方在市场中的实际行径等要素，因为即使协议中没有包含显著的条款或表明显著的目的，客观实施的行为及行为方式也能够真实地反映协议是否具有限制竞争的目的。[1] 此外，协议各方的主观目的对于判断协议是否具有限制竞争的目的只是考虑的要素之一，并非必要条件（Jonathan，2012）。同时，《技术转让集体豁免条例》第 4 条在核心限制清单中列举的所有限制都构成目的限制竞争。[2]

3）效果限制竞争

依据欧委会现有规定，在确定不存在目的限制竞争的情况后，下一步就是评估协议的限制竞争效果。就此必须考虑实际和潜在的限制竞争效果，其是以对价格、产量、创新或商品和服务的品种或质量具有合理预期的负面效果形式体现的。此外，这些可能的对竞争的负面效果一定是具有显著性的。如果各方中至少有一方拥有或取得一定程度的市场影响力，而且协议有助于创造、维护和加强此种影响力，或者允许各方利用此种影响力，就属于这种情况。市场影响力指的是，在一个相当长的时期内让价格保持在竞争水平之上的能力，或者使产品数量、质量、品种或创新保持在竞争水平之下的能力。显然，《欧盟运行条约》第 101 条第 1 款下裁决侵权所需的市场影响力，较之按《欧盟运行条约》第 102 条下裁决占市场支配地位所需的市场影响力要小。[3]

欧委会强调市场分析的重要性，分析必须在没有核心限制的情况下进行。因此，就分析效果限制竞争而言，通常有必要对相关市场作出定义，并主要考察和评估有关产品和技术的性质、各方的市场地位、竞争者的市场地位、买方的市场地位、潜在竞争者的存在和市场壁垒等情况。[4] 在市场条件透明的情况下，如果竞争者之间在集中的市场中协作，即使没有协议也会产生负面效果（Steven，etc.，2006）。例如，有限的市场参与者充分了解相互的行动，市场的价格往往就会更高，因为没有一个竞争者会预期通过减价而提高销量（因为所有的竞争者都推定他人会跟样）。[5] 因此，在竞争者之间互相许可会更方便合谋。当然，合谋需要有关企业对符合它们共同利益的问题持同样观点。合谋的一个前提条件是企业有监控相互之间市场行为的能力和足够的遏制手段，以确保不出现偏离共同目标的意图，同时市场准入的壁垒足够高，以限制外来

---

[1][2][3][4][5] 参见 Communication from the Commission Guidelines on the Application of Article 101 of the Treaty on the Functioning of the European Union to Technology Transfer Agreements，2014/C 89/03。

者的进入与扩张。[1]

(3)《欧盟运行条约》第101条的不可适用性

1) 附带限制行为

如前文所述，附带限制行为意指任何为实施非限制性主要交易所必需的且直接与主交易有关的限制竞争行为，此时限制竞争行为不受《欧盟运行条约》第101条第1款的规定所规制。限制行为必须服从于主要交易，并与其有不可分割的关系，并且是不可或缺的。也就是说，如果根据客观因素可以断定，当时没有限制，非限制性主要交易就难以或者不可能实施，那么该限制就被认为是客观需要的。[2]

在《关于技术转让协议适用〈欧盟运行条约〉第101条的指南》中，欧盟没有清楚地指明附带限制的含义，但其确认对内部技术竞争可能产生影响的过程中，如果限制行为对于该类型或性质的协议确实是客观需要的，那么某些限制可以不受《欧盟运行条约》第101条第1款的规制。[3] 尽管欧盟没有明确地解释说明，但在笔者看来，欧盟现有的措辞和解释等同于已经承认附带限制的存在（Steven，etc.，2006）。此外，协议双方也是需要附带限制的，因为附带限制能够确保进行技术转让或让被转让的技术投入实际使用，进而可以促使协议各方开展更为广泛的合作。[4] 值得注意的是，欧盟法下的附带限制概念与美国反垄断法中的附带限制概念不同，在此不再赘述。

另外，附带限制概念的适用必须与《欧盟运行条约》第101条第3款下豁免的概念相区别，《欧盟运行条约》第101条第3款下的豁免并不包含对于促进竞争和限制竞争效果的平衡。[5] 但由于欧委会在《关于技术转让协议适用〈欧盟运行条约〉第101条的指南》中还未对前述两个概念进行清晰的解释，因此有时候区分还是很模糊的。

在《关于技术转让协议适用〈欧盟运行条约〉第101条的指南》中，欧委会在一个不完整的单子中列举一些不受《欧盟运行条约》第101条第1款规制的行为，这是因为它们一般不对竞争构成限制。这些行为包括：①保密义

[1] 参见Communication from the Commission Guidelines on the Application of Article 101 of the Treaty on the Functioning of the European Union to Technology Transfer Agreements，2014/C 89/03。

[2] 参见Communication from the Commission，Notice Guidelines on the Application of Article 81(3) of the Treaty［2004］OJ C101/97（"Article 101(3) Guidelines"），para. 29。

[3][4] 参见Communication from the Commission Guidelines on the Application of Article 101 of the Treaty on the Functioning of the European Union to Technology Transfer Agreements，2014/C 89/03；Case 56/65 *Société Technique Minière*［1966］ECR 337 and Case 258/78 *Nungesser* v. *Commission*［1982］ECR 2015。

[5] 参见Article 101(3) Guidelines。

务；②被许可人不得再许可；③如果被许可技术仍然有效，在协议期满后不得再使用被许可技术的义务；④协助许可人实施知识产权许可行为的义务；⑤支付最少专利费或者生产最少数量采用被许可技术产品的义务；⑥使用许可人的商标或在其产品上标示许可人名称的义务。❶

2）4 项以上其他独立的受控技术

为了提高《欧盟技术转让集体豁免条例》范围以外适用的可预见性，以及将详细的分析局限于可能真正引发竞争问题的案件，欧盟认为在核心限制以外的领域，除在协议各方所控制且对于用户来说成本相近的可作为被许可技术的替代技术之外，还有 4 项或更多的独立受控技术可以不受《欧盟运行条约》第 101 条规制。在对技术是否有足够替代性的评估中，对该技术相应的商业优势必须加以考虑。如果其不构成商业上对被许可技术的可行替代，技术对竞争的限制依旧是有限的。由于市场中的网络效果，如果消费者非常喜欢用被许可技术生产的产品，而市场上已有的或在可预见未来将出现的其他技术不构成实际替代，并因此只有有限的竞争限制效果的话，就属于这种情况。❷

3）《小案件指南》

如果协议存在实际的或潜在的限制竞争，并能够在合理范畴内对相关市场中价格、产量、创新、货物的品种或质量、服务等的负面影响作一个很好的预期，那么在《欧盟运行条约》第 101 条第 1 款下可以将协议视为具有限制竞争的效果。在有关《小案件指南》协议的通告中，欧委会（借助市场份额门槛）对那些对限制竞争没有显著影响的协议进行描述，进而得出《小案件指南》中规定的协议都不受《欧盟运行条约》第 101 条第 1 款的规制。市场中实际和潜在的此类竞争企业，达成的协议双方的总体市场份额未超过受协议影响的任何相关市场的 10%，就符合上述情况。

至于非竞争者之间的协议，如果协议一方所占的市场份额未超过受协议影响的任何相关市场的 15%，那么该协议对限制竞争就没有显著影响。当然，如果协议包含核心竞争限制，就不能被豁免，也不能适用《小案件指南》。此外，如果难以界定协议为竞争者间的协议还是非竞争者间的协议，那么均适用 10% 这一门槛。在计算过程中，相关联企业的市场份额也应当加以考虑，并必须包括在结果之中。当然，如果超过这些市场份额的门槛，并不意味着协议自

❶❷ 参见 Communication from the Commission Guidelines on the Application of Article 101 of the Treaty on the Functioning of the European Union to Technology Transfer Agreements, 2014/C 89/03；Case 56/65 *Société Technique Minière* [1966] ECR 337 and Case 258/78 *Nungesser* v. *Commission* [1982] ECR 2015。

动就会产生显著的限制竞争作用，因为这还取决于其他多种因素。❶

(4)《欧盟运行条约》第 101 条第 1 款下评估的相关因素

欧委会还对在反垄断个案分析过程中起重要作用的因素作了解释，以确定《欧盟运行条约》第 101 条是否适用。第一，应当适当考虑相关市场中竞争的运作方式，具体应该包括协议性质、各方的市场地位、竞争者的市场地位、被许可产品买家的市场地位、准入壁垒、市场成熟度及其他因素。第二，欧盟强调各个因素的重要性或比重在案件之间各不相同，取决于不同因素的组成结构。比如，在市场中占据较大的份额通常是市场影响力的重要指标，但从较低的市场准入壁垒的角度来看，可能并非如此。因此，关于各因素重要性的固定规则就无法建立。❷

由于许可会以多种形式出现，就各方的竞争关系和协议内在的限制来看，分析协议的性质就显得十分重要。当然，除协议中明确的限制条款，协议中暗含的限制也可以在双方履行协议中被挖掘出来。欧委会强调各方的市场地位一定程度上是许可人、被许可人或双方市场影响力（要是有的话）的一个指标。当然，市场份额越大，其市场影响力可能也越大。在市场份额反映成本优势或者与竞争者相比的其他竞争优势时，这点尤其如此。此种优势可能源于市场的第一个“吃螃蟹者”或拥有关键专利或超级技术。总之，在分析各方的竞争关系时，仅仅分析市场及各方的竞争关系是不够的。即使许可人不是技术市场现实的或潜在的提供者，被许可人不是技术市场现实的或潜在的竞争者，还是要分析被许可人是否拥有未被许可的竞争性技术。❸

另外，必须考虑竞争者的市场地位，这可以在其市场份额和可能有的竞争优势和不足中得到反映。作为一个总的原则，竞争者越强大、数量越多，各方单独发挥市场影响力的风险就越小；相反，如果同样市场地位的竞争者不多（就其规模、成本、研发潜力等而言），市场合谋的风险就会增加。除竞争者地位之外，也要考虑买家的市场地位，因为它代表一位还是多位买家拥有购买的能力。购买力的第一个指标是买家在买方市场的市场份额，对于可能的供货商而言，它反映需求的重要性。其他指标需注意的是买家在再售市场中的地位，具有如下特点：如销售网点的广泛人口分布、品牌在最终消费者中的形象。在反垄断分析中将买家的力量包括在内的理由是，它可以防止许可人或/

---

❶ 参见 *De minimis* Notice。

❷❸ 参见 Communication from the Commission Guidelines on the Application of Article 101 of the Treaty on the Functioning of the European Union to Technology Transfer Agreements，2014/C 89/03；Case 56/65 *Société Technique Minière* [1966] ECR 337 and Case 258/78 *Nungesser* v. *Commission* [1982] ECR 2015。

和被许可人在市场中发挥市场影响力，因而对市场中的竞争产生影响。但实力雄厚的买家可以轻松将加价产品转卖给客户，但此时买家并非要阻止被许可人在产品市场发挥市场影响力，因此也无法解决该市场中的竞争问题。❶

反垄断分析中另一因素是准入壁垒。欧盟认为企业可以将价格提高到超出正常竞争的水平，使其对新进入者没有吸引力；相反，在没有准入壁垒的情况下，相对简单或快速地进入市场会使得盲目提价无利可图。因此，如果能够保持高效的市场准入，阻止或消除市场影响力的影响，那么在较短时间内便可以将市场准入的门槛降到较低的水平。当然这也取决于一系列因素，比如经济规模、政策规定（尤其是如果设立独占权利）、国家补助、进口关税、知识产权、资源所有权（比如，由于自然限制出现供应短缺）、关键设施、先行优势，或者由于在一段时期内投放大量广告而形成的消费者品牌使用费。企业通过签订限制性协议，阻止和加大（潜在的）竞争者进入市场的难度，也可以起到准入壁垒的作用。准入壁垒在研发、生产和分销过程中的各个环节都有可能存在。当然，这些因素中的某些因素是否可以说成贸易壁垒，尤其取决于它们是否要承担已支付的成本，以及进入市场或在市场积极行动必然产生但在退出市场时又会损失的未来成本。它们支付的成本越高，潜在的进入者就越需要考虑进入市场的风险，市场现有参与者会使潜在进入者参与到更为激烈的竞争当中，这是因为已支付成本使得撤出市场会付出高昂代价。总而言之，进入市场需要支付成本，只是程度多少不同而已。因此，对案件进行评估时，实际竞争的分析比潜在竞争的分析更加有效，也更具有信服力。❷

欧盟也要考虑市场是否成熟的问题，考虑其是否已经存在一段时间，采用的技术是否广为人知、使用广泛、变化不大，或者技术需求是否相对稳定或日趋衰微。在这种情况下，相比于在更为活跃的市场，限制竞争此时更有可能产生较大的负面影响。其他因素还包括累积效果即同类协议的市场覆盖情况、协议期限、政策环境和显示具有或便于合谋的行为，如价格领先、先行公布价格变化、讨论“合理”价格、过剩产能下的价格刚性、价格歧视和以往的合谋行为等。❸

因此，可以得出结论，在技术转让协议中有大量因素需要考虑，这就使反垄断分析需要对各个因素采取逐个分析的办法。如果第一步分析的结果是协议没有限制竞争，就无须对促进竞争的效果作进一步分析。因为这类协议是合理

---

❶❷❸ 参见 Communication from the Commission Guidelines on the Application of Article 101 of the Treaty on the Functioning of the European Union to Technology Transfer Agreements, 2014/C 89/03; Case 56/65 *Société Technique Minière* [1966] ECR 337 and Case 258/78 *Nungesser* v. *Commission* [1982] ECR 2015。

有效的，也就无须强调协议可能的促进竞争的效果。

5.4.1.2　适用《欧盟运行条约》第 101 条第 3 款

在确定许可协议受《欧盟运行条约》第 101 条第 1 款的规制之后，下一步就要分析《欧盟运行条约》第 101 条第 3 款确定的豁免条件是否满足。如果该规定中所有的四项要求都满足，协议使得有关企业向消费者提供更加质优价廉的产品，并就限制竞争的负面影响对它们作出补偿，协议在相关的市场中就促进竞争。❶ 因此，具有争议的限制性许可协议就是合理有效的并可以实施的。❷ 事实上，《欧盟运行条约》第 101 条第 3 款并未事先将某些类型的协议排除在适用范围之外，这是因为欧委会强调在目的限制竞争的案件中，前述这些类型的协议不可能满足《欧盟运行条约》第 101 条第 3 款的要求。❸ 正如本书之前提到的核心限制，其本质具有限制竞争的目的，因此强有力地推定这些具有核心限制的协议最终必然会受到《欧盟运行条约》第 101 条第 1 款的规制。

由于 CFI 在 Metopole Television 案❹中表明，欧盟竞争法在适用《欧盟运行条约》第 101 条第 1 款时没有提供合理原则，要平衡限制竞争和促进竞争的效果，就必须专门在《欧盟运行条约》第 101 条第 3 款的框架内进行。如果协议违反《欧盟运行条约》第 101 条第 1 款的一般禁止规定并且未满足《欧盟运行条约》第 101 条第 3 款条件，就应当被禁止。此外，如果协议影响到成员国之间的贸易并被成员国的反垄断法禁止，但与此同时协议并不违反《欧盟运行条约》第 101 条第 1 款的规定或可以依据《欧盟运行条约》第 101 条第 3 款豁免，此时则以欧盟法律（上位法）适用为准。❺ 另外，对于《欧盟运行条约》第 101 条第 3 款下个案分析十分有用的工具是欧委会制定的《第 101 条第 3 款指南》，该指南对其规定的四项条件的适用提供更为翔实的指导。❻ 对《欧盟运行条约》第 101 条第 3 款下的限制性协议的评估，要根据其签订的实际背景情况和具体时间点存在的事实作出。❼ 评估与事实变化紧密相关，只要《欧盟运行条约》第 101 条第 3 款的四项条件均满足就可以被豁免，当然当四

---

❶ 参见 Article 101(3) Guidelines。

❷ 参见 Communication from the Commission Guidelines on the Application of Article 101 of the Treaty on the Functioning of the European Union to Technology Transfer Agreements, 2014/C 89/03; Case 56/65 *Société Technique Minière* [1966] ECR 337 and Case 258/78 *Nungesser* v. *Commission* [1982] ECR 2015。

❸ 参见 Case T – 17/93 *Matra Hachette* v. *Commission* [1994] ECR II – 595, para. 85。

❹❺ 参见 Case T – 112/99 *Métropole Television* (*M6*) *and others* v. *Commission* [2001] ECR II – 2459, para. 74。

❻❼ 参见 Article 101(3) Guidelines。

项条件不再满足时自然就不再可以被豁免。《欧盟运行条约》第101条第3款虽然只提及货物贸易，但也可类推至服务贸易，但是欧洲法庭的案例实践显示，关于是否适用《欧盟运行条约》第101条第3款的判定，只考虑客观收益。[1] 以下将对《欧盟运行条约》第101条第3款的四项条件进行分析。[2]

（1）促进竞争的效益

欧委会已经清楚认识到大量许可协议具有促进竞争的作用，并列举了作出这种推定的诸多理由。不仅是欧盟，许可协议促进竞争的潜能也得到了广泛的认同。《欧盟运行条约》第101条第3款第一个条件，要求对可能的效益作出评估，因为许可协议能将补充技术和其他资产结合起来，生产新的或改良的产品投放市场，或者使现有产品降低成本。而被许可人的效益则取决于许可人的技术与被许可人的资产及技术的结合。补充资产和技术的这种整合会带来成本/产量的重新配置，而采用别的办法是做不到的。比如，将许可人的改进技术和被许可人更有效的生产或分销渠道资产结合起来，就可以减少生产成本，或者生产更高质量的产品。[3]

另外，许可协议允许创新者获取相应回报，至少可以使其支付研发等费用，进而也可以推动创新。同时，许可协议还能够带来技术的传播，并通过降低被许可人的生产成本，或者促进生产新的或改良的产品创造价值。尤其是在涉及大量专利的部门，为消除许可人侵权索赔的风险，通常选择以许可的方式来保证行为的自由。换句话说，如果许可人同意不诉诸知识产权来阻止被许可人产品的销售，那么协议也就可以消除被许可人产品销售的壁垒，进而总体上促进竞争。[4]

在效益的评估中，欧委会通常将考虑以下因素：①效益的性质；②协议和效益之间的联系；③效益的可能性与重要性；④所宣称的效益是如何及何时取得的。[5] 欧委会强调，协议和其效益之间直接的、实际的联系通常是必需的，例如当技术转让协议允许被许可人生产新的或改良的产品时，这种联系就建立了。而这种联系也可以使有关企业增加利润，引导它们增加研发投入，最终受

---

[1] 参见Case 56/64 *Consten and Grundig* v. *Commission* ［1966］ ECR 1966；Article 101(3) Guidelines, para. 49。

[2] 参见Case 56/64 *Consten and Grundig* v. *Commission* ［1966］ ECR 1966；Article 101(3) Guidelines, para. 48。

[3][4] 参见Communication from the Commission Guidelines on the Application of Article 101 of the Treaty on the Functioning of the European Union to Technology Transfer Agreements, 2014/C 89/03；Case 56/65 *Société Technique Minière* ［1966］ ECR 337 and Case 258/78 *Nungesser* v. *Commission* ［1982］ ECR 2015。

[5] 参见Article 101(3) Guidelines。

益的是消费者。❶

如前所述，用于对现代竞争政策分析的核心工具就是市场影响力（Steven，etc.，2006）。而市场影响力下的市场行为和结构变化可能会减少静止效益（市场当前情况的改善）和动态效益（市场状况的逐渐改善）。当然，市场影响力也会导致效益的提升。静止效益包括分配效益和生产效益。❷ 分配效益指的是，就其支付意愿而言，现有商品和服务被分配到最看重它们的人的手中。如此分配的资源就可以获得最佳利用。此外，分配效益指的是市场整体的效益。生产效益看重的是具体企业组织资源的方式，即是否可以有效地利用规模经济和现有技术、削减所有多余的成本、使生产成本达到最低（Monti，2007）。这就意味着单个企业（好比是获得规模经济）资源使用更为有效，成本更低（Steven，etc.，2006）。如上述静止模式下，最重要的是价格和数量，并高度重视在当前成本和产品条件下企业间的价格竞争（Simon，2010）。当然，在动态环境中这可能不合适，因为在许多动态的竞争环境中，企业不仅要在价格上竞争，还要在创新上竞争。❸ 动态效益和市场效益的逐渐变化有关（Steven，etc.，2006）。它看重未来消费者福利的中长期所得，而这可以通过新产品、新流程或新业务模式来创造。❹ 它还是一把标尺，可以衡量企业是否有能力和动力来提高生产力和进行创新，开发新产品或减少生产成本，从而给消费者带来更大的利益（Monti，2007）。

然而，静止效益只是当前市场地位的一张“快照”，动态效益看中的是经济未来进一步发展的潜能。❺ 动态效益的重要性被广泛认可，尤其是在知识产权的背景下更是如此。当然，动态效益和基于静态效益的现代竞争模式之间的关系依然紧张（Steven，etc.，2006）。有专家建议，强调竞争政策的静止效益实际上会阻碍动态效益，这是因为只有拥有充分市场影响力的企业才有能力投入研发。当然，如果可以促进动态效益的话，允许一些创造市场影响力的行为就可以化解这种紧张关系。另外，在有限的程度内要引入动态效益，作为竞争损害的对价，即导致动态效益减少的行为和结构变化，可以被判为竞争损害及降低静态效益。❻

动态效益评估的难题是，当前行为和结构变化的所得收益很可能只是一种猜测（Steven，etc.，2006）。可以确定的是，行为和结构的变化只为动态效益的提升创造必要条件。因此，动态效益的收益难以完全量化，至多可以确定潜在收益的范围和受益消费者的数量。❼ 高水平的动态效益会提升分配和生产效能，因为新产品的开发，可生产出更多为消费者所看重的商品，资源利用与没

❶❷❸❹❺❻❼　参见 Article 101(3) Guidelines。

有技术进步时相比也更有效（Monti，2007）。

另外，许可人如果选择将其知识产权许可出去，而非自己开发利用，可能经济状况会更宽裕。[1] 许可协议也会以节省成本或向消费者提供有价值服务的形式，提升分销阶段的效率，这和纵向分销协议是一个道理。另一个可以获得的收益是，通过订立协议，技术拥有人可以将技术打包对第三方进行许可。这种打包安排尤其可以减少交易成本，因为被许可人不必与每一个许可人分别订立许可协议。此外，技术许可还可以促进竞争，保证自由。在存在大量知识产权，或者个别产品会侵犯许多现有及将来知识产权的部门，双方订立协议，同意相互许可知识产权，通常都会促进互相之间的竞争，因为它们允许对方在各自技术的基础上进一步开发且没有随之而来的侵权风险。[2]

欧委会区分了在《欧盟运行条约》第101条第3款第一个条件下与评估有关的两类效益——成本效益和定性效益[3]，定性效益则包括质量的提升。[4] 当然，两个类别明显重叠，欧委会没有考虑适当地划分清楚。比如，第一类成本效益就包括通过使用新的生产技术和方法或者发挥现有资产协同效应而带来的成本节省。

（2）消费者对生产收益的分享

第二个条件是消费者必须合理地分享所取得的收益。也就是说，购买按许可协议生产出来的商品的消费者，在协议有负面效应的情况下，必须得到相应补偿。[5]“消费者”一词指的是产品的任何用户，包括批发商、零售商和最终用户（Monti，2007）。因此，所得收益必须完全抵消对价格、产量和协议引起的和其他因素相关的可能的负面影响。通过改变有关企业的成本结构，给予其降低价格的动力或者让消费者可以获得新的或改进的产品，对任何可能的提价作出补偿，这是可以实现的。[6] 因此，只要通过作出改进而获得的增值超过由于限制性协议所导致的因维持价格或提价所产生的损失，消费者总体上还是受益的。此外，对来自限制性协议收益的分配，要在每一个与协议有关的相关市场的范围内按原则进行评估（Steven，etc，2006）。其遵循的原则是相关市场限制性协议产生的效益必须比同一市场由协议产生的限制竞争效果要大。[7] 因

---

[1][2] 参见 Communication from the Commission Guidelines on the Application of Article 101 of the Treaty on the Functioning of the European Union to Technology Transfer Agreements，2014/C 89/03。

[3] 参见 Article 101(3) Guidelines，para. 59。

[4] 参见 Article 101(3) Guidelines，paras. 64 – 69。

[5][6] 参见 Communication from the Commission Guidelines on the Application of Article 101 of the Treaty on the Functioning of the European Union to Technology Transfer Agreements，2014/C 89/03，para. 150。

[7] 参见 Article 101(3) Guidelines，para. 43。

此，在某一区域或产品市场对消费者的负面效果，通常不能由另一相关区域或产品市场对消费者的正面影响所抵消或补偿。❶

（3）限制的不可或缺性

在不可或缺性的测试中，核心问题是个案中具有限制时是否比没有限制时产生更好的效益。在对此问题作出回答之前，必须考察市场条件和双方面临的现实情况。❷ 当然，借助《欧盟运行条约》第 101 条第 3 款要求保护的企业，无须考虑作出假定或理论上的替代选择，但是它们必须证明为何表面上更加现实且清楚、限制性更少的替代选择会大幅降低效益。只有看起来在商业上更为实际且限制性更少的替代选择会导致效率大幅减少的情况下，限制才能被视为不可或缺。❸ 任何替代选择必须要能够复制现行体制下的全部收益（Steven, etc.，2006）。在某些情况下，也要考虑此类协议为取得更好的效益是否真的必不可少。比如，在包含补充和非核心技术的技术池中这就至关重要，因为这种情况下必须审查这么做对提高特定收益到底达到何种程度，或者在效益没有明显损失的情况下，该技术池是否限于没有替代选择的技术。但在简单的两方之间授予许可的情况中，通常无须考虑个别限制是否不可或缺性。因为一般来说，在许可协议中没有比此类许可协议限制更少的替代方案。这种情况就要求协议创造的收益要具体化，其意是协议双方没有其他经济上更可行、限制性更少的办法以获得这些收益。❹ 如果限制的缺失会消除或大幅降低协议产生的收益，或者使收益更难实现，这就可以满足不可或缺的要求。当然，限制的限定程度越强，进行的测试就越严格。但特别要注意欧委会指出欧委会的指导原则和通告中的核心限制，是不可能被认定为不可或缺的。❺

（4）未消除竞争

《欧盟运行条约》第 101 条第 3 款的最后一条规定是以对市场依然存在压力及协议对资源影响的分析为前提的。❻ 按照该条件，相关部分产品的生产不应受到协议的影响，且该协议不得消除相关产品的竞争。这个规定是要保证必要程度的竞争以达到《关于技术转让协议适用〈欧盟运行条约〉第 101 条的指南》的目的（Steven, etc.，2006）。在《欧盟运行条约》第 101 条第 3 款条

❶ 参见 Article 101(3) Guidelines, para. 43。

❷❸ 参见 Communication from the Commission Guidelines on the Application of Article 101 of the Treaty on the Functioning of the European Union to Technology Transfer Agreements, 2014/C 89/03, para. 149。

❹ 参见 Article 101(3) Guidelines, para. 75。

❺ 参见 Article 101(3) Guidelines, para. 79。

❻ 参见 Communication from the Commission Guidelines on the Application of Article 101 of the Treaty on the Functioning of the European Union to Technology Transfer Agreements, 2014/C 89/03, para. 150。

件的适用中，必须考虑《欧盟运行条约》第 101 条第 3 款和《欧盟运行条约》第 102 条之间的关系。[1] 根据既有的案例实践，《欧盟运行条约》第 101 条第 3 款的适用不能阻碍《欧盟运行条约》第 102 条的适用。[2] 而且，两条规定的目的都是要保持市场的有效竞争，其中《欧盟运行条约》第 101 条第 3 款是为了防止将除外规则适用于构成主导地位滥用的限制性协议。[3]

协议明显减少了某一方面竞争的事实不意味着《欧盟运行条约》第 101 条第 3 款含义中的竞争被完全消除。比如，技术池会带来行业标准，使得技术形式出现几乎没有竞争的情况。一旦市场中的主要玩家采取某种技术形式，网络的作用就会使可替代形式难以生存。当然，现有行业标准通常会消除《欧盟运行条约》第 101 条第 3 款含义中的竞争。在行业标准内，供应商就价格、质量和产品特征展开竞争。当然，为了使协议符合《欧盟运行条约》第 101 条第 3 款的要求，各方必须保证，协议没有不适当地被用于限制竞争或者将来的创新。[4]

此外，订立协议之前的竞争程度有着重要作用。“被消除”（Eliminated）一词指的是这样一种状况：由于协议的影响，在重要市场中竞争不再有效（Steven，etc.，2006）。当然，本条规定还没有真实的先例。大多数学者将这个要求和《欧盟运行条约》第 102 条中类似的用语同等看待，该条通常被解释为受影响市场的地域范围。此外，实际来看这个条件在许多情况中并不重要，因为在重要市场中协议消除竞争的可能性几乎不存在，所以依然满足效益与限制性影响平衡测试的要求。当然，也可能涉及协议的效益，效益要归于其他市场，而不是已发生竞争损害的市场。如果受益市场比受损市场大很多，受损市场中的竞争又被消除，这种安排就会使消除竞争的努力付诸东流。这就意味着即使其创造消费者福利或者分配效益的净收益，协议也要被禁止。这个结果从经济竞争的角度来看不合理，在定义市场及确认竞争被消除时，特别需要留意以确保这一条件只能被诉诸重要市场遭受重大损失的情况（Steven，etc.，

---

[1][4] 参见 Communication from the Commission Guidelines on the Application of Article 101 of the Treaty on the Functioning of the European Union to Technology Transfer Agreements，2014/C 89/03，para. 150。

[2] 参见 Joined Cases C－395/96 P and C－396/96 P *Compagnie Maritime Belge* v. *Commission* [2000] ECR I－1365，para. 130. Similarly，the application of Article 101(3) does not prevent the application of the Treaty rules on the free movement of goods，services，persons and capital. These provisions are in certain circumstances applicable to agreements，decisions and concerted practices within the meaning of Article 101(1)，see to that effect Case C－309/99 *Wouters* [2002] ECR I－1577，para. 120。

[3] 参见 Communication from the Commission Guidelines on the Application of Article 101 of the Treaty on the Functioning of the European Union to Technology Transfer Agreements，2014/C 89/03，para. 151；Article 101(3) Guidelines，para. 106。

2006）。

综上，只有《欧盟运行条约》第 101 条第 3 款中的四项限制规定都得以满足，才能授予个案豁免。因此，许可协议必须创造实际的经济收益、消费者必须获得合理的收益份额、为取得效益对竞争的限制必须是必不可少的、该协议不得使当事方有可能消除有关产品（大部分产品）的竞争，[1] 这四个条件中每一项都必不可少。

从判例法的角度来看，欧盟关于知识产权许可的反垄断方法，使举证责任发生了转换，这和知识产权法的规定是相冲突的（Gosta，2008）。总体上，由原告承担举证责任，以确立有效性、不可强制实施性或者与知识产权有关的其他不当行为。[2] 按照欧盟的办法，知识产权所有人必须证明计划措施的合法性，这些措施包括相关市场的分析及相关市场中所有市场参与者的市场份额。特别是在知识产权背景下，后面这项任务通常较难完成。因此，举证责任的这种转换，可能就预先阻止知识产权所有人将其权利许可出去。与此同时，这还潜在地抑制技术的传播，违背《欧盟技术转让集体豁免条例》的目的。而且，自我评估体制也增加成本，因为在评估某种行为对市场的影响时，专家的意见通常是必需的。[3]

此外，在 2004 年的《关于技术转让协议适用〈欧盟运行条约〉第 101 条的指南》中规定，只有在例外的情况下，核心限制才满足《欧盟运行条约》第 101 条第 3 款的条件；但是，在 2014 年最新的指南中则改成核心限制不大可能能够满足《欧盟运行条约》第 101 条第 3 款的条件。由此可以看出欧委会对于核心限制的态度的坚定化，基本将核心限制排除在《欧盟运行条约》第 101 条第 3 款豁免的适用范围外。这也是因为具有核心限制的协议通常不能创造实际的经济效益或使消费者受益，此类协议经常不能满足前两项条件中任何一项的要求。而且，此类协议在第三项的“必不可少的测试”中通常也不能过关。例如，如果双方确定许可生产的产品必须出售的价格，这通常会导致产量下降、资源分配不当和最终消费价格的上涨。然而，要获得利用竞争者双方技术而产生的经济效益，不一定非要限价。[4] 总而言之，要确定协议是否因为不具有限制竞争目的或因《欧盟运行条约》第 101 条第 3 款的豁免原则而不违

---

[1][2][3] 参见 Communication from the Commission Guidelines on the Application of Article 101 of the Treaty on the Functioning of the European Union to Technology Transfer Agreements，2014/C 89/03，para. 150；Joined Cases 43/82 and 63/82 *VBV & VBBB* v. *Commission*［1984］ECR 19，para. 61；Case T－185/00 *Métropole Television SA*（*M6*）*and others* v. *Commission*［2002］ECR II－3805，para. 86。

[4] 参见 Communication from the Commission Guidelines on the Application of Article 101 of the Treaty on the Functioning of the European Union to Technology Transfer Agreements，2014/C 89/03，para. 18。

反《欧盟运行条约》第 101 条第 1 款的规定是比较困难的。

5.4.1.3 回授条款的具体阐释

通过上述分析，可以发现判断回授条款是否具有限制竞争目的的基本思路，即对属于集体豁免规定之外的协议而言，第一步审查协议是否受《欧盟运行条约》第 101 条第 1 款的规制；如果受其规制，第二步就要考察是否满足《欧盟运行条约》第 101 条第 3 款的豁免条件。虽然欧委会在 2014 年最新的《关于技术转让协议适用〈欧盟运行条约〉第 101 条的指南》中阐述到核心限制存在理论上能够适用《欧盟运行条约》第 101 条第 3 款而获得豁免的可能，但实际上欧委会认为在协议包含对竞争的核心限制的情况下，应按《欧盟运行条约》第 101 条的规定推定协议具有限制竞争的目的。

具体到回授条款，《欧盟技术转让集体豁免条例》第 5 条中的排除性限制目录中就包括回授条款。而这些排除性限制又和《欧盟技术转让集体豁免条例》第 4 条的核心限制密切相关，这是因为这些排除性限制即使获得允许，它们也不得全部豁免。❶ 欧委会的决定中之所以要将回授排除在全部豁免之外，这可能会潜在地降低被许可人的创新动力，因为回授条款的存在，会阻碍被许可人对改进技术的开发利用，尤其是被许可人被要求将改进的技术许可给第三方时。因此，被许可人在无利可获的情况下，自然而然就不会努力去研发新的技术。虽然《欧盟技术转让集体豁免条例》第 5 条的适用并不取决于许可人是否支付足够的费用来换取排除性许可的改进技术，但是欧委会承认是否存在费用以及费用是否足够，也是在《欧盟运行条约》第 101 条下进行个案评估要考虑的一个非常重要的因素。理由十分简单，即被许可人在获得某种报酬的情况下，更可能愿意进行创新。❷

欧委会还指出，如果协议中不含有任何核心限制竞争的内容，就绝不能将集体豁免范围之外的协议推定为违法。尤其是不能仅仅因为协议主体的市场占有率超过门槛份额，就推定适用《欧盟运行条约》第 101 条第 1 款的规定。从全部豁免范围之外对回授进行反垄断的个案分析中可以发现，许可人在技术市场中的市场地位非常重要，因为其市场地位越稳固，类似独占性回授条款在创新中限制竞争的作用就越大。显而易见，被许可人作为创新和未来竞争之源的

---

❶ 参见 Communication from the Commission Guidelines on the Application of Article 101 of the Treaty on the Functioning of the European Union to Technology Transfer Agreements, 2014/C 89/03, paras. 107 – 109。

❷ 参见 Communication from the Commission Guidelines on the Application of Article 101 of the Treaty on the Functioning of the European Union to Technology Transfer Agreements, 2014/C 89/03, para. 110。

重要性，将很大程度上取决于许可人所提供的技术及其优势。同时，市场结构和其他市场参与者的市场地位对反垄断分析也有影响。欧委会解释说，如果技术被少量许可人拥有，并要求被许可人进行独占性回授，那么此时带来的限制竞争风险远超过大量技术中的少数技术依据独占性回授的要求被许可的情况。[1]

此外，欧委会还开始关注竞争者之间的协议中是否存在与回授有关的特别风险。当协议双方对其技术相互授予许可并根据回授条款将己方技术所作的改进进行分享时，对于创新的负面影响的风险也就产生了。技术分享的模式会阻碍竞争的一方获得超越对方的优势。当然，如果交叉许可之目的是准许双方对各自的技术进行改进，且不会引导它们在产品设计时使用同样的技术，那么就能避免产生这种后果。发生这种情况的基础就是，许可的目的是创造自由设计的空间而非意图提升被许可人的技术水平。笔者的观点是，现实情况显然是许可协议更多地被用来在短时间内提升被许可人的技术基础。[2]

相反，就可分割性的技术改进而言，非独占性回授条款就不存在同样的反垄断风险。[3] 即使回授是非互惠的，且只有被许可人承担义务，或是许可人按照合同要求将可分割部分的改进成果提供给其他被许可人以获利的情况，都可以被全部豁免。欧委会对此解释说，事实表明非互惠回授条款可以促进创新和新技术的传播。而获利条款同样也具有正面效果，因为每个被许可人在订约时都知道，就其获得的技术而言，它和其他被许可人是平等的。但在此背景下，欧委会并未清楚地指明此类协议不会限制竞争或满足《欧盟运行条约》第 101 条第 3 款下的条件。笔者更加认同后者，否则欧委会应当选择其他措辞。欧委会在意图表达清楚时没有考虑一定类型的协议可能会受《欧盟运行条约》第 101 条第 1 款的规制。按照欧委会的规定，独占性回授条款及转让不可分割部分的技术改进，并不属于《欧盟运行条约》第 101 条第 1 款的限制竞争，这是因为在没有取得许可人的同意的情况下，被许可人是不可能开发利用不可分割部分的技术改进成果的。[4]

综上所述，对于回授条款的分析可以得到以下结论。对属于集体豁免规定

---

[1] 参见 Communication from the Commission Guidelines on the Application of Article 101 of the Treaty on the Functioning of the European Union to Technology Transfer Agreements，2014/C 89/03，para. 110。

[2] 参见 Communication from the Commission Guidelines on the Application of Article 101 of the Treaty on the Functioning of the European Union to Technology Transfer Agreements，2014/C 89/03，para. 111。

[3] Commission Regulation (EC) No 772/2004，*supra* note 17，art 5(1)(a)。

[4] 参见 Communication from the Commission Guidelines on the Application of Article 101 of the Treaty on the Functioning of the European Union to Technology Transfer Agreements，2014/C 89/03，para. 109。

之外的协议而言，第一步分析其是否属于《欧盟运行条约》第101条第1款的规制。如果协议受第101条第1款的规制，则下一步判断协议是否具有限制竞争的目的，即首先判断是否属于核心限制。如若属于核心限制协议，则自动推定为具有限制竞争的目的，且不存在豁免的可能。如果协议不具有核心限制，则需要考虑协议是否属于《小案件指南》等范围。如若不属于上述两种情况，也不能够适用《欧盟运行条约》第101条第3款而获得豁免，则需要对协议所处背景等要素进行进一步的分析。因此，可以看出，现有的对回授条款的限制竞争分析属于本章提及的混合分析方法。此方法是传统分析方法与更具分析性的方法的结合。依据《欧盟技术转让集体豁免条例》的规定，可以得知独占性回授条款属于核心限制，所以不能得到任何豁免，并且协议直接被推定为具有限制竞争目的的协议。然而，在笔者看来，这样的判断似乎太过绝对。笔者认为，最好的方法应当是对回授条款适用更具分析性的方法，通过对协议所处的经济和法律背景的分析，全面地对协议进行判断。即使协议具有独占性回授条款，也并非一定属于前述的核心限制，也有可能不具有限制竞争的目的。以下笔者将对此观点进行论述。

5.4.2 现有分析方法的弊端及更佳路径探析——以高新技术产业为例

5.4.2.1 现有方法不适用于高新技术产业

(1) 混合分析方法适用于回授条款的不准确性

根据专利许可协议中回授条款所处的背景，通过混合分析方法来分析是没有任何意义的。具体原因有两点。第一，正如前述，混合分析方法自身还存在一定的缺陷。混合分析方法包含传统分析方法和更具分析性的方法。然而，正如前述判例分析，如果认真适用更具分析性的方法，即分析协议的法律和经济背景，此时传统分析方法和更具分析性的方法的混合看起来是矛盾的。任何自动被视为具有限制竞争目的的协议种类，由于STM案件下要求的"法律和经济背景"分析，都会被视为《欧盟运行条约》第101条第1款下可反驳的推定。[1] 第二，回授条款也具有一定的特殊性。正如上述，专利许可协议可以视作一次企业合资，通过允许使用原有专利技术来共同完成一些新的成就。这样的企业合资并不会让市场失去竞争，也不会形成企业联盟或造成垄断，此时限制竞争的效果

---

[1] 参见 Case 56/65 *Société Technique Minière* [1966] ECR 337 and Case 258/78 *Nungesser* v. *Commission* [1982] ECR 2015。

也几乎没有。相反，合并是将两家有竞争关系的公司完全整合成一家公司的过程。合并往往会导致严重的限制竞争效果，尤其当合并会大幅提升市场份额时，会增加相关市场中的人为协调操作的可能（寡头垄断行为），也可能会对新的竞争者造成准入壁垒。纵向协议也可能会带来类似严重的限制竞争影响，如同抵制竞争等。所以，专利许可协议中的回授条款可以被轻易地从其他限制竞争行为中选取出来，因为它限制竞争的影响十分不明显。事实上，政府机构宣称它们对于回授条款的主要关注点是回授条款“持续减少被许可人进行研发和创新，从而限制创新市场中的竞争”的可能性（John，2012）。

此外，近期美国法院和政府机构将使用在固定价格和横向合并上的反垄断测试也运用于回授条款上，虽然这使问题变得更为复杂，但相比欧盟现有的分析模式，却更加能够反映协议是否限制竞争的真实情况。正如美国最高法院在 California Dental Association v. Federal Trade Commission❶ 一案中说道：“我们并不应当在每个案件中去判断是否有造成不明显的限制竞争行为……而应该由市场去检验。”❷ 相反，我们应当关注“这种限制行为是否会增强市场竞争”。美国最高法院还意识到“应当根据环境的变化改变对证据质量的要求”。❸ 下文将针对回授条款，以协议所处的经济与法律背景为基础，依据回授条款处在上游市场还是下游市场来判定是否限制竞争的方法会更加高效。

（2）高新技术市场里回授条款的特殊背景

用混合分析方法来分析专利许可中的回授条款是没有任何意义的第二点原因在高新技术市场中十分明显。高新技术和创新市场有许多不同于传统市场的经济特征，这些特征会使得反垄断分析更加艰难（甚至没有逻辑）。知识产权已经成为市场推动力的事实是众所周知的。

事实上，反垄断专家都强调这个观点：“高新技术，或更为专业的知识产权市场，是不同的。我们过去适用的那种数据分析……事实上不能够完全相类似地用于高新技术”（Thomas，2002）。总体来说，不同点来自于两个原因：第一，由创新和技术推动市场发展的速度远快于其他行业；第二，高新技术市场“偏向于整合周边单一产品形成整个行业的标准”。正是因为前述的这些优势会增加最先进入市场者的成功概率，企业之间为获取最终的胜利往往竞争十分激烈（John，2012）。

从许多方面来说，上述“倾斜”（John，etc.，1999）的特点对于行业消费者来说是十分有利的。比如，微软公司在个人电脑操作系统市场中的主导地位使其能够制定行业标准，客户会基于个人电脑基础平台，来使工作更加高效

---

❶❷❸ 参见 *California Dental Assocation* v. *Federal Trade Commission*, 526 U. S. 756（1999）。

和可靠。高新技术企业在看到有机会主导新市场的情况下，较一般企业更为愿意大胆开发进入新市场。而开发新的市场也对消费者十分有利，因为这会产生更多有用的产品和服务。同时也会增强创新，这也是专利保护的潜在主旨和在高新技术市场适用反垄断法的目标。因为高新技术市场的变革速度远高于其他行业，并且相比于其他市场，高新技术市场里一定程度的垄断往往会给消费者带来益处，所以法院和反垄断监管机构也应当从一个完全不同的角度去审视高新技术合同和限制竞争的一些原因。正如 Thomas Piraino 提出的，过度的监管执行会降低企业的创新，不足的监管执行则会使企业由高效的垄断行为变为伤害消费者的行径，比如对竞争者建立负担沉重的市场准入壁垒，提升价格或降低产出（Thomas，2002）。

此外，在专利许可中回授条款所处的背景下，混合分析方法中的核心限制或因协议本质而具有限制竞争效果的推断也是没有必要的。因为回授条款几乎不会用于本身同类产品，而是会用于其他类型的新产品上（John，2012）。在不同类产品上通过协议类型化等规则（传统分析方法下）进行分析完全是无用功，并且还极大地浪费司法资源。

相反，法院和政府机构应当通过分析专利许可协议及回授条款所处的环境来具体评估回授条款的合法性。笔者认为，法院和政府机构应当询问许可协议所处环境（结合经济和法律等因素），是上游市场背景（比如主要在研究和发展阶段，目标为创造出新的产品或技术）还是处于下游市场环境（类似产品生产的合资企业，离市场更近，限制竞争和损害消费者利益的潜在可能性很大）。回授条款所处上游市场阶段还是下游市场阶段，对于判断该条款是否具有限制竞争的目的有重大的意义。

5.4.2.2 结合协议所处经济、法律背景来分析是更合理的选择

（1）回授条款的具体分析方法

专利许可协议就如同企业合资（Joint Ventures）（John，2012）。在任何情况下，两个或多个公司都可以通过许可协议合作以达到有利于所有合作公司特定的商业目的。而为达到反垄断的目的，合资企业可以分为处于上游市场的合资企业和处于下游市场的合资企业（John，2012）。

上游市场的合资企业专注于产品投入研发的合作，并且是最远离市场的。具体来说，包含研究与开发、行业标准的设定等。在这些上游市场类型的合资企业中，研究和开发型的合资企业中往往普遍出现专利许可协议，下游市场的合资企业则更加注重产品的输出。具体而言，包括合资企业的生产、市场等。下游市场合资企业更加接近于市场和客户，所以更有可能导致限制竞争的行为

出现，比如消除原有竞争关系的企业竞争。在这些下游市场类型的合资企业中，专利许可协议最类似于处在生产阶段的合资企业。

对于分析以研究和发展为目的的许可协议和以生产为目的的许可协议的态度应当是不同的。前者潜在创造的产品是之前不存在于市场之中的，而后者则是简单地取得其他人（包括原有专利所有人）已经生产的产品的一种生产许可。后者这种形式更可能出现在专利许可人和被许可人没有生活在一个地区或国家时。例如专利所有人在法国，但是想在荷兰生产类似产品却缺少必要资源的情况下，其可以通过许可荷兰一家公司使用其专利生产其产品来代替自己前往开设相关产品的工厂，更加便利。下面将讨论应当如何在上游市场和下游市场的环境中评估回授条款。

1）上游市场合资企业中的回授条款

上游市场合资企业中的回授条款应当被推定为合法，除非原有专利所有人已占有垄断性的市场份额。在上游市场合作中的回授条款往往不会影响被许可人继续在原专利技术基础上研究和发展的积极性，相反会激发被许可人研究和发展的热情。换句话说，对于回授条款，专利所有人不会因为担心市场地位被取代而阻碍专利技术的许可授权。专利所有人在确定不会因为合资企业的改进技术而被取代或超过的情况下，会更加愿意许可其专利技术（Jonathan，2015）。

不仅如此，对于那些非独占的或过于宽泛合法化的上游合资企业而言，回授条款更容易被视为一种辅助的约束力。首先，作为标准原则，法律应当鼓励研究和发展的合资企业，因为它们有利于创新和提高效率。同时，回授条款应当被视作对于研究和发展的合资企业的必要补充，因为回授条款能够有效地保护专利所有人的利益。如前所述，没有回授条款在相关创新市场中对专利所有人权利的保护，专利所有人也许会十分勉强地参与到合资企业的形式中，同时也可能会寻求其他多种途径来进一步发展其专利技术，例如融资等。另外，在高新技术市场，研究和发展的合资企业形式也许是小科技公司想踏入行业时唯一可以用来和市场主导公司对抗的工具。因为如果没有回授条款，拥有自身专利的那些小公司可能很快就会在市场上被排除或取代，同时它们对取代的技术也没有任何权利。所以，回授条款便会成为最合适的方式来保护那些小型合资企业，使小公司有机会能和那些主导行业的大公司进行竞争（Thomas，2002）。

最后，上游市场合资企业通常不会影响现有商品产出的价格，所以也就对相关创新市场没有任何负面影响。欧盟法院法官曾提出一种观点：对于产出的限制是分析合同或协议对贸易是否限制的关键点（Jonathan，2015）。上游市场合资企业通常不会影响产出，因为它们的关注点不是如何让产品进入市场，而是如何发展技术，使之能够转化为市场化的产品，设置行业标准或者购买能够制造产品的原材料，即专利所有人在上游市场合资企业中对回授条款的使用不会对企业产出造成任何影响。回授条款仅仅是赋予原专利所有权人对于合资企业改进技术的一些权利（Jonathan，2015）。

因此，上游市场合资企业中的回授条款应当普遍被推定为合法，因为它不会限制他人的创造积极性，反而会提升行业的创新性和加快技术的授权传播。同时，通过形成合资企业，回授条款能够帮助和保护高新技术市场中的小公司与占市场主导地位的大公司进行竞争。另外，条款也不会限制进入市场的产品产出。这样的回授条款对于合资企业完成高效的任务是十分必要的辅助限制工具（John，2012）。

当然，在上游市场合资企业中回授条款是独占性或禁止被许可人享受技术改进时，法院应当强令审查回授条款，但这种情况下的回授条款也并非总是会带来垄断的结果。具体在后文会单独分析。

2）下游市场合资企业中的回授条款

在下游市场合资企业中，回授条款普遍存在于产品生产阶段。合资企业生产阶段主要是通过合作生产相关的货物或产品。[1] 它们处于下游市场因为离市场和客户更近。生产产品的合资企业可以轻易地控制产品产出，通过美国最高院的 Brulotte v. Thys 案就能看出，相比上游市场，下游市场合资企业中的回授条款有更大的可能性会造成限制竞争的情况。[2] 因为合资企业生产阶段也是通往货物零售货架前的最后一步，并且合资企业也可以通过设定价格来提升产品竞争或降低产量。类似这样的行为更有可能发生在具有市场垄断地位的产品生产企业（John，2012）。

合资企业生产阶段的回授条款能够促进或激发垄断的效果及后续限制竞争的结果，其主要通过对于核心资产——专利及其改进的许可的控制来作出独立的决定以影响结果（John，2012）。所以，法院和机构应当相较于上游市场合资企业中的回授条款，更加仔细地分析下游市场合资企业的回授或类似条款。相比上游市场合资企业的回授条款，法院和机构也应当在对待下游市场合资企业中的回授条款时更加小心，因为在下游市场生产上，它有潜在的可能性会造成更为严重的垄断现象或卡特尔现象。比如，公司 A 和公司 B 形成一个生产阶段的合资企业，公司 A 拥有一项能够减少汽车耗油的全新类型器具的专利

---

[1] 参见 *Otter Tail Power Co.* v. *United States*, 410 U.S. 366（1973）。

[2] 参见 *Brulotte* v. *Thys Co.*, 379 U.S. 29（1954）。

技术，公司B有资金和设备制造该种器具并把它们运送到汽车厂商那里。如果合资企业协议中规定合资企业阶段中任何或全部技术改进都归属公司A所有，那么该回授条款会造成更为严重的垄断情况。公司A不仅对于器具的原专利拥有专利权，对于技术改进也同样具有独占性权利（John，2012）。

像上述下游市场合资企业中的垄断性协议非常容易影响货物的价格和产出，因为这等同于该行业只有一家相关企业存在并且不面临任何竞争。美国法院认为，一家企业如果拥有“足够便利”和能力，通过控制必要的便利措施来限制或消除下游市场中的竞争，这家企业就违反《谢尔曼法》第二条的规定。在上述的例子中，器材的专利属于必要的便利措施。公司A可以通过回授条款限制他人（甚至排除合资公司合伙人），单独实施专利及改进技术，从而限制下游市场产品的竞争（Phillip，2011）。

不仅如此，非独占性回授条款在生产阶段合资企业中也存在限制影响竞争的潜在可能性。如果一个回授条款规定原专利所有人和被许可人都可以独立使用专利技术改进，并且可以将改进的技术许可给合资企业外的第三方使用，那么这样的回授条款可能会导致企业专利联合的形成（Phillip，2011）。举例来说，假设公司A许可其专利技术给公司B、公司C使用，形成合资企业形式，它们共同整合资源将生产好的器具卖给汽车加工企业。如果该合资企业协议规定三家公司都有权独立实施专利的改进技术或有权许可合资企业外的第三方使用，且他人使用改进技术的费用由三方共享，那么公司A、公司B、公司C就形成企业专利联合。

上述形式可能会让市场更加充满竞争，因为这种形式下合资企业中的任何企业都有权任意独立使用改进技术和合资企业外的企业进行竞争，这样很容易产生企业联盟的嫌疑。A、B、C三家公司可以商议并各自独立实施措施来影响产品的价格及产出，从而限制市场竞争。

同时，像上述商业联盟的情况也会让市场竞争者更加难以发现和向法院、机构申诉。因为如果A、B、C三家公司表面上不正式达成对商品价格和产量的一致，而实际上却和其他两方行动一致，那么结果会对其他市场竞争者造成更大的损失。例如，美国最高法院一直以来都坚称上述这种企业间并行行为本身并不违反《谢尔曼法》第一条的规定。在Theatre Enterprise，Inc. v. Paramount Film Distributing Corp案[1]中，法院认为：“法院从来没有认为商业并行行为的证据会形成一种协议，或者说这种行为本身会构成对《谢尔曼法》的侵犯。”[2]

所以，无论是独占性还是非独占性回授条款，在下游市场合资企业中都有

---

[1][2] 参见 *Theatre Enter.*，*Inc.* v. *Paramount Film Distrib. Corp.*，346 U.S. 537，541（1954）。

可能造成或促进垄断和联合企业的现象。法院和政府机构此时应当用怀疑的态度去审视它们，并且通过协议所处背景环境，即结合协议所处产业环境及法律经济要素去严加分析。这种分析应当从整个市场的角度看待，即合资企业的存在情况，并验证两个问题。第一，分析合资企业在市场上的影响力。这个疑问可以借鉴政府机构在企业横向并购时的分析，应当通过分析回授条款来决定该条款是否会造成垄断或通过企业联合形式来限制价格和产出。只有非独占性回授条款在这个时候是可以避免这个问题的。独占性回授条款在这样的情况下则需要具体分析，因为它的限制性很容易通过专利池带来垄断现象，但同时也存在例外。而监管机构则坚持声称，企业合并后的市场份额足够使其成为市场主导者的情形下，企业的单方行为或合作行为都会对市场造成很严重的限制竞争影响（Jonathan，2015）。这样的影响包括价格固定和减少产出。第二，法院和机构会询问回授条款是否能够消除市场准入壁垒从而有利于市场新进者。让市场竞争者更容易进入市场能够降低回授条款的限制竞争行为，其原因是合资企业的合伙人会变得非常犹豫和迟疑限制价格或降低产量，因为新进公司可能会通过更低的价格和提升产量来替代合资企业原有的市场地位。当合资企业在市场上生产了一个新的产品，市场准入门槛就可能又高一点，因为合资企业所拥有的这个新的产品的专利有可能会成为前文所述的市场上的“必需便利措施”（Jonathan，2015）。但是，当合资企业在市场上生产一个新的产品，其他企业通过其他技术也生产同样的产品，此时市场准入门槛会低一些，因为新进市场者可以请求另一家企业的专利许可而不一定必须寻求合资企业的同意。一个非独占性回授条款可以避免第二个问题，此时不需要考虑合资企业生产新产品的问题，因为此情形下不存在任何企业间并行行为的可能，相反合资企业可能会通过许可和第三方企业分享利润等。一个独占性回授条款只有在一种情况下能够避免第二个问题的质询，即在合资企业不生产新产品或市场竞争者能够通过已存在于市场的、等同的技术来制造新产品时（John，2012）。

（2）关于独占性回授条款是否必然具有限制竞争目的

如前所述，当在上游市场合资企业中回授条款是独占性或禁止被许可人享受技术改进时，法院应当仔细审查回授条款，因为这种情况下的独占性回授条款也并非总是会带来垄断的结果。高新技术产业有别于一般的市场，它的发展更为迅速并且市场往往呈现出以一家主导性企业为中心的局面（John，2012）。在这样的环境下，研究和发展的合资企业形式也许是拥有专利技术的小科技公司想踏入行业时唯一可以用来和市场主导公司对抗的工具（John，2012）。若小科技公司拥有的技术是行业主导性大公司所需要的，双方往往会签订技术许可协议并包含小公司作为许可人的独占性回授条款。因为如果没有独占性回授条款或具有非独占性回授条款，行业主导性企业就会在得到相关技术许可后，凭借其自身规模、创新能力、市场地位等优势在短时间内掌握被许可技术的核心要素，进而通过其自身研究中心结合各方面压倒性优势不断创造出更为先进的技术或改进产品等侵占市场，结果往往是拥有原始专利技术的小公司无法进入真正相关市场或很快被市场边缘化。相反，如果存在独占性回授条款，那么拥有专利技术的小科技公司在许可行业主导性企业使用其技术的同时，不但能够借助大企业的资源推动技术创新、行业发展，同时自身也可以进入相关市场领域（Jonathan，2015）。例如，小科技公司 A 拥有一种全新技术，作为市场主导企业的 Google 试图得到 A 公司的技术许可，以方便 Google 使用这种新技术。如果许可协议中不包含独占性回授条款，那么很有可能 Google 在得到相关技术后通过其自身的强大研发能力和市场优势快速破解技术原理，并在较短的时间内不断创造出更为先进的、更新换代的技术或改进产品（异于原有许可技术原理的）等。这也就导致 A 公司的技术已然被完全淘汰或价值意义被减损，进而 A 公司也无法进入相关市场而被边缘化。如若存在非独占性回授条款，但因为 Google 可以在较短的时间内不断创造出更为先进的多代技术，甚至最新的革命性技术可能完全与 A 公司许可的技术无关（但受原有许可技术的启发），那么这种情况下基于 A 公司原始专利技术的技术改进回授毫无意义。而导致这样结果的主要原因，就是高新技术市场的特性：市场发展速度远高于一般市场以及往往呈现以一家主导性企业（拥有近乎垄断性的资源和市场）为中心的局面。因此，只有许可协议中规定独占性回授条款，才能够保护 A 公司的利益。此时，Google 不断研发出的新的技术都必须与 A 公司分享，进而 A 公司的权益也受到保护，同时也能够借助大企业的资源推动技术创新、行业快速发展。

因此，上述情况下，如若协议没有独占性回授条款，一家拥有自身专利的小公司可能很快就会在市场上被排除或取代，同时它对取代的技术也没有任何权利（John，2012）。所以，独占性回授条款便会成为最合适的方式来保护那些小型合资企业，使小公司有机会和那些主导行业的大公司进行竞争。此外，通过前述阐释分析，我们也可以发现依据欧盟现有的混合分析方法，独占性回授条款属于核心限制，虽然理论上存在豁免的情况（笔者认为《关于技术转让协议适用〈欧盟运行条约〉第 101 条的指南》中规定的例外情况包括诸如本书讨论的特殊行业的情形），但实际中都因为协议具有核心限制，而会被直接推定为具有限制竞争目的、违法的协议。而前述对于高新技术产业中的深入分析说明独占性回授条款也存在合法的情形。

因此，适用混合分析方法分析回授条款依旧存在一定的问题，更为稳妥和合理的分析方法是适用更具分析性的方法。因为更具分析性的方法是基于协议所处的法律和经济背景来判断协议是否具有限制竞争的目的。对于高新技术产业领域中的许可协议，自然也会结合产业背景和行业发展特点进行个案分析，进而能够避免盲目适用规则，造成误判。以高新技术产业中的回授条款为视角，根据第 4 章中对“法律和经济”背景的讨论分析，可以得知“法律和经济”被用作媒介来：①平衡协议的积极属性与消极属性；②考虑目的的正当理由或合法目标的适用；③考虑特定限制是否附属于整体的促进竞争目的。而高新技术产业上游阶段的独占性回授条款并不属于附带性协议，因此首先排除③的适用。此外，虽然独占性回授条款具有一定的限制作用和消极属性，但是最终还是为了促进创新、促进市场竞争进而推进行业的发展。因此，此时包含独占性回授条款的协议的积极作用胜过其产生的消极作用，根据①的结论可以得知独占性回授条款是不具有限制竞争目的的。通过②来分析，首先依据前述结论，可以得知当个案中合法目标比要求实现的目的限制更有价值时，可以以正当理由来主张协议不具有限制竞争的目的。而高新技术产业上游阶段的独占性回授条款其合法目的（促进创新、促进市场竞争进而推进行业的发展）显然比带来的目的限制更具有价值。当然这样的限制不能超过为实现协议主要目的客观必须限制的程度，即要符合比例原则，对此也已在前文论述其并未超过必要范围。因此，综上所述，更具分析性的方法是专利许可协议中回授条款的目的限制竞争分析的最佳路径选择。

5.5 本章小结

混合分析方法结合传统分析方法和更具分析性的方法，是当前欧盟法院及欧委会最为推崇的一种认定方法。同时，混合分析方法依据传统分析方法的特征认可目的标准类型化，但也赞成更具分析性的方法下需要结合“法律和经济背景”的原则。因此，它的适用也在具有传统分析特征的情况下不失灵活性，但同时也给其自身带来一定的问题，即混合分析方法看似是一种自相矛盾的分析方法。笔者认为，如果认真适用更具分析性的方法，即分析协议的法律和经济背景，此时传统分析方法和更具分析性的方法的混合看起来是矛盾的。在混合分析方法下，任何被推定为具有限制竞争目的（“显著的”“足够危害的”）的类型协议，通过结合协议所处法律和经济背景综合分析，都存在被反驳、否定的可能。虽然存在质疑，但是越来越多的欧盟判例实践相继支持混合分析方法，并强调《第 101 条第 3 款指南》的缺失。值得注意的是，欧委会也逐渐倾向于使用混合分析方法，但是让人奇怪的是，混合分析方法丝毫未体现在《第 101 条第 3 款指南》中，并且欧委会也没有就此进行过任何阐释。在混合分析方法下，欧洲法院似乎将“目的”解释为特定类型的限制竞争共谋，因其包含充分程度的损害，从本质上来说就有害于竞争。但若其损害程度不够，那么需要适用 STM 测试法，进而对协议准确目的进行判断。

此外，欧盟主要通过混合分析方法来判断专利许可协议中的回授条款是否具有限制竞争的目的。其规定协议如若未满足《欧盟技术转让集体豁免条例》的相关规定，就需要进行个案评估。因此，就现有欧盟规定，对属于集体豁免规定之外的协议而言，分析的第一步是考察协议是否受《欧盟运行条约》第 101 条第 1 款的规制，如果受其规制，第二步就要考察是否满足《欧盟运行条约》第 101 条第 3 款的豁免条件。如果协议中不含有任何对竞争核心限制的内容，就决不能将集体豁免范围之外的协议推定为违法。尤其是，不能仅仅因为协议主体市场占有率超过门槛份额，就推定适用《欧盟运行条约》第 101 条第 1 款的规定。此外，欧盟规定只有在协议包含对竞争的核心限制的情况下，才能按《欧盟运行条约》第 101 条的规定推定协议是被禁止的。但本章对于高新技术产业中存在的独占性回授条款进行深入分析，得到独占性回授条款也有合法存在的情况，不仅不具有限制竞争的目的，反而促进行业发展、科技创新。因此，通过欧盟现有的混合分析方法分析回授条款是存在缺陷的，因为其自身规定中还存在自相矛盾的问题。笔者认为，对于回授条款的分析，欧盟法院和欧委会应当摒弃混合分析方法的分析，坚持根据回授条款所处的环境（法律、经济因素等）阶段来提出问题并具体分析。将专利许可协议看作企业合资，法院应当决定回授条款所处的协议（合资企业）处于市场上游阶段还是市场下游阶段。市场上游阶段的合资企业（协议），例如协议目的是研究科技、促进创新，并不涉及商业目的（国际科技合作中更多处于此阶段），其本身就比下游市场的协议少相当程度的限制竞争效果。除非回授条款是独占性的需要个案分析，否则不会产生任何影响。所以，被看作处于上游市场合资企业中的非独占性回授条款应当被推定为合法的，但独占性的回授条款则需要通过全面分析，进而判断其是否具有限制竞争目的。另外，被看作处于市场下游的协议（合资企业）在相关市场上有更大的潜在可能会产生限制竞争效果，而回授条款会进一步加深其效果。被看作下游市场合资企业中的独占性回授条款可能会造成专利持有者的垄断，非独占性回授条款则可能会引起企业联盟。此类回授条款的限制竞争行为都需仔细分析。借鉴政府机构传统的企业合并分析，法院和机构应当评估合资企业中公司的市场份额、占有率以及新市场竞争者进入市场的难易程度。上述这种更为细致的分析方法会使政府机构和法院能够更快地获取回授条款造成限制竞争影响的根本原因，从而避免原本会因为使用协议类型化规则而造成不必要的资源浪费，同时也可以建立更为清楚和易于理解的先例，为未来的实践提供指导。

第6章 欧盟目的限制竞争协议认定模式的启示及对我国的建议

6.1 欧盟目的限制竞争协议认定模式的特点及不足

6.1.1 欧盟目的限制竞争协议认定模式的特点

6.1.1.1 目的和效果二分法

目的限制和效果限制是《欧盟运行条约》第101条适用下两种不同类别的侵权形式，并且是互相分离的。当协议是否具有限制竞争的目的无法判断时，应对该协议的效果进行分析。如果确定该协议具有限制竞争的目的，那么就无须考虑协议的具体效果。在这一方面，经济、法律要素背景分析能够更加清楚地阐明限制目的和限制效果之间的关系。确定协议的效果需要进行高水平的经济分析，付出更高的经济代价。初始阶段进行一定的经济、法律要素背景分析能够为限制目的的分析避免后续深入复杂的效果分析，同时还能提高原告或监管者一方的证明标准。由此可见，初始阶段进行一定的经济、法律要素背景分析是有益的。

此外，目的限制和效果限制是互相补充的，并且在认定协议是否限制竞争时发挥不同的作用。目的限制概念依靠客观认定的协议背后的基本原理来确定协议的目标是否为限制竞争。如果无法认定协议的目的，效果限制概念则会确认协议事实上是否限制竞争。

目的认定和效果认定是否可以互相替代？也就是说，如果不先考虑协议目的的情况下是否能够直接认定协议的效果？答案是否定的。首先，需要考虑协议的准确意图（目的）。然后，当分析协议条款后未“表明对竞争足够有害时，才应当考虑协议的后果（效果）”。这表明应当在考虑“效果”之前先适用目的判断标准。此外，如果目的评估存在法律分析上的错误，那么在效果分析的时候可以对此进行驳回。在实际情况中，首要考虑目的的重要原因还在于：①目的评估不要求证明实际效果，这可以减轻行政负担；②即使协议没有生效或没有达成，也不影响目的的确认；③由于目的限制的高标准罚金，具有限制竞争目的的行为也通常被认为是更严重的违法行为；④依据统计数据来看，目的限制竞争协议通过《欧盟运行条约》第101条第3款的豁免条款来规避监管更加不可能；⑤如果协议无论效果如何都可能被禁止（法律的预防性），协议方就更不可能通过共谋或其他形式来限制竞争；⑥目的标准的适用足以判断协议是否属于《欧盟运行条约》第101条第1款的规制范围，因此没有必要认定协议的实际效果。因此，首要考虑协议“准确目的”的做法才是明智的。如果协议不具有限制竞争目的，再认定协议是否具有限制竞争的效果，即STM案中总结出的两步检测法。

（1）应首先考虑目的并不要求审查协议的实质效果

第2章中对于目的和效果的对比分析已经确认先考虑协议的目的，再判定协议的效果是最佳的选择路径。没有必要在证明协议具有限制竞争目的时证明其实质效果，该原则与目的和效果是相区分而非累积的这一原则，是相辅相成的。[1] 普通法院在阐明此问题时表示：“证明了协议的限制竞争目的，就不必再证明协议的限制竞争效果了”。[2] 如前所述，该原则一直得到法院的支持。相较于效果分析来说，目的分析是非常有力的工具，因为认定协议的实际效果要求更高级别、更透彻、成本更高的经济分析（Bennett，etc.，2010）。

另外，关于目的标准的诸多争议也都与“无实际效果”规则有关。它通常被理解为：任何形式的效果评估都是多余的，并且对认定协议目的毫无益处。法院适用该原则时更加深了这一错误理解。尽管法院在诸多案件中都会参考STM等案的结论，但法院在判决陈述中提及该原则时，往往会漏掉使用“实际的”或“实质的”等措辞。例如，法院在Pierre Fabre Dermo－Cosmétique SAS v. Président de l’Autorité de la concurrence案（以下简称“Pierre Fabre案”）中省略“实际的”或“实质的”措辞并援引GSK案作为依据。[3] GSK案也没有使用该术语，但案中援引T－Mobile案，而该案实际使用“实际

---

[1] 参见Cases 56 & 58/64，*Etablissements Consten SA and Grundigverkaufs-GmbH* v. *Commission*，［1966］ECR 342（*Consten & Grundig*）。

[2] 参见T－62/98 *Volkswagen AG* v. *Commission*［2000］ECR II 2707，para. 178。

[3] 参见Case C－439/09 *Pierre Fabre Dermo－Cosmétique SAS* v. *Président de l’Autorité de la concurrence*，［2001］ECR I－9419（*Pierre Fabre*），para. 34。

的”这一措辞。[1] 在解释该原则的时候，忽略一个重要术语会产生巨大的影响。在分析目的标准时不必论证效果与根本没有效果需要论证，这二者之间存在显著差别，却经常被忽视。欧委会或法院判例实践并没有表明分析目的标准时一定不论证效果。因此，论证潜在的效果，是非常可取的选择。[2] 此外，绝大多数涉及目的标准的案件都引用效果分析的方法，但那些效果分析实际上被如何使用，取决于案中协议的背景情况。[3] 例如诸多案件中，法院通过潜在效果分析认识到协议的限制竞争条件对促进市场整体的竞争是必需的。综上，对“无实际效果”规则的理解还值得学界进一步探讨。

（2）评价目的时主观意图并不是决定性的

主观意图与协议方是否想要通过达成协议来限制竞争有关。欧洲法院发现，主观意图在评估协议目的时不是决定性的。然而，主观意图可以作为进行认定的部分要素（辅助作用）予以考虑：判断协议方是否限制竞争时，主观意图的证据是一个相关因素，但不是必要条件。[4] 协议方不能以它们没有想要限制竞争从而缺少主观意图来作为抗辩。[5] 这与不懂法的抗辩是一样的。协议是否具有限制竞争的目的，应当取决于协议的内容及其履行的具体情况（例如协议的履行和协议方的行为等）。[6]

此外，协议的目的取决于协议主体的客观表现是否合乎逻辑，这是因为主观意图的概念具有一定的复杂性。IAZ/Anseau 案便是一个很好的例子。[7] 在该案中，协议方否认知道其行为限制竞争，更不必说有这样做的意图。在实际的情况中，则涉及协议方通过使用洗衣机和洗碗机的合格标签来限制平行贸易。协议方主张，协议的目的是保护公共健康，并非限制竞争。欧洲法院不接受该主张。法院认为，通过审查达成协议所处的法律和经济背景、协议的条款以及

---

[1] 参见 Case C – 8/08 *T – Mobile Netherlands BV and Others* v. *Raad van bestuur van de Nederlandse Mededingingsautoriteit*，［2009］ ECR I – 4529，para. 29。

[2] 参见 C – 501/06 P *GlaxoSmithKline Services Unlimited* v. *Commission*（*GSK*）［2009］ ECR I – 9291，paras. 89 to 95 for a robust discussion of this issue。

[3] 参见 Case T – 168/01 *GlaxoSmithKline Services Unlimited* v. *Commission*［2006］ ECR II – 2969，the GC noted that even in *Consten & Grundig* a limited analysis had been undertaken（Joined Cases 56 & 58/64，*Etablissements Consten SA and Grundigverkaufs – GmbH* v. *Commission*，［1966］ ECR 342）；also Joined Cases C – 96/82 etc，*IAZ* v. *Commission/* ANSEAU［1983］ ECR 3369 and Case C – 41/69 *ACF Chemiefarma* v. *Commission*［1970］ ECR 661。

[4] 参见 Article 81(3) Guidelines.，para. 22。

[5] 参见 C – 19/77 *Miller International Schallplatten GmbH* v. *Commission*（1978） ECR 131（*Miller*）。

[6] 参见 C – 29&30/83 *Compagnie Royal Austrienne des Mines and Rheinzink*（*CRAM*） v. *Commission*［1984］ ECR 1679 and *supra* n43 *General Motors*。

[7] 参见 C – 96/82 *IAZ/Anseau*。

协议各方的行为，如果起草协议的协议方意识到协议具有限制平行贸易的目的，它们就会故意签署协议。这也无须考虑它们是否意识到它们这样做违反《欧盟运行条约》第101条第1款的规定（Odudu，2001）。此外，法院在该案中也发现，对协议的法律和经济背景的分析结果也不足以支持协议方提出其协议意图是保护公共健康的主张。❶

对于主观意图的作用，著名欧盟竞争法学者Odudu也进行了全面的分析阐述。根据他的早期观点，主观意图是限制性目的的必要证据（Odudu，2001）。但该观点后来得以修正，Odudu主张以必然效果或预期结果为基础（他称为"基于意图的推定"）的法律推定，得出的具有限制竞争目的的结果较为准确（Odudu，2006）。这是一个有趣且具有争议的结论。Odudu认为，"同样的结果，在有预期的情况下往往比没有预期更容易发生"。所以，主观意图与限制竞争目的是相关的，因为当企业有限制竞争的意图时更可能限制竞争，"意图"的使用因此在这种环境中有重大意义。因此，意图与主观或客观认定都是密切相关的（Odudu，2006）。也有学者主张，某人企图做某事代表他行动的一个实际上确定的结果。换言之，如果有意图，那么其结果便是可以预测的（Black，2005）。Odudu教授认为，认定"基于意图的推定"具有限制竞争的目的是充分的。他认为基于推定的意图在《欧盟运行条约》第101条第1款下是不可反驳的（Odudu，2006）。笔者认为，这显然不是一个合适的结论。严格来说，Odudu的研究可以表明（基于结果）存在基于意图的推定。然而，前述欧洲法院并没有提到，基于意图的推定可以作为认定协议具有限制竞争目的的决定性要素。法院认为，主观意图是可以考虑的许多因素之一，而最终的结果还取决于协议的经济、法律等相关背景因素。❷ 同时，我们也可以理解Odudu为何主张主观意图是具有可预测性的，并认为"谋划商品产量不足的共谋意图会导致由于人为因素造成的商品产量不足"的法律推定具有正当理由（Odudu，2006）。因为从经济学视角来看，该观点是可以被合理解释的。但不得不承认的是，基于推定的不可反驳的意图，却与依照STM案证实的在协议背景中对协议进行综合分析的结论相矛盾。而从根本上来说，协议方很容易辩驳结果不是它们所预期的。Odudu在随后的研究中也意识到该问题，他认同应当通过"外在表现形式"来客观认定（Odudu，2006）。因此，可以得到结论，协议是否限制竞争还是取决于协议的内容和所处的背景，该解释也

---

❶ 参见C－96/82 *IAZ/Anseau*。

❷ 参见Case C－5/69 *Franz Völk* v. *SPRL Ets J Vervaecke*［1969］ECR 295（*Völk*）do not refer specifically to the "legal" context。

可以更好地印证审判实践的结论（Jones，2010）。

综上所述，主观意图在判断协议是否为目的限制竞争协议方面发挥重要的作用。但是，普通法院在GSK案中已经证明限制平行贸易是协议方所承认的意图，最终却判决该协议并不具有限制竞争的目的。即使上诉法院推翻该判决，并认为协议确实具有限制竞争的目的，但它也强调仅仅基于主观意图判断协议目的还不够充分。著名欧盟竞争法学者Jones教授也赞成这一点，并阐明"协议目的应当客观认定，而不应当通过分析协议方的主观意图认定，否则协议方很有可能会为违法行为而故意开脱"（Jones，2010）。

（3）协议的达成和未履行与限制竞争目的无关

前述判例实践已经证明，为发现《欧盟运行条约》第101条第1款所指的限制竞争目的，不必证明协议已达成，也不必证明它已经适用或实施。[1] 这一点可以有效地抑制具有限制竞争目的的企业行为。

（4）目的限制竞争协议仍然能获得豁免

严格来说，凡是违反《欧盟运行条约》第101条第1款的协议，如果满足《欧盟运行条约》第101条第3款的所有条件，都可以根据《欧盟运行条约》第101条第3款得到豁免[2]（Jones，2010）。

6.1.1.2　三种目的限制竞争协议认定方法各有优劣

（1）传统分析方法

传统分析方法基于对那些"本质上"限制竞争的协议进行分类，描述特定类型的协议（通常是"核心""严重的"或"显著的"）被推定为必然具有限制竞争目的协议的情形，该方法主要体现在欧委会的《第101条第3款指南》中。这种情况下被判定为具有限制竞争目的的协议只能通过适用《欧盟运行条约》第101条第3款的豁免原则来证明协议不具有限制竞争目的。当然，也可以适用《小案件指南》来证明协议目的的正当性，具体可参考图6-1。

可以看出，方框C代表通过传统分析方法认定的具有限制竞争目的的协议类型集合，椭圆A则代表不具有限制竞争目的的协议集合，B部分则是在传统分析方法下可以适用《欧盟运行条约》第101条第3款豁免的协议集合，D则代表适用《小案件指南》可以证明不具有限制竞争目的的协议集合。

---

[1] 参见C-19/77 *Miller International Schallplatten GmbH* v. *Commission*（1978）ECR 131（*Miller*）。

[2] 参见T-17/93 *Matra Hachette* v. *Commission*［1994］ECR II-595，para. 85 and T-168/01 *GSK*，para. 58. also（Italianer，2013），Fordham Competition Law Institute。

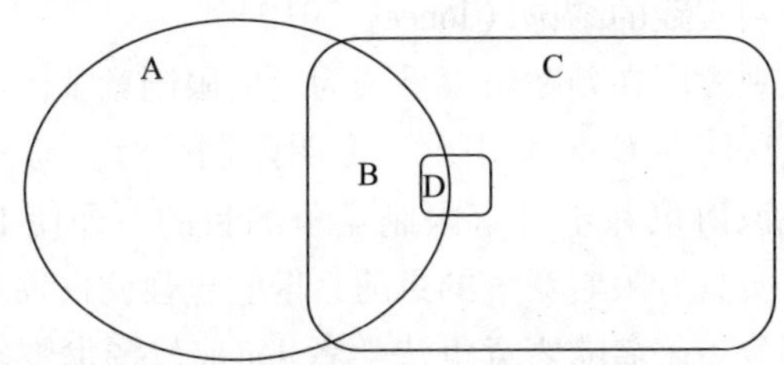

图 6－1　传统分析方法（Orthodox Approach）示意

传统分析方法的优点明显，其优势在于可以确定哪些类型的协议具有限制竞争的目的，无须再分析其效果，这可以提高法律的确定性，减轻行政负担并简化《欧盟运行条约》第 101 条第 1 款的分析流程。但其缺陷也同样显著，具体分析如下。

1）目的限制竞争协议的类型范围是否应当扩大始终是一个具有争议的问题，并且没有任何规则可循。不断增加新的协议类型到现有目的限制竞争协议类型范围中，这种方式会破坏支持传统分析方法的关键原则，因为传统分析方法具有较高的法律确定性，如若随意扩大目的限制类型协议的范围，就会产生很大的不确定性，造成潜在的争议冲突。此外，仅有的经验表明那些具有限制目的的协议必然会对竞争产生消极影响，这也并非无可辩驳。正如前文所述，欧委会的决策实践证明不是所有的限制竞争目的都是"显著的"或表面有害的。因此，很明显，欧委会不能总是按照其自己制定的《第 101 条第 3 款指南》的规定，趁机扩大目的限制竞争协议类型涵盖的范围。

2）传统分析方法的另一个巨大争议问题便是欧委会根据目的对各类协议的分类定位是否正确，因为欧委会仅依赖经验来判断协议的分类，具有很大的不确定性。同时这也带来更为严重的问题，即欧委会通常无法将许多例外情况考虑进去。例如，不是所有纳入目的分析框架分类的协议都具有限制竞争的目的：并非所有的价格固定案件和所有的绝对地域保护案件都是目的限制竞争的案件。相反，一些被认为是具有限制"效果"的案件，却被认为处于《欧盟运行条约》第 101 条第 1 款规制的范围之外。同样地，不是每一个包含限制竞争目的的协议都必然是目的限制竞争协议。此外，过去认为在目的分析框架涵盖之外的协议类型，现在却也存在可能被认为具有限制竞争的目的，比如 Lundbeck 案。针对这些新的变化，欧委会也正试图通过修改《第 101 条第 3 款指南》等来回应这些反常现象。而究其原因，正如 Gerber 教授提到的，不断地改革不仅会引起程序上的变化，还会导致实质性的改变（Gerber，2008）。显然，欧委会对目的标准的态度就在逐步发生改变。诸如第 3 章中提及的

Lundbeck 案件和 Visa 案件[1]的判决表明，尽管受到《第 101 条第 3 款指南》规定的影响，但“显著的”限制竞争还不足以对整体具有促进竞争目的的协议产生负面作用。

3）尽管传统方法明确的好处在于分析简便，不需要对协议的经济背景等要素进行评估，但随着发展，在认定协议是否具有限制竞争目的时，要求协议的经济背景等分析要素作为判断依据的观点也逐渐得到认同。虽然有学者认为在认定某个协议是否具有限制竞争作用时，通常会选择避免对协议所处情境背景进行分析，来评价协议是否影响成员国之间的贸易或决定罚金的等级，因而法律、经济等背景要素分析的作用也没有被明确表达出来，但这主要还是因为欧委会在《第 101 条第 3 款指南》中的说明不足。在 BIDS 案和 T – Mobiles 案后，传统分析方法的适用是否过于简单化的问题引发关注，尤其是在普通法院在 GSK 案的判决中再次强调法律、经济背景在评价协议目的中的重要性后。随后欧委会在其《第 101 条第 3 款指南》《微量不计通知》等文件中也逐渐援引这一要求。在实践中，评估纳入协议所处情境背景等要素已经在 GSK 案和 Mastercard 案的判决中得到论证。而选择效果评估和对目的限制类型化的摒弃，也是对《第 101 条第 3 款指南》规定的否定，同样也会对传统分析方法产生负面影响，进而最终导致《第 101 条第 3 款指南》的正确性遭到强有力的挑战。

4）本质上具有限制竞争目的的特定协议，由于其必然的负面效果被推定损害竞争的结论也是有争议的。这其中存在两个问题，一是何为“本质上”，二是必然效果带来法律如何推定。在《第 101 条第 3 款指南》中，欧委会无法提供充足的司法判例支持来证明协议必然的负面效果意味着可以推定为《欧盟运行条约》第 101 条第 1 款的限制竞争行为。尽管“本质上”这一术语在适用上尤其重要，但还未对其进行定义。现有的解释都是欧委会凭借自身经验的定义，而非出自于司法判例。确实，没有任何依据表明，这样的损害在《欧盟运行条约》第 101 条第 1 款背景中必然发生并且无可辩驳。这转而让人对传统分析方法下的目的标准的含义、适用和定位是否清晰产生疑惑。根据传统分析方法，目的分析无须考虑实际效果的原因在于协议本身就具有限制竞争的意图或“目标”，而协议效果的分析结果与此并不相关（Deringer，1968）。然而，“目的”或“目标”不是主观概念（否则，协议方可主张它们没有限制竞争的意图），而是基于协议内容及其独特法律、经济等背景客观确定的。但如何对该目标进行证明则是目的分析方法的关键之处，实践证明还需依赖于“竞争限制”的构成以及 STM 案件中的方法（Chirita，2014）。这意味着，即

[1] 参见本书第 3.2.2 节的内容。

使协议包含《欧盟运行条约》第 101 条第 1 款（a）~（c）项中列出的明显的“竞争限制”，但按照 STM 案原则进行分析时，协议也有可能不包含限制竞争的目的（Chirita，2014）。判例实践展现出来的是：限制竞争目的分析要比直接证明协议包含有目的分析框架所列的限制竞争更加复杂。毫无疑问，有些种类的协议具有明显的限制竞争目的，但不是每个案件都是如此清晰明朗的。在这种情况下，采用更具分析性的方法来判断协议的目的更加有效。所以，法律、经济及相关背景的分析在限制竞争目的分析中也愈加重要（Conway，2014）。因此，用必然效果作为解释无须考虑实际效果的唯一决定因素并没有说服力。

5）传统分析方法不具有法律约束力，应当视为政策方法。我们可以清楚地看到目的分析框架具有很多优点，出台政策具有很多明显的优势，借助这些出台的政策，某些类别的协议则可依据其目的被推定为目的限制竞争协议。但是，将这种方法上升为法律是错误的，因为它不能从总体上反映判例法，而更大程度上是基于欧委会的经验而来的。特别是依据 STM 案中的方法，传统分析方法下的法律推定在《欧盟运行条约》第 101 条第 1 款下是可以辩驳的、具有争议的。欧委会至今也还未对法律与政策予以明确区分，因此，有关目的限制竞争的法律解释仍有很多疑问。此外，目的分析框架从实质上来说，是一系列具有限制竞争目的的协议的合集。当然，此类协议通常都具有限制竞争的意图。但是，直接将此分类方法上升为法律规定并不合理，也不能从根本上解决问题，因为传统分析法对于《欧盟运行条约》第 101 条第 1 款下目的概念的分析始终模糊不清，而这不仅反映出限制竞争目的概念的复杂性质，也恰恰说明相关内容还没有得到应有的重视。除此以外，《欧盟运行条约》第 101 条第 1 款是个动态的规定，即包含竞争限制的协议会依据不同时期的经济、政治背景不断发生变化（Monti，2007）。传统分析方法中对目的概念的约束意味着作为《欧盟运行条约》第 101 条第 1 款关键实质要素之一的“目的”，其实际含义、运用和作用被误解了。法院与欧委会对“本质”等术语的使用不一致会加深这种误解。因此，在描述限制竞争目的时使用诸如“本身”这样的词会产生过多的误导。综上所述，传统分析方法并不能涵盖所有情况，它只反映了部分的判例，而且限制竞争目的概念本身还需要进一步的解释（Akman，2010）。笔者认为，争论哪些协议类型应纳入具有限制竞争目的的协议类型之中是没有必要的，需要研究的应当是目的的实际含义、如何适用及其作用。尽管判例法中一直存在诸多争论焦点，但是其中最基本的问题还尚未得出结论。如果基本核心问题无法解决，《欧盟运行条约》第 101 条第 1 款就难以得到准确、高效的适用。

（2）更具分析性的方法

从判例法中确定的分析方法则是更具分析性的方法，其基于 STM 案总结归纳而来。更具分析性的方法的适用是动态的，需要评估协议所处的法律、经济及相关背景情况，限制竞争目的的推定没有必然的结果。因此，任何限制竞争行为都可能是潜在的目的限制竞争行为，具体可参考图 6－2。

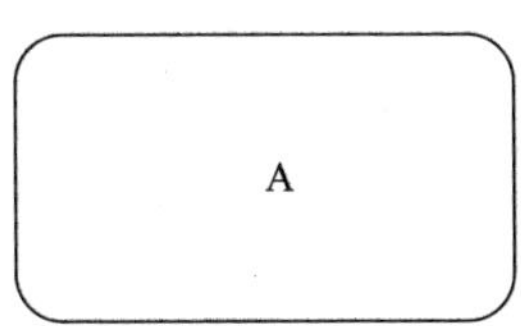

图 6－2　更具分析性的方法示意

可以看出，方框 A 代表所有协议的集合，即适用更具分析性的方法时，所有的协议都需要评估其所处的法律、经济及相关背景情况，并不存在任何例外或推定。前述两种方法的关键区别在于协议目的的客观性评价在两种方法的分析中是不同的。传统分析方法缺少在法律、经济等相关背景中进行限制竞争目的的评估，在很大程度上忽视限制竞争目的判断标准的复杂性。并且，它忽视判例分析法的重要性，尤其是出自欧盟法院的司法判例。因此，传统分析方法的适用具有片面性，并不能适用于所有的情况。相反，更具分析性的方法的适用几乎可以涵盖所有的情形，更为全面和具有普遍适用性。因此，可以归纳如下。

1）更具分析性的方法有司法判例的支持，出自于判例之中，而非臆定。从 Volkswagen 案和 GSK 案开始，法院逐步接受更具分析性的方法的适用。欧盟普通法院始终认为在分析时应首先判断以协议内容为基础的协议目的，并在协议相关的经济背景中进行审查。另外，法院还再次确认在协议的“法律和经济背景”中审查的必要性。整体来说，欧盟法院几乎没有在其早期审判过程中认可过传统分析方法，更多关注则集中在论证从协议的背景中理解协议目的的重要性。因此，更具分析性的方法体现得更多的是法院审判的意志，相比传统分析法，对限制竞争目的的相关概念作了更为明晰且详尽的解释，强调了法律的明确性，更容易让人信服。

2）更具分析性的方法的适用更加全面，几乎涵盖所有的情形。传统分析方法因为其相对固定的适用规则，很难对许多表面“显著”限制竞争但实质上没有限制竞争目的的协议进行辨别，因此传统分析方法的适用有很多的缺陷，通常无法将许多例外情况考虑进去。相反，更具分析性的方法因其动态性的结构，可以准确适用于每一种情形，并且根据每种特定情形的特点进行综合分析，进而在每种情况下都能得到合理准确的结论。例如，可以直接对同一协议中的促进竞争作用和限制竞争作用进行平衡分析，或可以判断附带限制性竞争是否必需且程度合理等。除此以外，许多学者认为传统分析方法更具有经济性，能够减轻行政负担，提高法律的确定性。但实则相反，正因为传统分析方法的自身规则缺陷，往往会带来诸多争议，进而加重司法、行政负担，并且因其结论的不确定性又会带来法律可预测性的缺失。相反，看似动态实则稳定的更具分析性的方法反而因其分析结构的稳定性，能够提高法律适用的准确性，进而减轻行政负担。因此，虽然当下两种方法利弊争议还存在，但从长远看，选择更具分析性的方法更加合理和高效。

3）选择更具分析性的方法也符合目的限制竞争协议未来研究发展的趋势。虽然支持传统分析方法的判例依旧存在，但是这些判例的结论都存在较大的争议，其法律基础也岌岌可危。反之，更具分析性的方法则相对更加清晰与准确。这点从欧委会在近期相关解释中与更具分析性的方法的原则产生共鸣并遵循该原则也可以看出。因此欧盟法院和欧委会都逐渐倾向于更具分析性的方法的适用，虽然诸多问题依旧需要解决，但是不可否认各方已经对更具分析性的方法的认可。所以，从长远来看，虽然传统分析方法依旧有一定的影响力，但显然更具分析性的方法必然会成为未来的选择。当然也不排除一种可能形式的出现，即以更具分析性的方法适用为主，结合传统分析方法的模式。

但与此同时，更具分析性的方法也具有一定缺陷。更具分析性的方法的主要问题就是适用的可行性，因其综合性分析的要求往往会带来沉重的司法、行政负担，虽然能够提高法律的确定性和预测性，但是如何提高效率、降低司法和行政负担也需要进一步思考；更具分析性的方法适用中还有一个值得注意的问题就是对于诸多市场分析概念的认定，例如市场结构、市场份额的认定问题，如何判定供应商和经销商在相关产品市场中的地位和重要性等。这些问题已然超出法律的范畴，需要结合法经济学等分析方法进行判断。在实践中也需要国家多个部门合作出台相关文件进行规制。

（3）混合分析方法

因为前述两种分析方法的发展和辩证一直充满着争议，所以欧盟法院进而总结出了第三种方法，即混合分析方法。其方法原理如图 6－3 所示。

混合分析方法结合了传统分析方法和更具分析性的方法。可以看出，方框 C 整体代表通过传统分析方法认定的具有限制竞争目的的协议类型集合，椭圆 A 则代表不具有限制竞争目的的协议集合，B 部分则是在传统分析方法下可以适用《欧盟运行条约》第 101 条第 3 款豁免的协议集合，E 则代表不能豁免且具有显著限制竞争目的的协议集合（核心限制），D 则代表适用《小案件指

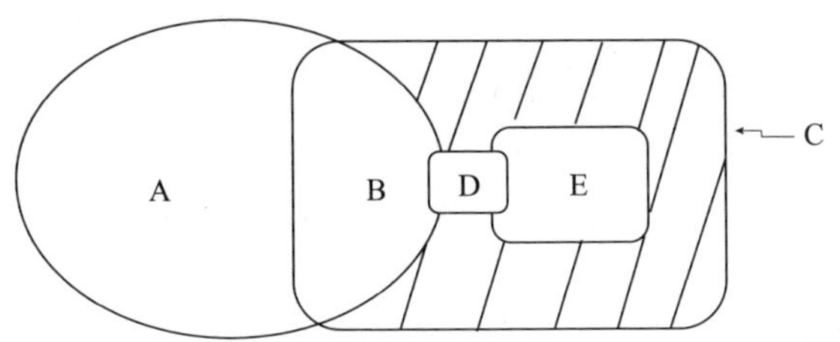

图 6-3　混合分析方法示意

南》可以证明不具有限制竞争目的的协议集合（学界对于 D、E 是否存在交集充满争议，笔者认为欧委会会豁免小企业间的核心限制竞争，因此 D、E 存在交集），阴影部分则代表适用更具分析性的方法可以证明的不具有显著性且不具有限制竞争目的的协议集合。所以相比传统分析方法及其所适用的《小案件指南》，混合分析方法能够更全面地对阴影部分所涵盖的协议进行有效的评估，更具全面性和合理性。传统分析方法下《小案件指南》涵盖的不具有限制竞争目的的协议集合只属于图 6-3 中阴影部分所涵盖协议集合的一部分，因此混合分析方法是相对于传统分析方法的升级，同时也可以避免对所有协议适用更具分析性的方法带来的沉重的行政和司法负担。

因此，可以得知：①混合分析方法结合传统分析方法和更具分析性的方法，是当前欧盟法院及欧委会愈发推崇的一种方法。根据前述对混合分析方法的介绍可以得知，越来越多的判例实践相继支持混合分析方法，也强调《第 101 条第 3 款指南》的缺失，尤其是因为欧委会倾向于使用混合分析方法，但这并未规定或体现在其指定的《第 101 条第 3 款指南》中。②混合分析方法的适用更加合理。不仅根据传统分析方法认可目的标准类型化，同时也能够很好地弥补传统分析方法的缺陷。此外，因为混合分析方法也具有更具分析性方法的特征，因此也融合更具分析性方法下适用全面化、综合性的特点。具体而言，可以发现混合分析方法下：首先判断是否可以适用《小案件指南》。如若不可以，协议因其本质产生的必然效果可以被认定具有限制竞争的目的，此时可以援引《欧盟运行条约》第 101 条第 3 款的豁免条款来证明协议可以豁免。如果不属于豁免范围，则可以进一步适用更具分析性的方法来认定协议的目的，即结合协议所处的法律和经济背景来判断。此时，需要确定一点，即只有协议的条款分析没有表明对竞争的效果足够有害时，才应考虑其结果。如若发现"足够"有害或"显著"有害，则可以确定协议具有限制竞争目的，就没有必要考虑其实际效果；如若未发现，则需要进一步对实际效果进行分析。所以，混合分析方法吸收传统分析方法和更具分析性的方法的特点，更加适合于当下欧盟的法律环境。但因为出现时间较短，许多未知的问题还无法得知，在后续适用的过程中还需进一步分析讨论。

不可否认，混合分析方法同样存在缺陷。①混合分析方法包含传统分析方法和更具分析性的方法，然而，正如前述判例分析那样，如果认真适用更具分析性的方法，即分析协议的法律和经济背景，此时传统分析方法和更具分析性的方法的混合看起来是矛盾的。任何自动被视为具有限制竞争目的的协议种类，由于STM案下要求的“法律和经济背景”分析，会被视为《欧盟运行条约》第101条第1款下可反驳的推定。这尤其体现在BIDS案中，特别是当欧洲法院意识到将协议详尽分类是不可能的，此时混合分析方法看似是自相矛盾的。②虽然越来越多的判例实践相继支持混合分析方法的适用，尤其欧委会都强调倾向于使用这种方法，但是存在的问题是即使是欧委会自己制定的《第101条第3款指南》也未提及或规定任何关于混合分析方法的相关内容。同时，因为混合分析方法中包含更具分析性的方法下的“经济与法律背景”分析要素，而这也是《第101条第3款指南》中所缺失的。但反过来，如若欧委会将“经济与法律背景”要素放入《第101条第3款指南》，这似乎又与其制定的传统分析方法相矛盾。因此，这种复杂的、内在自相矛盾的情况需要学界进一步探讨分析。

6.1.1.3 法律和经济背景的分析具有不可缺少的作用

正如前文所述，协议“目的”应当被解释为协议的“准确目的”（Precise Purpose）。即在考量协议的内容、环境和背景情境后，再查明协议的意图是否是限制竞争。而法律和经济背景的定义则相当宽泛，为认定协议目的必须包含分析协议所需要的各方面考量因素。而法律和经济背景分析作为媒介被用来：（1）平衡协议的积极属性与消极属性；（2）考虑目的的正当理由或合法目标的适用；（3）考虑特定限制是否附属于整体的促进竞争目的。

（1）平衡协议的积极属性和消极属性

平衡协议的积极目标和消极目标，是适用法律和经济背景来认定协议的主要目标。这个平衡过程可以用不同的视角来看待，即协议中促进竞争目的的作用是否比协议中的限制竞争目的的作用更大。曾经有许多案例表明在目的标准下评估协议，其积极属性比消极属性更有价值，这样协议不构成目的限制或被认为可以豁免。但是，很难完全知道何时协议的积极属性会胜过消极属性，即判断的界限难以用明确的标准来进行描述。这是因为通过判例实践中得到的更具分析性的方法来认定协议目的时，法律和经济背景因素才是决定协议的积极属性是否胜过消极属性的关键。因此，在一个案件中成功胜过限制竞争目的的因素在另一个案件中是否也能产生同样的效果是不可预测的，该结果取决于个案的事实。

此外，任何这样的平衡分析都不仅是协议效果的平衡分析，有时也能反映立法者的思想或法律适用的导向。因为不可否认，这种平衡形式可以将限制竞争事实合法化，进而引导或改变人们的某些固有认识。因此，通过对法律和经济背景下协议积极属性和消极属性的平衡讨论，进一步确认更具分析性的方法应当是分析解释“目的”的最佳路径，而“目的”应当理解为协议的“准确目的”。

（2）正当理由和合法目标（意图/目的）

合法认可协议包含的某些限制竞争目的，视其不违反《欧盟运行条约》第 101 条第 1 款的规定，该观点与协议有“合法目标/意图/目的”的概念一致。值得注意的是，法院适用这些术语（合法目标/意图/目的）时也并非总是一致的。因此，诸如构成协议“积极意图”或“积极目的”的构成要素，也是值得探索的。其中必然存在相同的构成要素，但也必然存在区别。例如，合法意图与积极目的之间就有区别：欧洲法院在许多案件中表明，仅有“合法目标”不足以认定协议不属于《欧盟运行条约》第 101 条第 1 款的规制范围或规避目的限制竞争的发现。

判例中提出的方法是首先认定协议是否具有限制竞争的目标，如果涉案协议被认定具有限制竞争的目标，才考虑促进竞争目的或无可非议的主要目的是否能够胜过限制竞争的程度。该方法的问题在于，尽管认定目的限制竞争不要求有“显著的”限制竞争，但此方法的适用也必须满足促进竞争目的或无可非议的主要目的的重要性能够胜过限制竞争目的的重要性的条件，才考虑“法律和经济背景”。而为了认定协议目的，对于协议内容而言必须考虑协议的法律和经济背景，即一定要在协议的法律和经济背景下审查协议内容。因此，必须在目的标准下考量协议积极属性和消极属性的平衡。这也侧面反映在《欧盟运行条约》第 101 条第 1 款下，任何类型的协议本质上都有可能成为目的限制竞争协议。

此外，欧洲法院没有对合法目标与正当理由之间细微的区别进行区分解释。因此，客观认为协议是否合法，取决于案件中协议所处的背景及协议目的。正当理由与附加限制性条件概念之间的关联，尤其令人深思。当协议具有正当理由并追求合法目的而必须具备一定的限制竞争目的时，需要判断这样的限制是否超过为实现协议主要目的客观必须限制的程度。即比例原则是判断的核心要素。另外，正当理由的主张何时可以成立，答案取决于个案中合法目标的实现是否比限制竞争目的更有价值。协议主体必须举例证明任何对协议的主要目的的限制都是附属的、合乎比例的，也就是为实现合法目的（商业的和公共的）或促进竞争目的所必需的。不论前述论述是否正确，至少可以确定的是，法律和经济背景的分析（基于协议内容）在判断正当理由是否合理正确时始终占据重要位置，并且也能够有效地对《欧盟运行条约》第101条第1款的固有法律推定进行反驳。此外，笔者认为，法院奉行合法意图时也应当考虑关于商业的具有正当理由的限制行为。

（3）特定限制与整体促进竞争目的

考虑特定限制是否附属于整体的促进竞争目的，体现在目的和附加限制性条件理论中。附加限制性条件的概念与平衡合法目的与正当理由有十分紧密的联系。就合法目标和正当理由来说，二者可交换使用，例如，特定限制被认为是附属于具有正当理由的目的或追求促进竞争的目标。评估协议“效果”时，往往需要考虑限制是否附属于主要协议。此外，尽管不具有普遍联系，附带限制性条件理论在目的分析解释时依旧非常重要。这是因为它有助于解释为何协议“目的”通常被法院描述为“主要目的”或“准确目的”，以及为何允许包含通常视为核心限制的协议不受《欧盟运行条约》第101条第1款的规制。可以假设这样一个例子，市场竞争者之间形成的协议是为了改善经销渠道，协议方目前还没有共享信息，但未来存在这样的可能性，并且由于这样的合作使得效率提高，从而使潜在的消费者全都受益。为了使协议方有动力改善经销渠道，它们需要多种不同的短期地域保护和市场分割协议。协议的主要目标（改善经销渠道）是否能够被视为促进竞争或有合法目的尚存争议。而限制也必须是客观必要的并且对主要目标来说是合乎比例的，只有满足这两点时才能被看作附属于主要目标。

欧盟常设法院还意识到与协议履行有关的附属协议的性质评估，通常包括复杂的经济评估。在对协议目的进行分析解释时，显著的核心限制类型协议也可能作为附属协议，来实现主要协议的促进竞争目的、合法目的（也是促进竞争的）等。这一结论也通常使一些具有限制竞争目的的协议被排除在《欧盟运行条约》第101条第1款的规制范围之外。另外，为进入新的市场，这样的限制也被进一步视为具有合法目标或是客观需要的。在这些情况下，限制条件没有违反《欧盟运行条约》第101条第1款的规定，并且不在《欧盟运行条约》第101条第1款的规制范围之内。

因此，附加限制性条件理论是协议方用来使主管机关相信协议不具有限制竞争目的的一个工具，无论是通过推定反驳的方式还是强调协议的主要目标。将理论的适用看作一种平衡的形式，不一定是不恰当的类比。在认定目的时，任何“平衡”都涉及确定协议的目标。因此协议中诸多“必需的”限制也是为了更为积极的目的。相反，“效果”标准下的平衡更注重协议的积极效果与负面效果的比例平衡。例如，当为实现协议合法目标而必须产生限制效果时，需要确保其限制程度不能超过必需的程度，只有满足这种情形，协议才能够不受《欧盟运行条约》第 101 条第 1 款的规制。因此，在目的标准的背景下利用附加限制性条件理论，通过分析协议的实际效果，存在可能使协议不受《欧盟运行条约》第 101 条第 1 款的规制的情况。

综上，应当通过将协议法律和经济背景的分析作为研究方法，来确定协议的准确目的。首先，需要对协议的经济背景和法律背景进行分析，这是目的分析解释的基础。进而通过对协议经济、法律背景的分析，来判断协议是否存在积极属性、是否具有正当理由或合法意图/目标/目的以及附带限制性条件等。通过分析发现，无论是用于传统分析标准下法律推定的反驳还是评估正当理由、客观意图、合法目标、促进竞争目的或附加限制性条件，法律和经济背景的分析都具有不可缺少的作用。笔者认为，通过上述分析，我国可以未雨绸缪，提前开始对相关认定方法或规则进行研究和制定。

6.1.2　欧盟目的限制竞争协议认定模式的不足

笔者认为，欧盟目的限制竞争协议认定模式的不足主要体现为认定方法均有缺陷。传统分析方法和更具分析性的方法的关键区别在于：协议目的的客观性评价在两种方法下是不同的。在适用传统分析方法时，特定类型的协议（通常是“核心”“严重的”或“明显的”）被推定为必然带有限制竞争的目的。也就是说，如果协议被证明属于前述特定类型的协议，那么协议就具有限制竞争的目的，这也被认为是《欧盟运行条约》第 101 条第 1 款下无可反驳的推定。另外，因为没有固定的限制竞争类型或其他先决条件，更具分析性的方法的适用是动态的、灵活的，重点则在于协议是否构成限制竞争目的的分析判断上。为了查明协议目的，需要按照 STM 测试法来评估特定的法律、经济及相关背景情况。同时，通过对判例实践的分析，发现经济分析取决于案件及其特定背景，不会带来冗长复杂的程序。而协议的限制竞争目的，从开始就没有绝对的推定。因此，任何行为都可能是潜在的目的限制竞争行为，而被视为核心限制类型的协议在被判断是否具有限制竞争目的时，也可能会被豁免或得出协议整体上不违反《欧盟运行条约》第 101 条第 1 款的结论。相反，那些不是核心限制类型的协议也可能被认为具有限制竞争的目的。除此以外，相较传统分析方法，更具分析性的方法拥有更有力的司法支持。在《第 101 条第 3 款指南》中，欧委会没有强调应当在法律、经济等相关背景中进行限制竞争目的的评估，很大程度上忽视限制竞争目的判断标准的复杂性。并且，它忽视判例实践的重要性，尤其是出自欧盟法院的司法判例。因此，虽然存在《小案件指南》等辅助性规定，传统分析方法的适用还是具有片面性，并不能适用于所有的情况。相反，通过参考协议的背景和对限制竞争的客观目标的分析，更具分析性的方法的适用几乎可以涵盖所有的情形，更为全面和更具有普遍适用性。但是，值得注意的是更具分析性的方法也具有一定缺陷，即其适用的可行性和对诸多市场分析概念的过度依赖。

混合分析方法包含传统分析方法和更具分析性的方法的特征，相比传统分析方法更具有灵活性，是当前欧盟法院及欧委会最为推崇的一种分析方法。一方面，混合分析方法不仅根据传统分析方法认可目的标准类型化，同时也能够很好地弥补传统分析方法的缺陷。另一方面，由于混合方法也具有更具分析性的方法的特征，因此也融合更具分析性方法下适用全面化、综合性的特点。具体而言，参考图 6 – 3，在适用混合分析方法的过程中，当协议因其本质产生的必然效果被认定具有限制竞争的目的时，协议主体可以援引《欧盟运行条约》第 101 条第 3 款的豁免条款来证明该协议可以被豁免。如果不属于豁免情形，则可以进一步适用更具分析性的方法来认定协议的目的，即结合协议所处的法律和经济背景来判断。此时，需要确定一点，即只有协议的条款分析没有表明对竞争的效果足够有害时，才应考虑其结果。如若发现“显著”有害，则可以确定协议具有限制竞争目的，就没有必要考虑其潜在效果；如若未发现“显著”有害，则需要再进一步对效果进行分析。结合前文可知，因混合分析方法吸收传统分析方法和更具分析性的方法的特点，更加适合于当下欧盟的法律环境，所以欧委会倾向于使用混合分析方法，并且越来越多的判例实践相继支持混合分析方法。因此，《第 101 条第 3 款指南》未体现或规定该分析方法成为其一大缺失。但因为出现时间较短，许多未知的问题还无法得知，在后续适用的过程中还需进一步分析讨论。

不可否认，混合分析方法同样存在缺陷，而这些缺陷也是值得我们关注的。虽然混合分析方法包含传统分析方法和更具分析性的方法，但是正如前述判例分析所得，如果认真适用更具分析性的方法，即分析协议的法律和经济背景，此时传统分析方法和更具分析性方法的混合则看起来是矛盾的。任何被推定为具有限制竞争目的的协议种类，由于 STM 案下要求的“法律和经济背景”分析，会被视为《欧盟运行条约》第 101 条第 1 款下可反驳的推定。这尤其体现在 BIDS 案中，特别是当欧洲法院意识不可能实现对协议的详尽分类时，混合分析方法看似是存在自相矛盾的。虽然越来越多的判例实践相继支持混合分析方法的适用，尤其欧委会都强调倾向于这种方法的使用，但是欧委会自己制定的《第 101 条第 3 款指南》既未提及或规定任何关于混合分析方法的相关内容，也未提及或规定包含在混合分析方法中的更具分析性的方法下的“经济与法律背景”分析要素。然而，如果假设欧委会将“经济与法律背景”要素放入《第 101 条第 3 款指南》，这似乎又与其制定的传统分析方法相矛盾。因此，这种复杂的、内在自相矛盾的情况需要学界进一步探讨分析。

笔者认为，会产生上述困境的核心原因便是缺乏限制竞争协议的分析框架体系。为什么既包括传统分析方法也包括更具分析性的方法的混合分析方法会自相矛盾？原因不外乎上述所谓的推定具有限制竞争目的的协议在“经济和法律”背景分析下却被证明具有限制竞争的目的。而造成这一矛盾的关键点是对于传统分析方法下“核心限制”类别协议范围的认定。如果不能正确、合理地认定此范围，那么再多的努力或讨论或尝试都是徒劳的。而一旦此问题得以解决，那么欧盟的基于混合分析方法的分析框架体系自然也就建立了。笔者认为，对于“核心限制”类别协议范围的认定已经困扰欧盟几十年之久，并非朝夕之间可以解决，但是随着欧盟及美国、新加坡、中国等对此问题的不断深入研究，不难发现经济元素包括市场结构、协议所处市场环境、市场影响力等将成为决定协议是否属于“核心限制”类别协议范围的关键考量因素。综上，笔者认为通过借鉴欧盟现有的框架体系制定困境，我国可以未雨绸缪，对《反垄断法》第 13 条第 1 款中的禁止规定进行相关研究和修改。

6.2　对我国限制竞争协议认定研究的相关建议

通过第 2 ~5 章的分析阐述，再来审视我国实践中认定限制竞争协议的问题，可以发现，学界对此已有关注，甚至一些学者提出两分层结构学说来加以解释（兰磊，2017）。笔者认为，要解决问题的根源，只有通过完善立法和制度构建，才能够实现。

6.2.1　我国限制竞争协议认定模式中存在的问题

（1）立法态度模糊

《反垄断法》对横向限制竞争协议作了具体规定，第 13 条规定的是一般性禁止规定，第 15 条则规定了豁免情形。这种形式与欧盟反垄断法的模式基本相同，二者体例均为“一般规定 + 豁免制度”。令人疑惑的是，无论审判实践中还是立法解释、学者讨论，我国似乎对横向限制竞争协议的基本态度是适用本身违法原则和合理原则，即美国反垄断法的模式。我国立法机关没有对此作出过相关解释，我国如何认定横向限制竞争协议迄今还是一个充满争议的问题，也为学界带来很大的困扰。笔者认为，该问题的最终解决还依赖于我国相关立法及其解释的完善，也包括相关制度的构建。

（2）理论与实践中的矛盾冲突

目前，我国对于横向限制竞争协议的认定及相关研究并不成熟。对于认定标准、分析结构以及如何解决平衡司法和执法机构的观点冲突等问题的讨论分析依旧有较大缺陷，并且也没有相关的明确解决方案或分析框架。再者，因为限制竞争协议的隐蔽性及其呈现的多样化、看似“合法化”，且《反垄断法》在限制竞争协议认定方面的规定也并不明确，这就导致审判实践中对于限制竞争协议认定的困境。例如，《反垄断法》第 15 条的豁免条款就很少被使用。归根结底，还是我国相关法律规定的空白导致现有的困境。为解决这些困境，《反垄断法》的立法机构应当借鉴欧盟、美国等发达地区反垄断法的理论及实践经验。但也必须因地制宜，不能盲目跟风，要充分考虑我国实际情况，针对现有立法上的缺陷及司法实务中的分歧，不断充实改进。笔者认为，完善我国横向限制竞争协议违法性认定的理论与司法实践研究有一定的社会意义与研究价值；从法学研究角度来看，这不是脱离司法实践的纯理论研究，也不是简单重复已有的理论或观点，更多的是一种为解决实际问题的有意义的探索。

（3）限制竞争协议与排除、限制竞争的关系

首先，在认定限制竞争协议时，排除、限制竞争的情形是否应当考虑以及如何考虑？从本章前述案例中可以看出，法院与执法机关的观点并不统一。法院认为，在认定限制竞争协议时，必须考虑排除、限制竞争的情形。“强生公司垄断案”中，一审和二审法院均强调，应当根据《反垄断法》第 13 条第 2 款认定是否构成限制竞争协议。也就是说，认定时需要判断协议是否具有排除、限制竞争的效果。上海市高级人民法院认为具有排除、限制竞争效果是认定限制竞争协议的构成要件。“深圳有害生物防治协会垄断案”中，深圳市中级人民法院则在前述观点的基础上，增加了“要判断协议是否具有排除、限制竞争的目的以及是否不合理地限制竞争”的要件。可见在两个案件中，法院均认为需要进一步证明排除、限制竞争的情形。但对于如何证明，法院的解释却有所不同，还处于探索阶段。

相反，执法机关对于认定限制竞争协议时是否需要考虑排除、限制竞争的情形的态度并不明朗。从已有的案件文书来看，执法机关的法律分析极其简单，如国家发展和改革委员会在认定限制竞争协议并作出处罚决定的思路通常是：首先，明确协议违反《反垄断法》的哪些相关规定，进而明确该协议排除、限制竞争，损害消费者的合法权益以及相关市场的公平竞争，因此应当认定为限制竞争协议。这一思路在上海黄金饰品行业协会横向垄断协议案中已有

明显体现。值得注意的是，“海南省物价局垄断案”中，海南省物价局在解释《反垄断法》第 13 条第 2 款时，首次提出限制竞争协议应当既包括具有排除、限制竞争目的的协议，也包括具有排除、限制竞争效果的协议。[1] 从原国家工商行政管理总局公布的案件来看，虽然其在措辞上有所不同，通常会提及“客观上限制竞争”“人为故意地排除、限制竞争”，但是仔细研究会发现诸如“客观上限制竞争”等措辞的含义并没有得到充分、体系化的解释，原国家工商行政管理总局仅仅证明限制竞争协议的达成及实施，并没有阐述协议的认定标准，也回避对此问题的阐释。当然，这也间接证明限制竞争协议必然会带来排除限制竞争的客观事实。

（4）排除、限制竞争的理解

正如前述，虽然《反垄断法》第 13 条第 2 款规定了“垄断协议”（限制竞争协议）的概念，但并没有规定具体应当如何判断协议是否属于排除、限制竞争协议。这也就带来诸多问题，也是笔者撰写本书的主要原因。通过前述案例分析可以发现，在“强生公司垄断案”中，上海市第一中级人民法院和上海市高级人民法院的观点均认为应当具有“排除、限制竞争效果”。在“深圳有害生物防治协会垄断案”中，深圳市中级人民法院认同“排除、限制竞争”应当包括“排除、限制竞争目的和效果”。由此可见，相比前者，深圳市中级人民法院认可“排除、限制竞争目的”的存在和重要性。另外，国家发展和改革委员会和原国家工商行政管理总局并没有过多地阐述其对排除、限制竞争的理解，也没有提及限制竞争目的或效果。值得注意的是，“海南省物价局垄断案”中，海南省物价局首次提出“排除、限制竞争”协议既包括具有排除、限制竞争目的的协议，也包括具有排除、限制竞争效果的协议。具有排除、限制竞争目的的协议通常经过长期反垄断实践证明，被认为本身就必然排除、限制竞争，因此无须分析其具体效果即可认定为限制竞争协议。并且，海南省物价局还指出具有排除、限制竞争目的的协议就是欧盟规定的目的限制竞争协议。显然，海南省物价局的解释是基于对欧盟限制竞争协议的认定研究而得出的。[2]

相比而言，欧盟及其成员国对“排除、限制竞争”有较为统一的认识，均认为其应当包括“排除、限制竞争目的”以及“排除、限制竞争效果”，目的与效果这二者是并列关系，不需要同时具备。也就是说，只要认定协议具有“排除、限制竞争目的”或具有“排除、限制竞争效果”就可以认定协议违法、无效。而前述深圳市中级人民法院认同“排除、限制竞争”包括“排除、

[1][2] 参见海南省高级人民法院（2017）琼行终 1180 号行政判决书。

限制竞争目的和效果”，在笔者看来是错误的，源于对并列关系的误读。此外，在司法实践中，“排除、限制竞争的目的”的证明相对比较容易，所以这种方法更被推崇，这也是欧盟当下的主流观点，因为一般从协议当事人的行为内容中就可以找到相关证据。但如果要准确地认定协议具有“排除、限制竞争效果”，则需要非常全面的分析，如相关市场的竞争状况、影响竞争的各种因素，并且通常要结合经济学因素进行分析，才能得出客观准确的结论（王健，2014）。

6.2.2　排除、限制竞争的作用及其认定分析

（1）关于应如何看待排除、限制竞争在认定限制竞争协议时的作用

已有案例表明，法院往往对排除、限制竞争在认定限制竞争协议时的作用持肯定态度，执法机关则态度较为模糊。有学者认为，《反垄断法》第 13 条第 2 款的规定，即“本法所称垄断协议，是指排除、限制竞争的协议、决定或者其他协同行为”，被安排在第 13 条第 1 款后，应当狭义地理解为仅涉及横向限制竞争协议（王健，2014）。因为根据我国立法习惯，具有指导性或一般性的条款，应当出现在最初的位置。也有学者认为，不同于《欧盟运行条约》第 101 条第 1 款的规定，《反垄断法》第 13 条中并没有规定垄断协议（限制竞争协议）的构成要素，即没有类似欧盟规定的通过目的或效果来审查协议（刘继峰，2012）。因此，在我国垄断协议的认定过程中也就没有必要考虑排除、限制竞争。就此笔者认为，上述两种观点虽有一定的道理，但依旧存在问题，不值得采纳。首先，必须承认从立法情况来看，没有将垄断协议（限制竞争协议）的定义放置于条款初始位置确实容易引人误解，同时定义没有清晰地指出排除、限制竞争是否属于垄断协议（限制竞争协议）的构成要素，而上述两点也是实践中造成认识差异的主要原因。但是，笔者认为《反垄断法》第 2 条中的“适用本法”实则已经暗示该款的适用范围是整部法律而非某个部分，因此对于该款的认识理解上应当从整部法律的角度来考虑，而不能仅仅局限于文字表面的理解。此外，《反垄断法》第 13 条垄断协议的定义已经表明协议必须具有“排除、限制竞争”的特性，因而逻辑上来说“排除、限制竞争”对于认定垄断协议自然相当之重要。立法机关对此也持类似观点，其认为“经营者之间的协议、决议或者其他协同行为是否构成《反垄断法》所禁止的垄断协议应当以该协议是否排除、限制竞争为标准”。我国相关学者也普遍认为排除、限制竞争是垄断协议的构成要件（王健，2014）。

此外，正如前述，实践中有些法院对于“排除、限制竞争”的理解也是十分模糊的，有些认为需要考量“排除、限制竞争的效果”，有些则认为需要

考量“排除、限制竞争目的、效果以及不合理地限制竞争”，执法机构则没有相关解释。笔者认为，从文义解释的角度来分析，将“排除、限制竞争”理解为“排除、限制竞争目的”或“排除、限制竞争效果”皆可。如若没有明晰的规定，对“排除、限制竞争”的理解就依旧存在分歧和未知的风险。同时，我国作为成文法国家，现有司法体系下判例的作用也无法达到欧盟同等水平，因此迫切需要相关法律条文的出台。此外，因为证明“排除、限制竞争目的”相较“排除、限制竞争效果”要简单，而前述也已经论证目的或效果二者择一证明即可，因此笔者更加推崇在分析垄断协议时偏重适用分析“排除、限制竞争的目的”。另外，笔者认为，结合《反垄断法》第 46 条“尚未实施所达成的垄断协议的，可以处 50 万元以下的罚款”的规定，可以得知我国对“排除、限制竞争效果”的认定类似欧盟，即并不要求以产生的实际效果为分析基础，那些产生潜在排除、限制竞争效果的协议也可以被认定为限制竞争协议。

（2）关于应如何认定是否具有排除、限制竞争

不同模式的认定思路和认定方法会带来认定结果以及豁免适用和举证责任的不同结果。现有的许多国家对于垄断协议的立法模式可以概括为“一般性禁止规定 + 豁免情形”的模式。即在一般性概括禁止规定的基础上，列举典型的“排除、限制竞争”的协议，当然还规定了豁免条款以供抗辩适用。凡是属于列举的典型垄断协议，都会被自动推定为违法协议，此时当事人必须举证证明符合豁免条款的规定才可以推翻前述违法推定（许光耀，2008）。需要注意的是，以欧盟为例，其在《欧盟运行条约》第 101 条第 1 款中先对垄断协议进行定义（类似于我国《反垄断法》第 13 条第 2 款），再列举予以禁止的协议，并在《欧盟运行条约》第 101 条第 3 款中对豁免进行规定。相反，我国则在《反垄断法》第 13 条中先行列举禁止协议，再定义垄断协议概念，最后在第 15 条中规定豁免情形。可以发现，我国和欧盟在垄断协议的立法模式、概念定义、认定思路等方面基本一致。最大的共性在于均规定典型的“排除、限制竞争”的垄断协议和违法推定的适用，可以适用豁免条款的情况除外。但是，有两个问题也十分明显。第一，《反垄断法》第 13 条第 2 款的放置位置问题，可以发现例如欧盟便将一般性规定或概念解释条款放置在前，具体禁止协议放置在后。这样不仅从逻辑上更易于理解和解释，同时也能够消除诸多分歧或争议，对于条款的适用更加有益。第二，需要关注“国务院反垄断执法机构认定的其他垄断协议”这一兜底条款。《反垄断法》规定中除去那些法律列举、禁止的典型垄断协议外，国务院反垄断执法机构认定的其他垄断协议则需要进行促进竞争和限制竞争的平衡考量，最终确定协议的目的。而这种规定

似乎也从侧面反映出我国法律其实也具有需要结合协议所处经济和法律背景来综合分析的观点。

此外，《反垄断法》第 15 条即反垄断豁免规定，如果当事人能够举证证明该协议存在可以豁免的情形，则不再认定为“排除、限制竞争”的垄断协议（限制竞争协议），从而也不受到相关法律的规制。但我国的实际情况是，对于限制竞争协议认定时是否必须一并考虑豁免条款（《反垄断法》第 15 条），司法机关和执法机构意见存在分歧（王健，2014）。反观我国反垄断执法机关处理的一系列垄断协议案件，虽然态度不明确，但从其行文表述和所呈现的证据来看，基本还是围绕证明垄断协议存在展开的。实际上只要举证证明存在垄断协议就可直接推定该协议是一种“排除、限制竞争”的垄断协议。但如果被调查的相对人不服，认为属于《反垄断法》第 15 条可以豁免的情形，则必须提供相应的证据加以证明。这种垄断协议的认定思路和分析方法也比较符合《反垄断法》的本意和精神实质，可以极大地提高严重排除、限制竞争的典型垄断协议的执法效力和执法力度，及时充分地体现社会公正（王健，2014）。

6.2.3 对《反垄断法》等法律的修改建议

实践中诸多问题的分歧表明《反垄断法》无论是理论本身还是实际实施中都存在着较大的不确定性。而这种不确定性或不可预测性一旦超越合理的边界，那么就会导致相关法律的存在和不存在效果是相同的，继而让经营者、司法审判者、执法者无所适从。本书通过分析欧盟反垄断法下目的限制竞争协议的认定研究，希望对我国相关法律制度构建提出一些建议。而就欧盟经验来看，在目的限制竞争协议认定方面，为了提高法律适用的确定性和可预测性，欧盟确实已然做了大量工作，包括核心限制竞争的类型化尝试，制定各种条例、《小案件指南》以及准则等，最终试图构建出一个具有清晰结构的认定排除、限制竞争协议的分析框架。

当然，笔者认为对于《反垄断法》中规则的不确定性，可以通过修改法条或法律解释来加以解决。然而，如若存在法律解释或修缮现有法规也无法解决或仍有分歧的问题，则需要通过完善相关立法体系来解决。虽然《反垄断法》共有 57 条，其中大部分法条都较有原则性，但在真正适用时具有太大的不确定性和不可预测性。而针对如何认定目的限制竞争协议，目的限制竞争协议的推定、目的限制竞争与豁免规则的关系等核心问题均没有相关规制。笔者认为，需要完善相关立法，才能够最终解决不确定性的问题。有学者建议完善相关立法可以通过多种途径完成，例如修改《反垄断法》，制定反垄断法实施细则，颁布各种有针对性的条例、指南或准则等（刘廷涛，2015）。笔者认为，经过对欧盟反垄断法下目的限制竞争协议认定的分析，在不修改《反垄断法》或增加相关实施细则的情况下，无论是针对限制竞争协议颁布各种条例、指南还是准则，均无法产生较好的改善效果。尤其从长远来看，许多未知的情况很可能会发生，不能够无限制地颁布各种条例、指南。另外，太多的指南、条例等也有可能存在自相矛盾的情况。笔者认为，这也是欧盟学者当下集中在讨论应当如何构建分析限制竞争协议分析框架的原因。因此，笔者认为，基于我国现有国情和《反垄断法》的形式结构，建议参考《欧盟运行条约》第 101 条第 1 款和第 3 款的相关特点，进而完善《反垄断法》第 13 条和第 15 条的制定和运用。此外，通过本书第 3 章、第 4 章和第 5 章的分析，可以得知在分析协议是否具有限制竞争目的时，混合分析方法具有较大的可借鉴性，但必须处理好对于核心限制协议范围的认定工作，继而防止该方法适用下自相矛盾的情况出现。我国原国家工商行政管理总局在 2015 年颁布《关于禁止滥用知识产权排除、限制竞争行为的规定》，这类似于欧盟的《小案件指南》，是对《反垄断法》的有效补充。因此，笔者认为改善的混合分析方法可能更加适合于当下的中国反垄断法体系。但此观点基于两个前提，一要精准正确地确定核心限制协议的范围；二要构建适用于中国的更具分析性的方法，并对相关概念进行定义。二者缺一不可。笔者因而提出以下具体建议。

一是将现有《反垄断法》第 13 条第 2 款与第 1 款更换位置，并修改为："本法所称垄断协议，是指具有限制竞争目的或效果的协议、决定或者其他协同行为。判断限制竞争目的或效果时，需结合协议所处背景情境进行相关考量。"

笔者提出此建议，首先因为根据前述分析，可以得知将《反垄断法》第 13 条第 2 款置于条款初始位置，有利于从逻辑上理解，同时也可以避免不必要的歧义理解。其次，因为我国与欧盟立法上相似，欧盟立法对于我国具有高度的可借鉴性。同时，我国审判实践中也多次提及限制竞争的目的、效果等理念。因此，笔者认为将"排除、限制竞争"的认定具体化是有必要的，而通过目的或效果来具体化"排除、限制竞争"的运用也应当是最好的选择。但也会因此产生其他问题，譬如目的的概念怎么解释，如何判断是否具有限制竞争的目的和效果等问题。为解决这些问题，则需要增加"在判断限制竞争目的或效果时，需结合协议所处背景情境进行相关考量"这句话，因为分析协议的法律和经济背景时，会对协议促进竞争和限制竞争效果进行平衡，审查是否存在附带性限制情形、是否具有正当合理理由等情况，继而可以更为准确地判断协议是否具有限制竞争的目的。当然，这样也为许多现在还未遇到但将来可能会遇到的新的类型或具有更为复杂情况的协议的出现提前做好准备。因为当一些新类型协议或具有复杂情况的协议出现时，传统的分析方法和豁免条款很大程度上可能无法适用，或会导致不合理的结果。那么此时通过对协议的法律和经济背景进行分析，对任何协议都可以作全面的、深度的分析，进而能得到相对合理、准确的结果。因此，笔者认为此处加入“需结合协议所处背景情境进行相关考量”是必要的，因为作为《反垄断法》第 13 条第 1 款的一部分，它也具有一般性规则的色彩，进而能够影响到整部法律。在法律适用过程中，如若遇到例外情况或特殊情况，都可以通过引用此规则进行相关分析。

二是严格审查《反垄断法》第 13 条第 1 款中被禁止的垄断协议范围。

正如前述，无论是欧盟竞争法中还是我国《反垄断法》下，都存在着这样一个问题，即如何精准判断可以被推定为目的限制竞争协议的协议，也就是所谓的核心限制协议。因为对于这些协议，即使适用更具分析性的方法，结果也是具有限制竞争的目的，也因此才视它们为违法推定的协议。而针对除了这些核心限制的协议以外的其他协议，往往需要对协议的法律和经济背景进行个案分析，这样也就形成了欧盟所谓的混合分析方法。正如笔者所述，这样的分析框架构成需要解决的核心问题就是核心限制协议范围的判定。因此，笔者建议相关立法机关应当结合司法机关、执法机关的建议意见，在可能的情况下进行核心限制协议范围的构建。很多学者认为欧盟混合分析方法下的核心限制类型化能够减轻行政司法审判的负担（Whish & Bailey，2015）。但是如若这种方法的基础即被认定为核心限制的协议都是错误的，那么只会增加更多的司法负担。因此，笔者认为我国立法机关在修订《反垄断法》第 13 条第 1 款时应当采取审慎的态度，除非能够确保所列协议必然具有限制竞争的效果，否则应当将其排除在第 1 款的范畴之外，继而对协议的法律和经济背景进行分析。当然，要彻底解决这个问题，笔者认为需要结合经济学方法进行多层次的分析。对此，有学者已经通过学习欧美，提出双层平衡模式，但是其中对于具体的界定标准依旧没有得到明细的答案（兰磊，2017）。因此，笔者认为，在此问题上，需要通过对市场经济中相关元素更深入的探讨分析，才能得到较为准确和具有可行性的答案。

三是增加《反垄断法》相关的实施细则来辅助实践中的运用实施。

根据第一条建议，笔者认为修改《反垄断法》第 13 条后必然会有大量的案件需要通过分析协议所处的背景情境来判断是否具有限制竞争的目的。因此如本书第 4 章所述，对于“相关市场”，协议的“经济和法律背景”“市场结构”等概念的解读或定义就变得尤为重要。因此，笔者建议我国立法机构应当增加《反垄断法》相关实施指南或准则来辅助该法的实施，在实施指南或准则中应当对前述市场经济相关的概念、要素的认定进行规定。也就是说，通过相关的实施细则来补充协议法律和经济背景分析的适用，进而完善整体分析框架结构。此外，因为我国并不属于判例法国家，判例的作用有限，更多的还是依靠成文法律规定，所以实施细则对于法官在判案时，尤其在审查协议所处背景情境时十分有用。当然，对于相关实施细则该如何制定以及制定方法的研究，还需要与相关经济学专家、学者进一步讨论。

笔者认为，在采纳上述三条建议后，我国在认定限制竞争协议时，思路或分析框架将非常清晰。正如适用混合分析方法那样，首先应判断协议是否受《反垄断法》第 13 条的规制，如若受此规制，则判断协议是否属于核心限制协议或是否属于《关于禁止滥用知识产权排除、限制竞争行为的规定》等指南、条例的规定范围。答案若是否定的，则判断其是否满足《反垄断法》第 15 条的豁免要求；如若不属于豁免情形，继而通过分析协议所处的背景情境来对协议是否具有限制竞争的目的，作出最终判断。上述制度构建了垄断协议认定和“排除、限制竞争”关系的基本框架。

四是在立法层面出台相关指南规定，统一执法机构和司法审判机关对于认定“排除、限制竞争”分析的思路和方式方法，继而避免执法机构和司法审判机关对于同一问题产生不同裁决结果的情形。

因为《反垄断法》实施中存在的不确定性，很大一部分原因来自反垄断执法机关和法院在处理相同问题（排除、限制竞争的认识上）时的冲突和分歧。那么关键的问题也就产生了，应当以法院的观点为准还是执法机构的观点为准？一旦反垄断执法机构的处理决定面临司法审查，法院应当如何审判？对此，笔者认为，最好的解决办法就是在立法层面制定指南规则以统一双方的分析思路方法，进而从根本上解决问题。当然，也存在例外的情况，即当立法不能妥善解决问题时。对此，笔者认为，我国可以学习欧委会和欧盟法院并存的模式，建立“司法尊重行政制度”和“约束力规则”。许多国家或地区的反垄断执法机构事实上长期以来都是独立存在的，并且是具有权威性的执法机关。例如欧委会竞争主管机构，其颁布的指南或条例在效力上和法律相差无几。当然，也正是因为这样，学界许多学者对此进行了激烈的争论，以确定欧委会颁布的指南是否具有法律约束力。就现有的发展情况来看，答案似乎是否定的。但这并不影响反垄断执法机关的权威性，在反垄断执法机关中通常除一般工作人员、法律专家外，还配有经济专家、技术专家等，因此其对限制竞争行为的认定结果相比法院往往更加准确。也正是基于此，部分国家的反垄断法甚至规定，法院对反垄断执法机构的处理决定仅进行法律审查，并不进行事实审查。可以看出，事实审查实质上已然属于反垄断执法机构的专有权力。另外，借鉴美国和日本的相关法律规定，接近于享有和法院相同权力的反垄断执法机构在行政裁决中认定的案件事实，如果其有实质性的证据证明相关观点，此时反垄断执法机构的裁决意见对于法院也具有约束力。因此，因为限制竞争协议认定过程中，判断是否具有限制竞争的情形、“排除、限制竞争协议”的推定以及垄断协议的竞争性评估等问题几乎都是事实判断问题，所以，反垄断执法机构对于这些限制竞争协议事实的判定就至关重要。法院必须尊重反垄断执法机构的观点，并因为其具有约束力而不得反驳，这也是诸多欧盟学者大量探讨欧委会颁布的指南是否具有法律约束力的原因。笔者认为，我国对此也可以进行借鉴，在进行相关立法的过程中，对执法机构和法院的作用进行明确的定位，以防止日后的矛盾冲突。

6.3 对 TRIPS 协议下我国专利许可协议中回授条款限制竞争分析的建议

随着经济全球化的加快和知识经济时代的到来，知识产权在国际贸易和国内贸易中的地位日益重要。TRIPS 协议也将知识产权保护全面纳入世界贸易体系之中，而且具有较强的法律拘束力。对于回授条款的限制竞争规制问题，TRIPS 协议第 40 条第 1 款规定：“全体成员一致认为：与知识产权有关的某些妨碍竞争的许可证贸易活动或条件，可能对贸易具有消极影响，并可能阻碍技术的转让与传播。”第 2 款规定：“本协议的规定，不应阻止成员在其立法中具体说明在特定场合可能构成对知识产权的滥用、从而在有关市场对竞争有消极影响的许可贸易活动或条件。如上文所规定，成员可在与本协议的其他规定一致的前提下，顾及该成员的有关法律及条例，采取适当措施防止或控制此类活动。这类活动包括诸如排他性返授条件、禁止对有关知识产权的有效性提出异议或强制性的一揽子许可。”[1] 从第 1 款可以看出，TRIPS 协议的成员无论是发达国家（或地区）还是发展中国家（或地区），都认为某些限制竞争行为可能对贸易产生消极影响，并会阻碍技术的传播与转让。此外，从第 2 款可以看出，TRIPS 协议规定各成员可以自行以法律或规章的形式来限制或控制各种知识产权滥用行为。需要注意的是，虽然 TRIPS 协议要求排除知识产权滥用行为，但对于什么样的行为属于妨碍竞争或限制竞争，TRIPS 协议仅仅规定了基本原则，并未具体规定。对于限制竞争行为的认定权利则是赋予成员自身，这

[1] 参见《与贸易有关的知识产权协议》第 40 条。

样不仅能够体现出国际法对各成员的尊重，同时也能够使更多的发展中国家（或地区）愿意接受公约。但是，此时对于限制竞争行为的判断也更多地依赖于国内立法者对此的认知。因此，TRIPS 协议对于知识产权许可协议中限制性条款认定的规定是原则性的，具体的认定规则更多地体现在成员各自的规定中。有学者提出，TRIPS 协议第二部分第八节的标题以及第 40 条的内容清楚表明，协议涉及的仅仅是对竞争产生限制作用的行为。也就是说，TRIPS 协议采用以竞争作为标准的判断模式。知识产权许可合同中的限制性条款是否导致知识产权滥用，要看该条款是否具有减少竞争的影响，有时还要对比一个许可合同所带来的促进竞争作用与减少竞争危害之间的大小（姚立国和张炳生，2009）。而这也正是第 4 章中所提及的方法，即需要根据协议所处经济和法律背景综合分析，而非一种静态的规则的适用。

从我国国内法角度来看，我国现有的涉及回授条款限制竞争分析的相关法律主要包括《中华人民共和国对外贸易法》（以下简称《对外贸易法》）、《中华人民共和国技术进出口管理条例》（以下简称《技术进出口管理条例》）、《中华人民共和国合同法》（以下简称《合同法》）等相关法律规范。具体来说，《合同法》第 329 条规定："非法垄断技术、妨碍技术进步或者侵害他人技术成果的技术合同无效。"该条所称"非法垄断技术、妨碍技术进步"具体情形由《最高人民法院关于审理技术合同纠纷案件适用法律若干问题的解释》的第 10 条明确列出，一共有 6 种情形，其中第一种就是"限制当事人一方在合同标的技术基础上进行新的研究开发或者限制其使用所改进的技术，或者双方交换改进技术的条件不对等，包括要求一方将其自行改进的技术无偿提供给对方、非互惠性转让给对方、无偿独占或者共享该改进技术的知识产权"。[1]由此可以看出，我国法律基本否定无偿的、非互惠的、独占性回授。上述合同法中规定有助于规范技术转让合同许可方的行为。但是，合同无效只能阻碍合同的履行，对技术许可方的行为并不能起到普遍的规范作用。此外，契约自治原则可能为缔约方的非法行为提供合法的外观，貌似是在行使"合法"的权利，却达到了不正当的目的。因此，《合同法》在规制回授行为时，作用非常有限。《技术进出口管理条例》曾规定，在技术进口合同有效期内，改进技术的成果属于改进方；[2] 技术进口合同中不得含有"限制受让人改进让与人提供的技术或者限制受让人使用所改进的技术"的条款。[3] 原《技术引进合同管理

---

[1] 参见《中华人民共和国合同法》第 329 条。

[2] 参见《中华人民共和国技术进出口管理条例》（2011 年修订版）第 27 条。

[3] 参见《中华人民共和国技术进出口管理条例》（2011 年修订版）第 29 条。

条例施行细则》第12条曾这样规定改进技术的回授：在受方向供方提供改进技术时，其条件应当与供方向受方提供改进技术的条件相同。[1] 而《最高人民法院关于审理技术合同纠纷案件适用法律若干问题的解释》第10条已经明确对“双方交换改进技术的条件不对等”的否定态度。[2] 由此可见，我国的涉外技术贸易制度得到不断的完善，力求加强对国外知识产权权利人的保护，平衡国际技术进出口合同双方的利益，促进国外先进技术的引进，符合我国的整体利益和全球贸易自由化的要求（宁立志和陈珊，2007）。此外，依据《合同法》第124条的规定，《技术进出口管理条例》没有规定的，应当适用《合同法》的有关规定，那么最高人民法院对《合同法》第329条的解释，对于《技术进出口管理条例》没有明确规定的情形也同样适用。[3] 因此，依据司法实践，在我国技术进口合同中，无偿的、非互惠的独占性回授条款通常是无效的。此外，参照TRIPS协议的规定，《对外贸易法》第五章第30条作出相应规定：“知识产权权利人有阻止被许可人对许可合同中的知识产权的有效性提出质疑、进行强制性一揽子许可、在许可合同中规定排他性返授条件等行为之一，并危害对外贸易公平竞争秩序的，国务院对外贸易主管部门可以采取必要的措施消除危害。”

从以上法律规定中不难看出，虽然在我国无偿的、非互惠的独占性回授不被认可，但依旧没有认定回授的具体细致的法律规范等。因此，当下无论是上述国内法还是国际条约（TRIPS协议），都缺乏对限制竞争条款认定的具体规定。值得注意的是，通过审视原国家工商行政管理总局公布的《关于禁止滥用知识产权排除、限制竞争行为的规定》以及《工商行政管理机关禁止滥用市场支配地位行为的规定》，却可以发现知识产权滥用问题应当由反垄断法来进行规制，而非由知识产权法或相关法律来规制。例如，《关于禁止滥用知识产权排除、限制竞争行为的规定》第1条规定，为了保护市场公平竞争和激励创新，制止经营者滥用知识产权排除、限制竞争的行为，根据《反垄断法》制定该规定；第2条则规定经营者滥用知识产权，排除、限制竞争的行为，适用《反垄断法》；此外，第10条规定，具有市场支配地位的经营者没有正当理由，不得在行使知识产权的过程中，实施下列附加不合理限制条件的行为，排除、限制竞争：要求交易相对人将其改进的技术进行独占性回授。因而可以发现，在没有特殊情况下，独占性回授条款不被我国所认可。但是，正如我国

[1] 参见原《技术引进合同管理条例施行细则》（已失效）第12条。

[2] 参见《最高人民法院关于审理技术合同纠纷案件适用法律若干问题的解释》第10条。

[3] 参见《中华人民共和国合同法》第124条、第329条。

法律所述，特殊情况下经营者具有正当理由，此时独占性回授条款也可能并不具有排除、限制竞争的作用。

因此，从上述分析可以看出，对于知识产权排除、限制竞争行为的规制主要应当通过我国《反垄断法》来进行。而这种情况也符合 TRIPS 协议的规定，即对于知识产权许可协议中限制性条款的具体认定规则更多地体现在国内法的规定中，并且我国《反垄断法》中的相关规定也不违反 TRIPS 协议的相关规定。但是，笔者认为，虽然我国《反垄断法》中的相关规定不违反 TRIPS 协议的相关规定，但是也因为缺失相关具体规定，而无法真正满足 TRIPS 协议的要求。正如前述，TRIPS 协议表明以竞争作为标准的判断模式，即需要对许可合同中回授条款的积极和消极作用进行平衡等来综合判断。

因此，基于上述分析，笔者认为中国当前《反垄断法》的结构和内容都更接近《欧盟运行条约》第 101 条，并且在中欧科技创新合作的大环境下，为应对欧盟的各种恶意磋商请求，也应首先对欧盟现有回授条款的限制竞争认定模式和规则进行深入研究，继而提出适用于中国国情的相关认定规则。诚然，如前文所述，欧盟限制竞争协议认定模式具有其优点，但同时也存在不足。因此，基于此前对其优劣的分析，笔者对我国回授条款的限制竞争分析提出了相关建议。

（1）应当考虑回授条款所处的产业发展阶段

对于回授条款的限制竞争分析，笔者认为我国应当在借鉴欧盟既有经验的基础上，根据回授条款所处的环境（法律、经济因素等）阶段来具体分析。正如本书第 5 章所述，将专利许可协议看作企业合资，法院应当决定回授条款所处的协议（合资企业）处于市场上游阶段还是市场下游阶段。市场上游阶段的协议（合资企业），例如协议目的是研究科技、促进创新，并不涉及商业目的（国际科技合作中更多处于此阶段），该协议本身就比下游市场的协议少相当程度的限制竞争效果。除非回授条款是独占性的，否则不会产生任何影响。所以，处于上游市场的协议（合资企业）中的非独占性回授条款应当推定为合法，但独占性的回授条款则需要通过全面分析，进而判断其是否具有限制竞争目的。另外，看作处于市场下游的协议（合资企业），例如协议的目的是生产销售商品的，处于产品生产阶段。此时，在相关市场上的协议具有限制竞争效果的可能性更大，而回授条款会进一步加深其效果。下游市场的协议（合资企业）中的独占性回授条款可能会造成专利持有者的垄断情况，非独占性回授条款则可能会引起企业联盟。对这样的回授条款的限制竞争行为都需要仔细分析。借鉴政府机构传统的企业合并分析，法院和机构应当评估合资企业中企业的市场份额、占有率，以及新市场竞争者进入市场的难易程度。上述这种更为细致的分析方法会使政府机构和法院更快地认定回授条款是否造成限制竞争影响，从而避免原本会因为直接适用协议类型化规则而造成不必要的资源浪费，同时也可以树立更为清楚和易于理解的实例，对以后的相关工作有指导性作用。

当然，对于看作处于市场下游的协议（合资企业），是否能够通过欧盟的混合分析方法来判断协议是否具有限制竞争的目的，笔者认为这个问题显然值得学界进一步深入思考和探讨。从理论上来说，如果核心限制范围能够确定，那么混合分析方法完全可以适用于看作处于市场下游的协议（合资企业），并且能够得出合理正确的结果。但是，就欧盟反垄断法下“核心限制”的讨论来看，其范围的认定充满争议。所以，更为全面的经济、法律分析对于最终裁判的准确性更为有利。再者，从我国的实际情况来看，我国《反垄断法》甚至还未明确规定如何认定限制竞争协议。因此，笔者认为，就现阶段来说，根据回授条款所处的环境（法律、经济因素等）阶段来具体分析，进而判断其是否具有限制竞争目的、是否具有可操作性，也是当下较为值得借鉴的方法。待后续我国《反垄断法》进一步完善，且限制竞争协议认定体系建立后，再对混合分析方法是否可以适用到看作处于市场下游的协议（合资企业）中的问题进行探讨也不迟。

（2）应当结合不同行业具体考量

欧盟当下主要通过适用混合分析方法来判断回授条款是否具有限制竞争的目的，但是高新技术行业的特殊性导致其拥有许多不同于传统市场的经济特征，这些特征会使得反垄断分析更加艰难（甚至没有逻辑）。如前所述，在涉及高新技术产业中回授条款的限制竞争分析时，应当根据回授条款所处的环境（法律、经济因素等）阶段来具体分析，而不能直接使用混合分析方法。因为在特定情况下，独占性回授条款也可能不具有限制竞争的作用，反而促进科技创新。由此可以看出，行业的特征也是需要考量的要素之一。

笔者认为，我国在制定回授条款的限制竞争认定规则时，应当充分结合规则适用的行业特征，依据不同行业的不同特点及发展规律，合理判断不同行业中回授条款是否具有限制竞争目的。具体而言，应当在《反垄断法》中加入相关规定，使法官或裁判者能够在判断时考量行业特性，具体建议已在第6.2节的制度构建中进行详细阐述。

（3）应当考虑国际环境及中国发展战略

回授条款在国际科技创新合作协议中的地位不言而喻。对于回授条款的限制竞争分析规则的制定，应当充分考虑国际环境（外部因素）及中国的发展战略。美国作为科技大国，始终把国际科技合作知识产权保护作为其国际科技合作政策中最为重要的内容，这点从“特殊 301 条款”中可见一斑。美国不断就中国法律中涉及回授条款的规定向中国提出交涉，其本质便是防止中国科技发展过快，进而取代其国际地位。从另一个角度看，美国也是故意战略性地压制中国科技发展，给其自身留出发展时间，保持世界霸主地位。因此，中国在制定回授条款的限制竞争分析规定时，应当结合国际政治经济、国家发展战略等因素，在国际法规定的范畴内，制定出有利于中国发展的相关规则。此外，中国不应当受到美国等国外因素的类似干扰。虽然当下美国也许会通过经济、外交等措施非法侵害中国正当权益，但是笔者认为，从长远看国际科技合作中知识产权的归属及垄断问题认定的规则是保证中国国际科技创新合作成果的基础，只有制定出合理的、有利于中国发展的相关规则，才能保证中国科技强国战略和“一带一路”倡议的顺利实施。因此，国际环境及中国的发展战略也是制定回授条款的限制竞争分析规则时必须考量的因素。

6.4　本章小结

本章阐述了我国应当借鉴欧盟目的效果二分模式，探讨分析欧盟三种目的限制竞争协议认定方法的特点缺陷，对“经济和法律背景”的考量要素进行体系化、多层次的理解，在深刻理解混合分析方法本身存在自相矛盾问题原因的基础上，结合国情，提出相关建议。我国应当首先明确如何看待排除、限制竞争在认定限制竞争协议时的作用和应如何认定是否具有排除、限制竞争这两个问题。进而在法律修改建议方面，笔者提出以下具体建议：一是将现有《反垄断法》第 13 条第 2 款与第 1 款更换位置，并修改为“本法所称垄断协议，是指具有限制竞争目的或效果的协议、决定或者其他协同行为。判断限制竞争目的或效果时，需结合协议所处背景情境进行相关考量”。二是严格审查《反垄断法》第 13 条第 1 款中被禁止的垄断协议范围，尽量保证范围的精准性和可预测性。秉承宁可缩小范围也不盲目扩大的原则。三是增加《反垄断法》相关的实施细则来辅助实践中的运用实施。根据第一条建议，笔者认为修改《反垄断法》第 13 条后必然会有大量案件需要通过分析协议所处的背景情境来进行是否具有限制竞争目的的判断。因此如本书第 4 章所述，对于“相关市场”，协议的“经济和法律背景”“市场结构”等概念的解读或定义就变得尤为重要。因此，笔者建议我国立法机构应当增加《反垄断法》相关实施指南或准则来辅助本法的实施。四是在立法层面出台相关指南规定，统一执法机构和司法审判机关对于认定排除、限制竞争分析的思路和方式方法，继而避免执法机构和司法审判机关对于同一问题产生不同裁决结果的情形。笔者认为，最好的解决办法就是在立法层面制定指南规则，统一双方的分析思路与方法，进而从根本上解决问题。最后，本章还分析了 TRIPS 协议背景下我国相关法律制度存在的问题，并对我国专利许可协议中回授条款的限制竞争分析提出相关建议：第一，应当考虑回授条款所处的产业发展阶段；第二，应当结合不同行业具体考量；第三，应当考虑国际环境及中国发展战略。

第7章　结　语

7.1　结　论

通过上述的理论实证分析，本书得出如下结论。

（1）中国关于限制竞争协议的规制制度存在诸多问题，亟待解决。在中欧科技创新合作的环境下，为应对欧盟的各种恶意磋商请求，应首先对欧盟现有限制竞争协议认定模式进行研究，进而更好地在中欧科技合作中维护好自身权益，消除恶意磋商或其他限制中国发展的战略措施。此外，通过分析欧盟协议垄断规制制度并对比中国相关规制制度，可以发现中国应当在立法结构、禁止性内容、豁免条件等方面向欧盟学习借鉴。因为中国当前《反垄断法》的结构和内容都更接近《欧盟运行条约》第101条，欧盟模式下的“目的限制”和“效果限制”两种方法也都可以适用，已有一定实践基础，并且理论上也更有说服力。所以，借鉴欧盟反垄断法的相关理论和制度，是中国当前较为可取的方案。

（2）“目的限制”相较“效果限制”应当优先适用。通过分析欧盟法院判例可以发现，法院认为，首先需要考虑协议的准确意图（目的）。然后经过分析协议条款后未被认定对竞争足够有害时，才应当考虑协议的后果（潜在效果）。另外，如果目的评估存在法律分析上的错误，那么在效果分析的时候可以对此进行驳回（补救）。在实际情况中，首要考虑目的的重要原因还在于：①目的评估不要求证明实际效果，这减轻了行政负担；②即使协议没有生效或没有达成，也不影响目的的确认；③由于目的限制的高标准罚金，具有限制竞争目的的行为也通常被认为是更严重的违法行为；④依据统计数据来看，目的限制竞争协议难以通过《欧盟运行条约》第101条第3款的豁免条款来规避监管；⑤如果无论效果如何，协议都可能被禁止（法律的预防性），协议方更不可能通过共谋或其他形式的来限制竞争；⑥当目的标准的适用足以判断协议是否属于《欧盟运行条约》第101条第1款的规制范围时，没有必要再考察协议的实际效果。因此，首要考虑协议“准确目的”的做法才是明智的。如果协议不具有限制竞争目的，再认定协议是否具有限制竞争的效果，即STM案中总结出的两步检测法。

（3）欧盟现有的三种协议认定方法各有优劣，即基于现有三种方法对欧盟目的限制竞争协议的认定各有优劣。传统分析法基于对那些“本质上”限制竞争的协议进行分类，该方法主要体现在欧委会的《第101条第3款指南》中。另一个从判例实践中确定的分析方法是更具分析性的方法，基于STM案得出。因为没有固定的类别限制或先决条件，更具分析性的方法的适用是动态的、灵活的，焦点则在于协议是否构成限制竞争目的的分析判断上。为了查明协议目的，需要按照STM测试法来评估特定的法律、经济及相关背景情况。同时，判例分析法也论证了经济分析层面取决于案件及其特定背景，并不会带来冗长复杂的程序。而协议的限制竞争目的，从开始就没有绝对的推定（否定传统分析方法和混合分析方法）。因此，任何限制竞争都可能是潜在的目的限制竞争行为。同时，被视为核心限制类型的协议在判断是否具有限制竞争目的时也可能会被豁免或得出协议整体上不违反《欧盟运行条约》第101条第1款的结论。相反，那些不包含核心限制的协议也可能被认为有限制竞争的目的。同时，更具分析性的方法也具有一定缺陷，主要体现在适用的可行性和诸多市场分析概念的认定上。混合分析方法则依据传统分析方法的特征认可目的标准类型化，但也赞成更具分析性的方法下需要结合“法律和经济背景”的原则。因此，它的适用也在具有传统分析的特征的情况下不失灵活性，但同时也给其自身带来一定的问题，即混合分析方法看似是一种自相矛盾的分析方法。虽然包括欧委会在内都强调倾向于适用这种方法，但是实际存在的问题是即使是欧委会自己制定的《第101条第3款指南》，也未提及或规定任何关于混合分析方法的相关内容。因此，混合分析方法的适用还需要在未来进一步探讨分析。

（4）目的限制竞争协议中“目的”的解释依赖于协议履行的背景，即协议所处的经济和法律背景。在更具分析性的方法下，协议目的被理解为协议的“准确目的”是否为限制竞争，从而需要进行无限的调查，因为任一类型的协议都有可能限制竞争。此外，通过第4章的讨论，更具分析性的方法受益于司法支持，且属性相对更加明确，并且适用灵活，能够适应改变着的经济环境，因而用来分析解释“目的”最为合适。所以，“目的”的分析解释应当适用更具分析性的方法。值得注意的是，法律和经济背景在协议目的的评估中发挥着主要作用，因此对法律和经济背景考量因素的分析也变得十分重要。

（5）欧盟通过混合分析方法来分析回授条款是存在缺陷的。笔者认为，应当根据回授条款所处的环境（法律、经济因素等）阶段来具体分析。具体而言，应当将专利许可协议看作企业合资，法院应当决定回授条款所处的协议（合资企业）处于市场上游阶段还是市场下游阶段。市场上游阶段的协议（合资企业），例如协议目的是研究科技、促进创新，并不涉及商业目的（国际科技合作中更多处于此阶段），该协议本身就比下游市场的协议少相当程度的限制竞争效果。除非回授条款是独占性的，否则不会产生任何影响。所以，看作处于上游市场的合资企业中的非独占性回授条款应当推定为合法的，但独占性的回授条款则需要通过个案的全面分析，进而判断其是否具有限制竞争目的。另外，看作处于市场下游的协议（合资企业），例如协议的目的是生产销售商品的，处于产品生产阶段，此时，在相关市场上的协议具有限制竞争效果的潜在可能性更大，而回授条款会进一步加深其效果。看作下游市场合资企业中的独占性回授条款可能会造成专利持有者的垄断情况，非独占性回授条款则可能会引起企业联盟。对这样的回授条款的限制竞争行为都需要仔细分析。借鉴政府机构传统的企业合并分析，法院和机构应当评估合资企业中企业的市场份额、占有率，以及新市场竞争者进入市场的难易程度。上述这种更为细致的分析方法会使政府机构和法院能够更快地认定回授条款是否造成限制竞争影响，从而避免原本会因为直接适用协议类型化规则而造成不必要的资源浪费，同时也可以树立更为清楚和易于理解的实例，对以后的相关工作有指导性作用。此外，我国在对专利许可协议中回授条款进行限制竞争分析时，应当考虑回授条款所处的行业发展阶段、应当结合不同行业具体考量、应当考虑国际环境及我国发展战略。

（6）就限制竞争协议认定的国际环境来说，各国对于限制竞争协议的研究也都处于争议中，其中最大的问题依旧是对于限制竞争协议的判定界限，即如何构建限制竞争协议的分析框架及分析原则。我国应当借鉴欧盟目的效果二分模式，探讨分析欧盟三种目的限制竞争协议认定方法的特点缺陷，对“经济和法律背景”的考量要素进行体系化、多层次的理解，在深刻理解混合分析方法本身存在自相矛盾问题原因的基础上，结合我国国情，提出相关建议。我国还应当首先明确解释如何看待排除、限制竞争在认定限制竞争协议时的作用和应如何认定是否具有排除、限制竞争这两个问题。就《反垄断法》等法律的进一步完善来说，笔者提出以下具体建议：一是将现有《反垄断法》第13条第2款与第1款更换位置，并修改为“本法所称垄断协议，是指具有限制竞争目的或效果的协议、决定或者其他协同行为。判断限制竞争目的或效果时，需结合协议所处背景情境进行相关考量”；二是严格审查《反垄断法》第13条第1款中被禁止的垄断协议范围，尽量保证范围的精准性和可预测性，并秉承宁可缩小范围也不盲目扩大的原则；三是增加《反垄断法》相关的实施细则来辅助实践中的运用实施；四是在立法层面出台相关指南规定，统一执法机构和司法审判机关对于认定排除、限制竞争分析的思路和方式方法，继而避免执法机构和司法审判机关对于同一问题产生不同裁决结果的情形。

7.2 进一步研究的方向

（1）本书虽然提出在对协议目的进行分析时需要对竞争效果进行平衡测试，分析平衡协议的积极作用和消极作用以及审查是否属于附带性限制竞争等，但是并未更深入地对相关作用的经济效果及市场结构等具体经济要素进行分析。这也是下一步需要结合经济学研究方法进行深入分析研究的问题。

（2）本书对专利许可协议中的回授条款进行目的限制竞争的分析研究，分别从混合分析方法和更具分析性的方法的角度进行阐述和比较，最终认为对于回授条款的目的限制竞争分析应当结合协议所处的经济与法律背景来判断。但是对于专利许可协议中的其他条款，例如搭售条款等并未进行相关的目的限制竞争分析，这也是后续可以进一步研究的方向。此外，对于回授条款的讨论集中于高新技术产业，其他产业中回授条款的限制竞争分析会带来怎样的影响也需要进一步探索。

（3）本书虽然对《反垄断法》第 13 条提出了相关修改意见，但是其中依旧存在一个难题没有彻底解决，即《反垄断法》第 13 条第 1 款中被禁止的垄断协议范围的认定。就国内现有研究现状和国际范围内各种专家学者的观点来说，普遍赞同将被禁止的垄断协议范围进一步准确化，但是究竟应当如何进行精准认定，却依旧充满争议。对于禁止垄断协议的范围认定，不仅是法律问题，更是经济学问题，需要结合法律规定、经济原理甚至行业规则来进行判定。因此，此问题也是后续需要进一步进行分析探讨的。

参考文献

普通图书

[1] 布莱克. 反垄断的哲学基础 [M]. 向国成, 等译. 长春: 东北财经大学出版社, 2010.

[2] 胡光治. 欧盟竞争法前沿研究 [M]. 北京: 法律出版社, 2005.

[3] 李明德, 欧盟知识产权法 [M]. 北京: 中国法制出版社, 2010.

[4] 吕明瑜. 知识产权垄断的法律控制 [M]. 北京: 法律出版社, 2013.

[5] 马忠法. 国际技术转让合同实务研究: 法律制度与关键条款 [M]. 北京: 法律出版社, 2015.

[6] 纽尔. 竞争与法律: 权力机构、企业和消费者所处的地位 [M]. 刘利, 译. 北京: 法律出版社, 2004.

[7] 彭志刚. 知识产权拒绝许可反垄断法律问题研究 [M]. 北京: 法律出版社, 2011.

[8] 任仲文. 中国经济大趋势: 转型升级中的新动力与新思路 [M]. 北京: 人民日报出版社, 2016.

[9] 阮方民. 欧盟竞争法 [M]. 北京: 中国政法大学出版社, 1998.

[10] 时建中. 反垄断法: 法典释评与学理探源 [M]. 北京: 人民大学出版社, 2008.

[11] 王先林. 知识产权与反垄断法: 知识产权滥用的反垄断问题研究 [M]. 北京: 法律出版社, 2008.

[12] 王先林. 中国反垄断法实施热点问题研究 [M]. 北京: 法律出版社, 2011.

[13] 王晓晔. 欧共体竞争法 [M]. 北京: 中国法制出版社, 2001.

[14] 王晓晔, 伊从宽. 竞争法与经济发展 [M]. 北京: 社会科学文献出版社, 2003.

[15] 王晓晔. 经济全球化下竞争法的新发展 [M]. 北京: 社会科学文献出版社, 2005.

[16] 王晓晔. 反垄断法 [M]. 北京: 法律出版社, 2011.

[17] 许光耀. 欧共体竞争法研究 [M]. 北京: 法律出版社, 2002.

[18] 许光耀. 欧共体竞争法通论 [M]. 武汉: 武汉大学出版社, 2006.

[19] 徐明贵, 杨建阳, 应骏. 技术转让国际惯例 [M]. 贵阳: 贵州人民出版社, 1994.

[20] 张乃根. 技术转移与公平竞争 [M]. 上海: 上海交通大学出版社, 2008.

[21] AREEDA P E, HOVENKAMP H. Antitrust law [M]. 3rd ed. Aspen: Aspen Pub, 2011.

[22] ANDERMAN S, SCHMIDT H. EU competition law and intellectual property rights: the regulation of innovation [M]. 2nd ed. Oxford: Oxford University Press, 2011.

[23] ANDERMAN S D, KALLAUGHER J. Technology transfer and the new EU competition rules: intellectual property licensing after modernisation [M]. Oxford: Oxford University Press, 2006.

[24] BELLAMY D. CHILD G. European Community Law of Competition [M]. 6th ed. Oxford University Press, 2008.

[25] BELLAMY D. CHILD G. European Community Law of Competition [M]. 7th ed. Oxford University Press, 2013.

[26] BISHOP S, WALKER M. The economics of EC competition law [M]. 3rd ed. Hong Kong: Sweet & Maxwell, 2010.

[27] BISHOP S, WALKER M. The economics of EC competition law: concepts, application and measurement [M]. 3rd ed. Aspen: Aspen Pub, 2010.

[28] BLACK O. Conceptual foundations of antitrust [M]. Cambridge: Cambridge University Press, 2005.

[29] BLANCO O. Market power in EU antitrust law [M]. Oxford: Hart Publishing, 2012.

[30] BORK R H, The antitrust paradox: a policy at war with itself [M]. New York: Basic Books Inc, 1993.

[31] BUTTIGIEG E. Competition law: safeguarding the consumer interest: acomparative analysis of U. S. antitrust law and EC competition law [M]. Amsterdam: Kluwer Law International, 2009.

[32] CHALMERS D, DAVIES G, MONTI G. European Union law [M]. 2nd ed. Cambridge: Cambridge University Press, 2010.

[33] CHALMERS D, HADJIEMMANUIL C, MONTI G, et al. European Union law: Text and Materials [M]. Cambridge: Cambridge University Press, 2006.

[34] CONWAY G. The limits of legal reasoning and the european court of justice: Cambridge studies in European law and policy [M]. Cambridge: Cambridge University Press, 2014.

[35] CRAIG P, BURCA G D. EU law: text, cases and materials [M]. 5th ed. Oxford: Oxford University Press, 2011.

[36] Daniel D S, Thomas K C, Ioannis L. Competition law and development [M]. Stanford: Stanford Law Books Publishing Company, 2013.

[37] DAVIES H, HOLDCROFT D. Jurisprudence: texts and commentary [M]. London: Butterworths, 1991.

[38] DERINGER A. The Competition Law of EEC: a commentary on the EEC rules of competition including the implementing regulations and directives [M]. Amsterdam: Commerce Clearing House, 1968.

[39] DREXL J, LEE N. Pharmaceutical innovation, competition and patent law: atrilateral perspective [M]. Cheltenham: Edward Elgar Pub, 2013.

[40] DREXL J. Research handbook on intellectual property law and competition law [M]. Chel-

tenham：Edward Elgar Publishing Ltd，2008.

[41] DWORKIN R. Taking rights seriously [M]. London：Duckworth，1977.

[42] DWORKIN R. Law's empire [M]. Roma：Fontana，1986.

[43] EHLERMANN C D，LAUDATI L L. European competition law annual：objectives of competition policy [M]. Oxford：Hart Publishing，1997.

[44] FAULL J，NIKPAY A. The EC law of competition [M]. Oxford：Oxford University Press，1999.

[45] FAULL J，NIKPAY A. The EC law of competition [M]. Oxford：Oxford University Press，2007.

[46] FEDERICO E，IOANNIS K. Competition law and the enforcement of Article 102 [M]. Oxford：Oxford University Press，2010.

[47] FURSE M. Competition law of the UK and EC [M]. 4th ed. Oxford：Oxford University Press，2003.

[48] GERADIN D，PADILLA J，PETIT N. EU competition law and economics [M]. Oxford：Oxford University Press，2012.

[49] GERBER D J. Law and competition in twentieth century Europe：protecting prometheus [M]. London：Clarendon Press，1998.

[50] GIULIANO A，EHLERMANN C D. EC competition law，acritical assessment [M]. Oxford：Hart Publishing，2007.

[51] GIULIANO A. Antitrust and the bounds of power [M]. Oxford：Hart Publishing，1997.

[52] GOETEYN G，WEBBER J，DELBAUM J K. The EU general court gets arap on its knuckles [M]. London：Lexology，2014.

[53] GOVAERE I，ULLRICH H. Intellectual property，market power and the public interest [M]. Scoresby：P. I. E. Peter Lang，2008.

[54] GOYDER D. EC competition law [M]. 4th ed. Oxford：Oxford University Press，2003.

[55] GOYDER J，ALBORS – LLORENS A. EC competition law [M]. 5th ed. Oxford：Oxford University Press，2009.

[56] HART H L A. The concept of law [M]. 2nd ed. Oxford：Clarendon Law Series，1997.

[57] JEPHCOTT M. Law of cartels [M]. London：Jordan Publishing，2011.

[58] JONES A，SUFRIN B. EU competition law：text，cases and materials [M]. 3rd ed. Oxford：Oxford University Press，2008.

[59] JONES A，SUFRIN B. EC competition law：text，cases and materials [M]. 6th ed. Oxford：Oxford University Press，2016.

[60] JONES A，SUFRIN B. EC competition law：text，cases and materials [M]. 2nd ed. Oxford：Oxford University Press，2004.

[61] JONES A，SUFRIN B. EC competition law：text，cases and materials [M]. 4th ed. Oxford：Oxford University Press，2011.

[62] JOSEF D. Research Handbook on Intellectual Property Law and Competition Law [M]. Cheltenham: Edward Elgar Publishing Ltd, 2008.

[63] KERSE C. Antitrust procedure [M]. 4th ed. Hong Kong: Sweet&Maxwell, 1998.

[64] KOLSTAD O. Object contra effect in Swedish and European competition law [M]. Frösön: Konkurrensverket, 2009.

[65] KORAH V. Cases and materials on EC competition law [M]. 3rd ed. Oxford: Hart Publishing, 2006.

[66] LIANOS I, GERADIN D. Handbook on europeancompetition law: substantive aspects [M]. Cheltenham: Edwards Elgar Publisher, 2013.

[67] MAHER M D. EC and UK competition law: commentary, cases andmaterials [M]. Cambridge: Cambridge University Press, 2004.

[68] MARTIC D. The abuse of dominant position and IPRs in the EU: relationship between competition law and intellectual property rights in the European Union [M]. Saarbrücken: Lap Lambert Academic Publishing, 2011.

[69] MONTI G. EC competition law [M]. Cambridge: Cambridge University Press, 2007.

[70] MOTTA M. Competition policy: theory and practice [M]. Cambridge: Cambridge University Press, 2004.

[71] ODUDU O. The boundaries of EC competition law: the scope of Article 81 [M]. Oxford: Oxford University Press, 2006.

[72] ROSE V, ROTH P. Bellamy and Child: European Community law of competition [M]. 6th ed. Oxford: Oxford University Press, 2008.

[73] ROSE V, BAILEY D. Bellamy and Child: European Community law of competition [M]. 7th ed. Oxford: Oxford University Press, 2013.

[74] ROSE V. Per se infringements of the competition rules [M]. London: King's College London, 2010.

[75] RUBINI L. Microsoft on trial: legal and economic analysis of a transatlantic antitrust case [M]. Cheltenham: Edward Elgar Publishing Ltd, 2010.

[76] RUSSO F, SCHINKEL M P, GUNSTER A, CAREE M. European Commission decision on competition: economic perspective on landmark antitrust and merger cases [M]. Cambridge: Cambridge University Press, 2010.

[77] SOKOL D D, CHENG T K, LIANOS I. Competition law and development: global competition law and economics [M]. Stanford: Stanford Law Books Publishing Company, 2013.

[78] THORSTEN K. Intellectual property, antitrust and cumulative innovation in the EU and the US [M]. Oxford: Hart Publishing, 2012.

[79] TOWNLEY C. Article 81 EC and public policy [M]. Oxford: Hart Publishing, 2009.

[80] TSCHAENI H, ENGAMMARE V. The relationship between trade and competition in free trade agreements: developments since the 1990s and challenges [M]. Berlin: Springer, 2013.

[81] TURNER J D C. Intellectual property and EU competition law [M]. Oxford：Oxford University Press，2015.

[82] VALENTINE K. Intellectual property rights and the EC competition rules [M]. Oxford：Hart Publishing，2006.

[83] VAN D B R，CAMESASCA P. European competition law and economics：a comparative perspective [M]. 2nd ed. Hong Kong：Sweet & Maxwell，2006.

[84] WESSELING R. The modernisation of EC antitrust law [M]. Oxford：Hart Publishing，2000.

[85] WHISH R，BAILEY B. Competition law [M]. 7th ed. Oxford：Oxford University Press，2012.

[86] WHISH R，BAILEY B. Competition law [M]. 8th ed. Oxford：Oxford University Press，2015.

[87] WHISH R. Competition law [M]. 6th ed. Oxford：Oxford University Press，2009.

[88] WYATT D，DASHWOOD A. European Union law [M]. 5th ed. Hong Kong：Sweet&Maxwell，2006.

学位论文

[1] 白艳. 欧美竞争法比较研究 [D]. 北京：中国政法大学，2004.

[2] 毕金平. 反垄断法中的宽恕制度研究 [D]. 合肥：安徽大学，2010.

[3] 惠从冰. 知识产权许可中的竞争法问题研究 [D]. 北京：对外经济贸易大学，2006.

[4] 刘廷涛. 论出口卡特尔的竞争法规制 [D]. 上海：华东政法大学，2015.

[5] 龙柯宇. 滥用知识产权市场支配地位的反垄断规制 [D]. 成都：西南财经大学，2012.

[6] 罗静. 知识产权许可的反垄断立法规制 [D]. 长沙：湖南大学，2008.

[7] 马忠法. 论经济全球化下的国际技术转让法律协调制度 [D]. 上海：复旦大学，2005.

[8] 饶爱民. 专利联营反垄断规制研究 [D]. 合肥：安徽大学，2010.

[9] 苏启云. 欧盟竞争法及其对我国反垄断法的影响 [D]. 武汉：武汉大学，2002.

[10] 王玉辉. 限制竞争协议法律规制研究 [D]. 长沙：中南大学，2007.

[11] 徐明妍. 纵向限制反垄断规制的发展及启示：以竞争政策为视角 [D]. 上海：华东政法大学，2013.

[12] 张璐. 国际贸易中知识产权保护政策效应研究及对中国启示 [D]. 长春：吉林大学，2008.

[13] 张伟君. 知识产权滥用规制制度研究 [D]. 上海：同济大学，2007.

[14] BAILEY D. The role of guidelines in EU competition law [D]. London：King's College London，2013.

期刊析出文献

[1] 冯晓青. 知识产权、竞争与反垄断之关系探析 [J]. 法学，2004 (3)：113 - 117.

[2] 耿燕，吴汉荣. 广东省国际科技合作项目知识产权协议调查分析 [J]. 中国高校科技，

2016（12）：24－27.
［3］古祖雪．论国际法的理念［J］．法学评论，2005（1）：42－48.
［4］古祖雪，柳磊．国际科技合作中的知识产权归属：中国的缔约和立法实践［J］．湘潭大学学报（哲学社会科学版），2008（32）：49－55.
［5］洪莹莹．我国限制转售价格制度的体系化解释及其完善［J］．华东政法大学学报，2015（4）：49－60.
［6］黄南．垄断对于中国产业升级的影响及其实证研究［J］．南京社会科学，2017（12）：24－32.
［7］焦捷．两大战略的契合点：知识产权战略与中国“走出去”战略［J］．清华大学学报，2008（S2）：98－106.
［8］兰磊．反垄断法唯效率论质疑［J］．华东政法大学学报，2014（4）：116－129.
［9］兰磊．论欧盟垄断协议规制制度的困境及其对我国的启示［J］．竞争法律与政策评论，2015（1）：84－120.
［10］兰磊．转售价格维持违法推定之批判［J］．清华法学，2016（2）：94－97.
［11］兰磊．论我国垄断协议规制的双层平衡模式［J］．清华法学，2017（5）：164－189.
［12］李霞．论欧盟核心知识产权反竞争行为：运用更经济学分析方法［J］．北方经贸，2014（3）：84－85.
［13］李永伟，吴绮慧．专利许可回授条款探究［J］．湖北经济学院学报，2010（8）：8－10.
［14］林承铎．欧盟知识产权跨界禁令与竞争规则研究［J］．哈尔滨工业大学学报（社会科学版），2007，9（4）：69－72.
［15］林立新，历永．知识产权法与竞争法的冲突与协调：来自欧盟的经验及启示［J］．政治与法律，2000（2）：40－44.
［16］林平．反垄断中的必需设施原则：美国和欧盟的经验［J］．东岳论丛，2007，2（1）：21－29.
［17］刘继峰．试析我国《反垄断法》垄断协议概念的形式逻辑问题［J］．北京化工大学学报（社会科学版），2012（4）：11－15.
［18］刘丽娟．反垄断法对知识产权滥用的限制［J］．知识产权，2009，19（5）：19－27.
［19］刘沐霖．专利许可协议中回授条款的反垄断经济学分析［J］．当代经济，2016（17）：126－128.
［20］刘廷涛．欧盟卡特尔适用规则及豁免规定对我国之启示［J］．东方法学，2015（3）：134－144.
［21］刘旭．中欧垄断协议规制对限制竞争的理解［J］．比较法研究，2011（3）：78－82.
［22］刘洋．浅析知识产权许可中的联合限制竞争行为［J］．电子知识产权，2013（6）：76－81.
［23］吕明瑜．欧共体竞争法对中国反垄断立法的启示［J］．经济师，2003（8）：60－61.
［24］吕明瑜．知识经济条件下知识产权与反垄断法关系新特点探析［J］．河南省政法管理

干部学院学报，2008，23（1）：17－22.

［25］吕明瑜. 论知识产权垄断法律控制的理论基础［J］. 河北法学，2009，27（2）：113－120.

［26］吕明瑜. 知识产权垄断呼唤反垄断法制度创新：知识经济视角下的分析［J］. 中国法学，2009（4）：16－33.

［27］吕明瑜. 知识产权许可限制反竞争审查的一般分析框架［J］. 河南财经政法大学学报，2013，28（1）：87－97.

［28］马一德. 创新驱动发展与知识产权战略实施［J］. 中国法学，2013（4）：27－38.

［29］毛克盾. 技术许可合同中限制性条款问题研究［J］. 兰州学刊，2014（5）：188－193.

［30］宁立志，陈珊. 回馈授权的竞争法分析［J］. 法学评论，2007（6）：25－34.

［31］任爱荣. 滥用知识产权排除、限制竞争行为规制的初步探索［J］. 科技与法律，2013（4）：7－9.

［32］孙凌云. 我国知识产权反垄断的执法研究［J］. 河南财经大学学报，2013，28（5）：129－134.

［33］孙颖. 论竞争法对消费者的保护［J］. 中国政法大学学报，2008（4）：88－98.

［34］唐豪臻. 国际科技合作中的“达摩克利斯之剑”：以知识产权归属法律原则为经纬［J］. 赤峰学院学报，2016，37（7）：65－69.

［35］王健. 垄断协议认定与排除、限制竞争的关系研究［J］. 法学，2014（3）：35－49.

［36］王先林. 知识产权滥用及其法律规制［J］. 法学，2004（3）：107－112.

［37］王先林. 反垄断执法与知识产权保护之间的平衡：美国《反托拉斯执法与知识产权：促进创新和竞争》报告述评［J］. 学术论坛，2007，17（6）：3－12.

［38］王先林. 知识产权行使行为的反垄断法规制：《反垄断法》第55条的理解与适用［J］. 法学家，2008（1）：25－28.

［39］王先林. 我国反垄断法适用于知识产权的再思考［J］. 南京大学学报（哲学·人文科学·社会科学版），2013，50（1）：34－43.

［40］王先林. 知识产权领域反垄断中相关市场界定的特殊问题［J］. 价格理论与实践，2016（2）：49－53.

［41］王先林，仲春. 知识产权反垄断的国际视角：《竞争政策与知识产权行使》介评［J］. 电子知识产权，2009（5）：59－63.

［42］王晓晔. 戒律强势：欧共体竞争法中的滥用市场支配地位［J］. 国际贸易，2000（5）：44－47.

［43］王晓晔. 欧共体竞争法中的知识产权［J］. 环球法律评论，2001，23（2）：198－208.

［44］王晓晔. 知识产权滥用行为的反垄断法规制［J］. 法学，2004（3）：100－106.

［45］王晓晔. 滥用知识产权限制竞争的法律问题［J］. 中国社会科学，2007（4）：130－144.

［46］吴汉东. 经济新常态下知识产权的创新、驱动与发展［J］. 法学，2016（7）：31－35.

[47] 谢红惠. 欧盟竞争法中的“必要设施原则” [J]. 北京政法职业学院学报，2005 (2)：27 - 32.

[48] 谢晓尧，陈贤凯. 知识的产权革命：知识产权立法的“中国奇迹” [J]. 法学评论，2010 (3)：37 - 48.

[49] 许光耀. 反垄断法中垄断协议诸条款之评析 [J]. 法学杂志，2008 (1)：18 - 20.

[50] 徐华. 反垄断法与知识产权法的协调和规制 [J]. 反垄断法比较研究，2006 (5)：33 - 35.

[51] 徐士英. 反垄断法实施面临功能性挑战：兼论竞争政策与产业政策的协调 [J]. 竞争政策研究，2015 (1)：79 - 90.

[52] 姚立国，张炳生. 从 TRIPs 协议第 40 条谈知识产权滥用的竞争法规制 [J]. 河北法学，2009，27 (9)：121 - 130.

[53] 叶卫平. 反垄断法模式的中国选择 [J]. 中国社会科学，2017 (3)：96 - 115.

[54] 伊彤. 我国国际科技合作中的技术转移 [J]. 中国科技论坛，2007 (7)：38 - 43.

[55] 尹雪萍. 论《欧盟运行条约》第 102 条在知识产权领域的扩大适用：以阿斯利康公司诉欧盟委员会一案为视角 [J]. 法学论坛，2012，27 (3)：155 - 160.

[56] 于连超. 欧盟横向合作协议指南“标准化协议”条款介评 [J]. 标准科学，2012 (3)：78 - 82.

[57] 张江莉. 论反垄断法中的绿色豁免：欧盟环境协议豁免实践对我国的启示 [J]. 中国地质大学学报（社会科学版），2012，12 (5)：48 - 53.

[58] 张乃根. 跨国技术转移中的专利和相关法律问题：以绿色环保技术为代表行业 [J]. 桥，2013，4 (2)：12 - 15.

[59] 张仁开. “十三五”时期上海市深化国际科技合作思路研究 [J]. 科技进步与对策，2015，32 (10)：24 - 27.

[60] 张伟君. 滥用知识产权在中国《反垄断法》中的含义：对欧盟在 TRIPS 理事会提出的质疑的回答 [J]. 世界贸易组织动态与研究，2008 (3)：17 - 21.

[61] 张旭波. 创新驱动需要知识产权 [J]. 唯实，2015 (5)：57 - 59.

[62] 郑友德，胡章怡. 欧盟知识产权滥用的反垄断问题研究：以欧盟新修订的《技术许可协议集体豁免条例》为中心 [J]. 法学评论，2006 (6)：69 - 76.

[63] ADRIAN K. Presumptions as appropriate means to regulate resale price maintenance：in defence of structuring the rule of reason [J]. European Competition Journal，2012，8 (3)：497 - 525.

[64] AHLBORN C，EVANS S D. The Microsoft judgement and its implications for competition policy towards dominant firms in European [J]. Antitrust Law Journal，2008，75 (3)：887 - 932.

[65] ALESE F. Unmasking the masquerade of vertical price fixing [J]. European Competition Law Review，2010，28 (9)：514 - 526.

[66] ALISON J. Analysis of agreements under U. S. and EC antitrust law：convergence or diver-

gence? [J]. The Antitrust Bulletin, 2006, 51 (4): 691 -811.

[67] ANDREANGELI A. From mobile phones to cattle: how the court of justice is reframing the-approach to Article 101 (Formerly 81 EC Treaty) of the EU Treaty [J]. World Competition, 2011, 34 (2): 215 -243.

[68] ANDRIYCHUK O. Rediscovering the spirit of competition: on the normative value of the competitive process [J]. European Competition Journal, 2010, 6 (3): 575 -610.

[69] ARNDT C, WOLFGANG K. Competition policy with optimally differentiated rules instead of "per se rules vs rule of reason" [J]. Journal of Competition Law and Economics, 2006, 2 (2): 215 -244.

[70] BARRY E H. System failure: vertical restraints and EC competition law [J]. Common Market Law Review, 1995, 32 (4): 973.

[71] BENJAMIN W Y. Object restrictions in Singapore competition law [J]. Singapore Journal of Legal Studies, 2017 (Mar): 169 -191.

[72] BENNETT M. COLLINS P. The law and economics of information sharing: the good, bad and the ugly [J]. European Competition Journal, 2010, 6 (2): 311 -337.

[73] BRUZZONE G, BOCCACCIO M. Impact-based assessment and use of legal presumptions in EC competition law: the search for the proper mix [J]. World Competition, 2009, 32 (4): 465 -484.

[74] BOATEMA B. The hand of the ancestors: time, cultural production [J]. Intellectual Property Law and Society Review, 2013, 47 (4): 943 -973.

[75] BOHANNAN C, HOVENKAMP H J. IP and antitrust: reformation and harm [J]. Boston College Law Review, 2010, 51: 905.

[76] BOHANNAN C. IP misuse as foreclosure [J]. Lowa Law Review. 2010, 96 (2): 101 -153.

[77] BOLDRIN M, LEVINE D K. Perfectly competitive innovation [J]. Journal of Monetary Economics,2008, 55 (3): 435 -453.

[78] BOURGEOIS J, BOCKEN J. Guidelines on the application of Article 81(3) of the EC treaty or how to restrict a restriction [J]. Legal Issue of Economic Integration, 2005, 32 (2): 111 -121.

[79] BOURGEOISJ, WAELBROECK D. Ten years of effects - based approach in EU competition law: state of play and perspectives [J]. GCLC Annual Conference Series, 2013: 131 -157.

[80] CHIRITA A D. A legal - historical review of EU competition rule [J]. International & Comparative Law Quarterly, 2014, 63 (2): 281 -316.

[81] COLOMO I P. Market failures, transaction costs and article 101 (1) TFEU case law [J]. European Law Review, 2012, 37 (5): 541 -562.

[82] COMANOR W S. Vertical price - fixing, vertical market restriction and the new antirust policy [J]. Harvard Legal Review, 1985, 98: 983.

[83] COSMA H A, WHISHM R. Soft law in the field of EU competition policy [J]. European

Business Law Journal, 2003, 14 (1): 25 -56.
[84] CSONGOR I N. Refusal to deal and the doctrine of essential facilities in US and EC competition law: a comparative perspective and a proposal for a workable analytical framework [J]. European Law Review, 2007, 32: 664 -685.
[85] DAVID B. Appreciable effect on trade within the United Kingdom [J]. European Competition Law Review, 2009, 30 (8): 351 -361.
[86] DAVID B. Presumptions in EU competition law [J]. European Competition law Review, 2010, 31 (9): 362 -369.
[87] DAVID B. Restrictions of competition by object under Article 101 TFEU [J]. Common Market Law Review, 2012, 49: 559 -600.
[88] DREXL J. Real knowledge is to know the extent of one's own ignorance: on the consumer harm approach in innovation - related competition cases [J]. SSRN Electronic Journal, 2009, 76 (3): 677 -708.
[89] DUMONT B, HOLMES P. The scope of intellectual property and their interface with competition law and policy: divergent paths to the same goal? [J]. Economics of Innovation and New Technology, 2010, 11 (2): 149 -162.
[90] FARREL L J, KATZ M L. The economics of welfare standards in antitrust [J]. Competition Policy Center, 2006, 2 (2), 3 -28.
[91] FORRESTER I, NORALL C. The laicization of community law: self - help and rule of reason: how competition law is and could be applied [J]. Common Market Law Review, 1984, 21: 11 -51.
[92] FORRESTER I S. A bush in need of pruning: the luxuriant growth of light judicial review [J]. European Competition Law Annual, 2009, 2: 407 -452.
[93] GERBER D J. Two forms of modernization in European competition law [J]. Fordham International Law Journal, 2008, 31: 1235.
[94] GIPPINI-FOURNIER E. The exlusive standard of proof in EU competition cases [J]. World Competition, 2010, 33 (2): 187 -207.
[95] GOMZALEZ A O. Object analysis in information exchange among competitors [J]. Global Antitrust Review, 2012 (5): 1 -57.
[96] GOYDER J. CetObscur object: Object restriction in vertical agreements [J]. Journal of European Competition Law&Practice, 2011, 2 (4): 1 -13.
[97] GRAHAM C. Methods for determining whether an agreement restricts competition: comment on Alianz Hungaria [J]. European Law Review, 2013, 38 (4): 542 -551.
[98] GUNNAR B. Publication review: the limits of legal reasoning and the European court of justice [J]. International & Comparative Law Quarterly, 2013, 62 (2): 515 -519.
[99] HAWK B E. System failure: vertical restraints and EC competition law [J]. Common Market Law Review, 1995, 32: 973 -989.

[100] HOVENKAMP H. Innovation and domain of competition policy [J]. Alabama Law Review, 2008, 60: 103.

[101] HOWARD A. Object and effect: what's in an object? [J]. Competition Law Journal, 2009, 8: 38 -40.

[102] HUDSON J, MINEA A. Innovation, intellectual property rights, and economic development: aunified empirical investigation [J]. World Development, 2013, 46 (Complete): 66 -78.

[103] JEBELLI K H. EU ancillary restraints: a reasoned approach to Article 101(1)[J/OL]. Social Science Electronic Publishing, 2012: 1 - 34. [2018 - 06 - 06]. http://ssrn.com/abstract=2166318. DOI: 10.2139/ssrn.2166318.

[104] JOHN M M. Antitrust and patent license agreements: a new look at the grantback clause in high technology markets [J]. Journal of Law, Technology & Internet, 2012, 3 (2): 299 -329.

[105] JONATHAN G. Driving innovation: a case for targeted competition policy in dynamic markets [J]. World Competition: Law and Economics Review, 2011, 34: 55.

[106] JONES A, KOVACIC W E. Identifying anticompetitive agreements in the United States and the European Union: developing a coherent antitrust analytical framework [J]. Social Science Electronic Publishing, 2017, 62 (2): 254 -293.

[107] JONES A. Left behind by modernisation? Restrictions by object under Article 101 (1) [J]. European Competition Journal, 2010, 6 (3): 649 -676.

[108] JONES A. The journey toward an effects - based approach under Article 101 TFEU: the case of hardcore restraints [J]. Social Science Electronic Publishing, 2011, 55 (4): 783 -818.

[109] JOSEF D. Real knowledge is to know the extent of one's own ignorance: on the consumer harm approach in innovation-related competition cases [J]. Antitrust Law Journal, 2010, 76 (3): 677 -708.

[110] KELVIN H F K., A new approach to resolving refusal to licence intellectual property rights disputes [J]. World Competition Law and Economics Review, 2011, 34: 10.

[111] KILLICK J, BERGHE P. This is not the time to be tinkering with regulation 1/2003: it is time for fundamental reform: Europe should have change we can believe in [J]. Competition Law Review, 2010, 6 (2): 259 -285.

[112] KING S. How appreciable is object? The de minis doctrine and Case C226/11 Expedia Inc v Autorite De La Concureence [J]. European Competition Journal, 2015, 11 (1): 1 -25.

[113] KING S. The object box: law, policy or myth? [J]. European Competition Journal, 2011, 7 (2): 269 -296.

[114] KORAH V. EEC competition policy: legal form or economic efficiency? [J]. Current Legal Problems, 1986, 39 (1): 85 -109.

[115] KOZUBOVSKA B. How important is the distinction in Article 101 TFEU between agreements that restrict competition by object and those that restrict by effect?: Should the distinction be abolished, with the result that the European commission (or a national competition authority) should have to prove appreciable anti – competitive effects in all cases in which a violation of Article 101 is alleged? [J/OL]. Electronic Journal, 2012: 1 – 3. [2018 – 06 – 06]. http: //papers. ssrn. com/sol3/displayabstractsearch. cfm. DOI: 10. 2139/ssrn. 2154431.

[116] KWOK K. A new approach to resolving refusal to license intellectual property rights disputes [J]. Social Science Electronic Publishing, 2011, 34: 261.

[117] LASOK QC P. Recent developments in the rule of reason in EC anti – trust law [J]. Compet ition Law Journal, 2008, 7: 235 – 248.

[118] LOOZEN E. The application of amore economic approach to restrictions by object: no revolution after all (T – mobile Netherlands (C – 8/08)) [J]. European Competition Law Review, 2010, 31 (4): 146 – 150.

[119] LOOZEN E. The workings of Article 101 TFEU in case of an agreement that aims to limit parallel trade (GlaxosmithKline Service (C – 501/06 P, C – 513/06 P, C – 515/06 P and C – 519/06 P)) [J]. European Competition Law Review, 2010, 31 (9): 349 – 353.

[120] LOPATKA J E, PAGE W H. Antitrust on internet time: microsoft and the law and economics of exclusion [J]. Supreme Court Economic Review, 1999, 7 (1): 157 – 169.

[121] LUGARD P. Honey, I shrunk the Article! A critical assessment of the Commission's notice on Article 81 (3) of the EC Treaty [J]. European Competition Law Review, 2005, 25 (8): 410 – 420.

[122] MAHTANI M R. Thinking outside the object box: an EU and UK perspective [J]. European Competition Journal, 2012, 8 (1): 1 – 39.

[123] MALLEGHEM P A V, DEVROE W. Astrazeneca: Court of Justice upholds first decision finding abuse of dominant position in pharmaceutical sector [J]. Journal of European Competition Law & Practice, 2013, 4 (3): 228 – 232.

[124] MARQUIS M. O2 (Germany) v Commission and the exotic mysteries of Article 81 (1) EC [J]. European Law Review, 2007, 32 (1): 29 – 47.

[125] MATTHEW B, PHILIP C. The law and economics of information sharing: the good, bad and the ugly [J]. European Competition Journal, 2010, 6 (2): 311 – 337.

[126] MEINBERG H. From Magill to IMS health: the new product requirement and the diversity of intellectual property rights [J]. European Intellectual Property Review, 2002, 28: 56 – 58.

[127] MONTI G. EC competition law: The dominance of economic analysis? [J]. Development of Competition Law Global Perspectives, 2010, 3 – 28.

[128] MOSCA M. On the origins of the concept of natural monopoly: economies of scale and

competition [J]. European Journal of the History of Economic Thought, 2008, 15 (2): 317 -353.

[129] MURRAY J M. Antitrust and patent license agreements: a new look at the grantback clause in high technology markets [J]. Journal of Law, Technology and the Internet, 2012, 3 (2): 1 -31.

[130] NAGY, C I. The distinction between anti - competitive object and effect after Allianz: the end of coherence in competition analysis? [J]. World Competition, 2013, 36 (4): 541 -564.

[131] NAZZINI R. Administrative enforcement, judicial review and fundamental rights in EU competition law: a comparative contextual - functionalist perspective [J]. Common Market Law Review, 2012, 49 (3): 971 -1006.

[132] NEVEN D J. Competition economics and antitrust in European [J]. Economic Policy, 2006, 21 (48): 741 -791.

[133] NICOLAIDES P. The balancing myth: the economics of Article 81(1)&(3)[J]. Legal Issue of Economic Intergration, 2005, 32 (2): 123 -145.

[134] ODUDU O. Indirect information exchange: the constitute elements of hub and spoke collusion [J]. European Competition Journal, 2011, 7 (2): 205 -242.

[135] ODUDU O. Interpreting Article 81 (1): the object requirement revisited [J]. European Law Review, 2001, 26 (4): 379 -390.

[136] ODUDU O. Restriction of competition by object: what's the beef? [J]. Competition Law Journal, 2009, 9 (1): 11 -17.

[137] ORTEGA G A. Object analysis in information exchange among competitors [J]. Global Antitrust Review, 2012, 5: 1 -57.

[138] PARRET L. Shouldn't we know what we are protecting? Yes we should! A plea for a solid and comprehensive debate about the objective of EU competition law and policy [J]. European Competition Journal, 2010, 6 (2): 339 -376.

[139] PEREIRA A L D. Software interoperability, intellectual property and competition law: compulsory licenses for abuse of market dominance [J]. Computer Law and Security Review: The International Journal of Technology and Practice, 2011, 27 (27): 175 -179.

[140] PETIT N. From formalism to effects? The commission's communication on enforcement priorities in applying Article 82 EC [J]. World Competition: Law and Economics Review, 2009, 32: 485 -504.

[141] PINAR A, HUSSEIN K. Myths and myth - making in the European Union: the institutionalization and interpretation of EU competition policy [J]. Journal of Common Market Studies, 2010, 48 (1): 111 -132.

[142] PIRAINO T A, Jr. A proposed antitrust approach to high technology competition [J]. William & Mary Law Review, 2002, 44 (1): 67 -68.

[143] ROBERTSON B. What is a restriction of competition? The implication of the CFI's judgement in O2 Germany and rule of reason [J]. European Competition Law Review, 2007, 28: 252.

[144] SCHINDLER G. Wagging the dog? Reconsidering antitrust – based regulation of IP – licensi – ng [J]. Marquette Intellectual Property Law Review, 2008, 12 (1): 51 – 88.

[145] SCHMALBECK R. The validity of grant – back clauses in patent licensing agreements [J]. University of Chicago Law Review, 1975, 42 (4): 733 – 748.

[146] SIMONETTA V. The incentives balance test in the EU microsoftcase: a more "econo – mic based" approach? [J/OL]. Working Papers Series, 2009: 1 – 13. [2018 – 06 – 06]. http://ssrn.com/abstract=1358924. DOI: 10.2139/ssrn.1358924.

[147] STEFAN O A. European competition soft law in European Court: a matter of hard principle [J]. European Law Journal, 2008, 14 (6): 753 – 772.

[148] STRUS J. Patent application: obstacle for innovation and abuse of dominant position under Article 102 TFEU? [J]. Journal of European Competition Law & Practice, 2010, 1 (3): 189 – 201.

[149] SVETLICINII A. ECJ's ruling in beef industry case: competition law must be observed at all times [J]. European Law Reporter, 2008 (12): 402 – 406.

[150] SVETLICINII A, SAD N. "Objective justifications" of "restrictions by object" in pierre fabre: a more economic approach to Article 101(1) TFEU? [J]. European Law Reporter, 2011 (11): 111.

[151] TOWNLEY C. Which goals count in Article 101 TFEU? Public policy an its discontents [J]. European Competition Law Review, 2011 (9): 441 – 448.

[152] VESTERDOR B. IP rights and competition law enforcement questions [J]. Journal of European Competition Law & Practice, 2013, 4 (2): 109 – 111.

[153] VOGEL L. EU competition law applicable to distribution agreements: review of 2010 and outlook for 2011 [J]. Journal of European Competition Law & Practice, 2012, 2 (3): 245 – 258.

[154] WILS W. The increased level of EU antitrust fines and the impact of the European convention of human rights [J]. World Competition, 2010, 33 (1): 5.

[155] WONG B Y Q. Object Restrictions in Singapore competition law [J]. Singapore Journal of Legal Studies, 2017 (Mar 2017): 169 – 191.

[156] WRIGHT J D, GINSBURG D H. The goals of antitrust: welfare trumps choice [J]. Social Science Electronic Publishing, 2013 (5): 2405 – 2423.

[157] ZEVGOLIS N E. Resale piece maintenance (RPM) in European competition law: legal certainty versus economic theory? [J]. European Competition Law Review, 2013, 34 (1): 25 – 32.

电子资源

[1] AKMAN P. Competition Law and Policy Blog: The Court of Justice's Expedia ruling undermines the economic approach by eliminating the 'de minimis' defence in object agreements [EB/OL]. (2013-06-04) [2018-06-06]. https://competitionpolicy. wordpress. com/2013/06/04/the-court-of-justices-expedia-ruling-undermines-the-economic-approach-by-eliminating-the-de-mimimis-defence-in-object-agreements/.

[2] BELL R, HEILPERN T. Landmark European Court judgement confirms narrow interpretation of restriction "by object" [EB/OL]. (2014-09-22) [2018-06-06]. https://www. lexology. com/library/detail. aspx? g=ff24596d-917c-4297-a2e7-885439ce23bd.

[3] CARLIN F. pay-for-dclay settlements-EU commission broadly aligns with US Supreme Court [EB/OL]. EMEA legal insights bulletin, sumer 2013 [2018-06-06]. www. bakermckenzie. com/files/uploads/Documents/EMEA.

[4] CHARATJAN T, URLUS H. Greenberg Traurig: Antitrust compliance in the EU-Reason rules again! [EB/OL]. (2014-09-30) [2018-06-06]. https://www. gtlaw. com/en/insights/2014/9/antitrust-compliance-in-the-eu--reason-rules-again.

[5] COLOMO I P. Chillin' Competitiom: Advocate General Kokott reinvents(k)opyright [EB/OL]. (2011-02-11) [2018-06-06]. https://chillingcompetition. com/2011/02/11 advocate-general-kokott-reinvents-kopyright/.

[6] COLOMO I P. Chillin' Competition: Groupement des Cartes Bancaires and the resilience of the case law on restrictions by object [EB/OL]. (2014-09-15) [2018-06-06]. https://chillingcom-petitition. com/2014/09/05/groupement-des-bancaires-and-the-resilienle of-the-case-law on restrictions by boject/.

[7] COLOMO I P. Chillin' Competition: More on AG Wahl and restriction of competition by object: 'pay-for-delay' settlements as a case study [EB/OL]. (2014-05-22) [2018-06-06]. https://chillingcompetition. com/2014/05/22/more-on-ag-wahl-and-restrictions-by-object-pay-for-delay-settlements-as-a-case-study/.

[8] COLOMO I P. Chillin' Competition: Restriction of competition by object under Article 101(1) TFEU: chapeau bas, Prof Wahl! [EB/OL]. (2014-03-31) [2018-06-06]. https://chillingcompetition. com/2014/03/31/restrictions-of-competition-by-object-under-article-1011-tfeu-chapeau-bas-prof-wahl/.

[9] DAMIEN G. Effect-based enforcement of Article 101 TFEU: the "object paradox" [EB/OL]. (2012-01-07) [2018-06-06]. https://competitionlawblog. kluwercompetitionlaw. com/2012/02/17/effects-based-enforcement-of-article-101-tfeu-the-object-paradox/.

[10] GRAHAM C. Competition Law Blog: Re-thinking the de minimis rules [EB/OL]. (2013) [2018-06-06]. https://awa2014. concurrences. com/business-articles-awards/article/re-thinking-the-de-minimis-rules.

[11] JEBELLI K H. EU ancillary restraints: a reasoned approach to article 101(1) [EB/OL]. https://ssrn.com/abstract=2166318.

[12] KING S. European Commission's consultation on the revision of the Deminimis Notice [EB/OL]. [2018-06-06]. https://ec.europa.eu/competition/consultations/2013_de_mini-mis_notice/Saskia_king_en.pdf.

[13] LA M P A. Chillin' Competition: 10 Comments on the ECJ'S judgement in Case C-67/13 P, Groupement des Cartes Bancaires [EB/OL]. (2014-09-17) [2018-06-06]. https://chillingcompetition.com/2014/09/17/10-comments-on-the-ecjs-judgment-in-case-c-6713-p-groupement-des-cartes-bancaires/.

[14] LA M P A, PETIT N. The slow death of Article 101(3)[EB/OL]. (2011-10-28) [2018-06-06]. https://chillingcompetition.com/2011/10/28/the-slow-death-of-article-1013/.

[15] ODUDU O. Competition Bulletin: e-books: Vertical participation in hub and spoke agree-ments [EB/OL]. (2013-07-18) [2018-06-06]. https://competitionbulletin.com/2013/07/18/e-books-vertical-participation-in-hub-and-spoke-agreements/.

[16] URLUS H, MULDER S. ECJ eliminates noticeability test in regard to restriction of competition by object [EB/OL]. (2013-01) [2018-06-06]. https://s3.amazonaws.com/documents.lexology.com/9cca6636-1e72-4043-b464-b016e4828656.pdf.

[17] VEDDER H. European Law Blog: Allianz and the object-effect dichotomy in Article 101(1)TFEU: a practical solution meets not so practical competition law [EB/OL]. (2013-04-08) [2018-06-06]. https://www.europeanlawblog.eu/?p=1664.

论文集、会议录

[1] 刘宁. 试论我国知识产权滥用的反垄断法规制 [G] //游劝荣. 反垄断法比较研究. 北京：人民法院出版社，2006：95-97.

[2] BOURGEOIS J, WAELBROECK D. Ten years of effect-based approach in EU competition law: state of play and perspectives: GCLC Annual Conference Series [C]. Bruges: 2012.

[3] CHADWICK T. Competition policy and economic growth [C]. Jakarta: Paper for the ASEAN Conference on Fair Competition Law and Policy in the ASEAN Free Trade Area, 2003.

[4] DAMIEN G. The effect-based approach under Article 101 TFEU and its paradoxes: modernization at war with itself [C]. Bruges: Seventh Annual conference of the Global Competition Law Center, 2013.

[5] ITALIANER A. Competitor agreements under EU competition law [C]. New York: New York 40th Annual Conference on International Antitrust Law and Policy (Fordham Competition Law Institute), 2013.

[6] ITALIANER A. The object of effects Brussels [C]. Utah: CRA conference, 2014.

[7] RODGER B. The object/effect distinction in competition law Article 101, categorical distinction and predictable enforcement [C]. Porto: New Challenges in Competition Law Enforcement Conference, 2014.

[8] WAELBROECK D, SLATER D. The scope of object vs effect under Ariticle 101 TFEU [C] //Ten year of effects – based approach in EU Competition Law: State of play and Perspectives. GCLC Annual Conference Serie Bruges: 2012.

法院判决

1. 欧盟

[1] Case C – 204/00 P etc, *Aalborg Portland* v. *Commission*, [2004] ECR I – 123.

[2] Case C – 41/69, *ACF Chemiefarma* v. *Commission*, [1970] ECR 661.

[3] Case C – 107/82, *AEG – Telefunken* v. *Commission*, [1983] ECR 3151.

[4] Case C – 67/96, *Albany International BV* v. *StichtingBedrijfspensioenfondsTextielindustrie*, [1999] ECR I – 5751.

[5] Case C – 32/11, *Allianz HungáriaBiztosítóZrt* v. *GazdaságiVersenyhivatal*, 14 March 2013, nyr. (Opinion delivered by AG Cruz Villalón on 25 October 2012).

[6] Case C – 238/05, *Asnef – Equifax*, *Servicios de InformaciónsobreSolvencia y Crédito*, *SL* v. *Asociación de Usuarios de ServiciosBancarios* (*Ausbanc*) [2006] ECR I – 11125 (Opinion delivered by AG Geelhoed on 29 June 2006).

[7] Case T – 3/89, *Atochem* v. *Commission*, [1991] ECR II – 1177.

[8] Cases C – 215/96 and C – 216/69, *Bagnasco Banca Popolare di Novara*, [1999] ECR I – 135.

[9] Case T – 4/89, *BASF* v. *Commission*, [1991] ECR II – 1523.

[10] Cases T – 175/95 and 176/95, *BASF* v. *Commission*, [1999] ECR II – 1581.

[11] Case C – 246/86, *Belasco* v. *Commission*, [1989] ECR 2117.

[12] Case C – 22/71, *Béguelin Import Co* v. *GL Import – Export S. A*, [1971] ECR 949.

[13] Case T – 53/03, *BPB plc* v. *Commission*, [2008] ECR II – 1333.

[14] Case C – 23/67, *Brasserie De Haecht* v. *Wilkin* (*no*. 1), [1967] ECR 407.

[15] Cases T – 49 – 51/02, *Brasserie Nationale* v. *Commission*, [2005] ECR II – 3033.

[16] Case C – 123/83, *Bureau National Interprofessional Du Cognac* v. *Guy Clair*, [1985] ECR 391 (Opinion delivered by AG Slynn on 2 October 1984).

[17] Cases T – 25, 26, 30 – 32, 34 – 39, 42 – 46, 48, 50 – 65, 68 – 71, 87, 88, 103 & 104/95, *Cimenteries CBR SA* v. *Commission*, [2000] ECR II – 491.

[18] Case T – 213/00, *CMA CGM* v. *Commission*, [2003] ECR II – 913.

[19] Cases C – 262/81, *Coditel SA*, *Compagnie Generale Pour La Diffusion de La Television and Others* v. *Ciné – Vog Films Sa and Others*, [1982] ECR 3381.

[20] Case C – 49/92 P, *Commission* v. *AnicPartecipazioni*, [1999] ECR I – 4125.

[21] Cases C – 29 & 30/83, *Compagnie Royale Asturienne des Mines SA* (*CRAM*) *and Rheinzink* v. *Commission*, [1984] ECR 1679 (Opinion delivered by AG Rosès on 1 February 1984).

[22] Case C – 209/07, *Competition Authority* v. *Beef Industry Development Society and Barry Brothers* (*Carrigmore*) *Meals Ltd*, [2008] ECR I – 8637 (Opinion delivered by AG Trstenjak on 4 September 2008).

[23] Cases C – 101 & 110/07 P, *Coop de France Bétail et Viande* v. *Commission*, [2008] ECR I – 10193.

[24] Case C – 61/80, *CoöperatieveStremsel – enKleurselfabriek* v. *Commission*, [1981] ECR 00851.

[25] Case C – 234/89, *Delimitis* v. *Henninger Bräu*, [1991] ECRI – 935.

[26] Case C – 30/78, *Distillers Company* v. *Commission*, [1980] ECR 2229.

[27] Case T – 588/08 P, *Dole Food* v. *Commission*, 14 March 2013, nyr. [on appeal]

[28] Case T – 360/09, *E. ONRuhrgas AG* v. *Commission*, 29 June 2012, nyr.

[29] Joined Cases C – 56 & 58/64, *Etablissements Consten SA and Grundigverkaufs – GmbH* v. *Commission*, [1966] ECR 342 (Opinion delivered by AG Roemer on 27 April 1966).

[30] Cases T – 374, 375, 384 & 388/94, *European Night Services* v. *Commission*, [1998] ECR II – 3141.

[31] Case C – 226/11, *Expedia Inc* v. *Autorité de la concurrence*, 13 December 2012, nyr (Opinion delivered by AG Kokott on 6 September 2012).

[32] Case C – 219/95 P, *Ferrière Nord* v. *Commission*, [1997] ECR I – 4411 (Opinion delivered by AG Léger on 20 February 1997).

[33] Cases T – 217/03 and T – 245/03 *FNCBV* v. *Commission* [2006] ECR II – 4987.

[34] Cases C – 403 & 429/08, *Football Association Premier League Ltd* v. *QC Leisure and Karen Murphy* v. *Media Protection Services Ltd*, [2011] ECR I – 9083 (Opinion delivered by AG Kokott on 3 February 2011).

[35] Case C – 5/69, *Franz Völk* v. *S. P. R. L Ets J. Vervaecke*, [1969] ECR 295 (Opinion delivered by AG Gand on 3 June 1969).

[36] Case T – 587/08, *Fresh Del Monte Produce* v. *Commission*, 14 March 2013, nyr. [on appeal].

[37] Case T – 368/00, *General Motors Nederland and Opel Nederland* v. *Commission*, [2003] ECR II – 4491.

[38] Case C – 551/03 P, *General Motors* v. *Commission*, [2006] ECR I – 3173 (Opinion delivered by AG Tizzano on 25 October 2005).

[39] Case T – 168/01, *GlaxoSmithKline Services Unlimited* v. *Commission*, [2006] ECR II – 2969.

[40] Joined Cases C – 501, 513, 515 & 519/06 P, *GlaxoSmithKline Services Unlimited* v. *Commission*, [2009] ECR I – 9291 (Opinion delivered by AG Trstenjak on 30 June 2009).

[41] Case C – 250/92, *Gϕttrup – Klim* v. *Dansk LandbrugsGrovvareselskabAmbA*, [1994] ECR I – 5641 (Opinion delivered by AG Tesauro on 16 June 1994).

[42] Case T – 38/02, *Group Danone* v. *Commission*, [2005] ECR II – 4407.

[43] Case C – 67/13 P, *Groupement des Cartes Bancaires* (*CB*) v. *Commission*, 11 September 2014, nyr (Opinion delivered by AG Wahl on 27 March 2014).

[44] Case T – 491/07, *Groupement des Cartes Bancaires GIE* v. *Commission*, 29 November 2012, nyr.

[45] Case C – 86/62, *Hasselblad* v. *Commission*, [1984] ECR 883.

[46] Case C – 22/78, *Hugin Kassaregister AG and Hugin Cash Registers Ltd* v. *Commission*, [1979] 3 CMLR 345.

[47] Case T – 9/89, *Hüls* v. *Commission*, [1992] ECR II – 499.

[48] Cases C – 96 to 102, 104, 105, 108 and 110/82 and others, *IAZ International Belgium SA* v. *Commission*, *ANSEAU – NAVEWA*, [1983] ECR 3369 (Opinion delivered by AG Verloren van Themaat on 29 June 1983).

[49] Case T – 13/89, *ICI plc* v. *Commission*, [1992] ECR II – 1021.

[50] Case C – 306/96, *Javico International* v. *Yves Saint Laurent*, [1998] ECR I – 1983.

[51] Case T – 67/01, *JCB Service* v. *Commission*, [2004] ECR II – 49.

[52] Case C – 7/95 P, *John Deere* v. *Commission*, [1998] ECR I – 3111.

[53] Case T – 127/04, *KME Germany A. G.* v. *Commission*, [2009] ECR II – 1167.

[54] Case T – 7/93, *Langnese – Iglo GmbH* v. *Commission*, [1995] ECR II – 1533.

[55] Cases T – 305 – 307, 313 – 316, 318, 325, 328, 329 & 335/94, *Limburgse Maatschappij* v. *Commission*, [1999] ECR II – 931.

[56] Cases C – 238, 244, 245, 247, 250 – 252 & 254/99 P, *Limburgse Vinyl Maatschappij* v. *Commission*, [2002] ECR I – 8375.

[57] Case C – 27/87, *Louis Erauw – JacquérySprl* v. *La Hesbignonne Société Coopérative*, [1988] ECR 1999 (Opinion delivered by AG Mischo on 9 December 1987).

[58] Case T – 112/99, *M6* v. *Commission*, [2001] ECR II – 2459.

[59] Case T – 56/99, *Marlines* v. *Commission*, [2003] ECR II – 5225.

[60] Case C – 382/12P, *MasterCard and Others* v. *Commission*, 11 September 2014, nyr.

[61] Case T – 111/08, *Mastercard Inc* v. *Commission*, 24 May 2012, nyr.

[62] Case C – 344/98, *Masterfoods* v. *HB Icecream*, [2000] ECR I – 11369.

[63] Case T – 17/93, *Matra Hachette* v. *Commission*, [1994] ECR II – 595.

[64] Case C – 519/04P, *Meca – Medina* v. *Commission*, [2006] ECR I – 6991.

[65] Case C – 26/76, *Metro SB – Groβmärkte* v. *Commission*, [1977] ECR 1875.

[66] Case T – 112/99, *Métropole Télévision SA* (*M6*) v. *Commission*, [2001] ECR II – 2459.

[67] Case C – 19/77, *Miller International Schallplaten* v. *Commission*, [1978] ECR 131 (Opinion delivered by AG Warner on 10 January 1978).

[68] Case C – 235/92 P, *Montecatini* v. *Commission*, [1999] ECR I – 4539.

[69] Case T – 14/89, *Montedipe SpA* v. *Commission*, [1992] ECR II – 1155.

[70] Case C－393/92, *Municipality of Almelo and Others* v. *NV Energiebedrijf Ijsselmij*, [1994] I－01477.

[71] Case C－105/04 P, *Nederlandse Federatieve Verenigung*, [2006] ECR I－08725.

[72] Case C－258/78, *Nungesser KB* v. *Commission* [1982] ECR 2015.

[73] Cases 96－102, 104, 105, 108 and 110/82, *NV IAZ International Belgium and Others* v. *Commission*, [1983] ECR 3369.

[74] Case C－31/80, *NV L'Oréal and SA L'Oréal* v. *PVBA De Nieuwe AMCK Puba*, [1980] ECR 3775.

[75] Case T－328/03, *O2 (Germany) GmbH & Co OHG* v. *Commission*, [2006] ECR II－1231.

[76] Case C－399/93, *Oude Luttikhuis and Others* v. *VerenigdeMelkindustrie*, [1995] ECR I－4515.

[77] Case T－146/09, *Parker Pen Ltd* v. *Commission*, [1994] ECR II－549.

[78] Case C－260/07, *Pedro IV Servicios SL* v. *Total Espana SA*, [2009] ECR I－2437.

[79] Case C－439/09, *Pierre Fabre Dermo－Cosmétique SAS* v. *Président de l'Autorité de la concurrence*, [2011] ECR I－9419 (Opinion delivered by AG Mazák on 3 March 2011).

[80] Case C－161/86, *Pronuptia de Paris GmbH v. Commission v Irmgard Schillgallis*, [1986] ECR 353.

[81] Case C－68/12, *ProtimonopolnÝ úrad Slovenskej republiky* v. *Slovenská sporitelňa*, 7 February 2013, nyr.

[82] Case T－1/89, *Rhóne Poulenc SA* v. *Commission*, [1991] ECR II－948.

[83] Case C－243/83, *SA Binon&Cie* v. *SA Agence et Messageries de la Presse*, [1985] ECR 2015.

[84] Case C－277/87, *Sandoz Prodotti Farmaceutici SpA* v. *Commission*, [1990] ECR I－45.

[85] Joined Cases T－68/89, T－77/89 & T－78/89, *SocietàItaliana Vetro SpA* v. *Commission*, [1992] ECR II－01403.

[86] Case C－56/65, *Société Technique Minière* v. *Maschinenbau Ulm Gmbh*, [1966] ECR 249 (Opinion delivered by AG Roemer on 23 March 1966).

[87] Case T－29/92, *SPO* v. *Commission*, [1995] ECR II－289.

[88] Joined Cases 40 to 48, 50, 54 to 56, 111, 113 and 114－73, *Coöperatieve Vereniging "SuikerUnie" UA and others* v. *Commission*, [1975] ECR 01663.

[89] Case C－403 & 405/04 P, *Sumitomo* v. *Commission*, [2007] ECR I－00729.

[90] Case C－28/77, *Tepea BV* v. *Commission*, [1978] ECR 1391.

[91] Case C－8/08, *T－Mobile Netherlands BV* v. *Raad van bestuur van de Nederlandse Mededingingsautoriteit*, [2009] ECR I－4529 (Opinion delivered by AG Kokott on 19 February 2009).

[92] Case C－279/87, *Tipp－Ex GmbH* v. *Commission*, [1990] ECR I－261.

[93] Case T－148/89, *Tréfilunion* v. *Commission*, [1995] ECR II－1063.

[94] Case T – 62/98, *Volkswagen* v. *Commission*, [2000] ECR II – 2707.
[95] Case C – 309/99, *Wouters* v. *Algemene Raad van de Nederlandsche Orde van Advocaten*, [2002] ECR I – 1577.
[96] Case C – 439/11, *Ziegler* v. *Commission*, 11 July 2013, nyr.

2. 美国

[1] *Brulotte* v. *Thys Co.*, 379 U. S. 29 (1954).
[2] *California Dental Association* v. *FTC*, 526 US 756 (1999).
[3] *Chicago Board of Trade* v. *United States* (1918) US 246.
[4] *Continental TV*, *Inc* v. *GTE Sylvania*433 US 36 (1977).
[5] *FTC* v. *Actavis*, 570 US 756 (2013).
[6] *FTC* v. *Indiana Federation of Dentists* 476 US 447 (1986).
[7] *Leegin Creative Leather Products Inc* v. *PSKS*, *Inc*, *DBA Kay's Kloset... Kay's Shoes*, 551 US 887 (2007).
[8] *NCAA* v. *Board of Regents of the Univ. Of Oklahoma*, 468 US 85 (1984).
[9] *Otter Tail Power Co.* v. *United States*, 410 U. S. 366 (1973).
[10] *Polygram Holding*, *Inc* v. *FTC* 416 F3d 29, (DC Cir 2005).
[11] *Standard Oil Co* (*NJ*) v. *United States* (1911) 221 US 1. Page 301.
[12] *State Oil Co* v. *Khan*, 522 US 3 (1997).
[13] *Theatre Enter.*, *Inc.* v. *Paramount Film Distrib. Corp.*, 346 U. S. 537, 541 (1954).